全国农科学子联合实践行动

## 2017 年全国农学院协同发展联盟单位

| | |
|---|---|
| 安徽农业大学农学院 | 北京农学院植物科学技术学院 |
| 长江大学农学院 | 东北农业大学农学院 |
| 福建农林大学作物科学学院 | 甘肃农业大学农学院 |
| 广西大学农学院 | 贵州大学农学院 |
| 海南大学热带农林学院 | 河北北方学院农林科技学院 |
| 河北工程大学园林与生态工程学院 | 河北科技师范学院农学与生物科技学院 |
| 河北农业大学农学院 | 河南科技学院生命科技学院 |
| 河南农业大学农学院 | 黑龙江八一农垦大学农学院 |
| 黑龙江大学农业资源与环境学院 | 湖南农业大学农学院 |
| 华南农业大学农学院 | 华中农业大学植物科学技术学院 |
| 吉林大学植物科学学院 | 吉林农业大学农学院 |
| 江西农业大学农学院 | 南京农业大学农学院 |
| 内蒙古农业大学农学院 | 宁夏大学农学院 |
| 青岛农业大学农学院 | 青海大学农牧学院 |
| 山东农业大学农学院 | 山西农业大学农学院 |
| 上海交通大学农业与生物学院 | 沈阳农业大学农学院 |
| 石河子大学农学院 | 四川农业大学农学院 |
| 塔里木大学植物科学学院 | 天津农学院农学与资源环境学院 |
| 西北农林科技大学农学院 | 西藏农牧学院植物科学学院 |
| 西南大学农学与生物科技学院 | 西南科技大学生命科学与工程学院 |
| 新疆农业大学农学院 | 扬州大学农学院 |
| 云南大学农学院 | 云南农业大学农学与生物技术学院 |
| 浙江大学农业与生物技术学院 | 中国农业大学农学院 |
| 中国农业大学园艺学院 | 中国农业大学植物保护学院 |

不忘初心　砥砺前行

走进乡土乡村　助力精准扶贫　系列丛书

Qianmo Gongyu

# 阡陌共语

## ——全国农科学子联合实践行动纪实录

中国作物学会作物学人才培养与教育专业委员会
全国农学院协同发展联盟　组编

曲瑛德　主编

于向国　石中泉　朱正宁　张海成
张展基　胡　迅　戴廷波　副主编

中国农業大學出版社
CHINA AGRICULTURAL UNIVERSITY PRESS
·北京·

## 内 容 简 介

2015年底，由全国农学院协同发展联盟组织了全国近50所涉农大学的农学院，形成了一个全国范围内的以知贫、识贫、述贫、解贫为目标的学生社会实践力量。行动开展两年以来，累计有480支小队奔赴近30个省市参加实践，近五万人次师生参与其中。全国农科师生走进乡土乡村，近距离地认识、了解贫困，积极开展支农帮学等社会实践活动，助力国家脱贫攻坚、乡村振兴战略。

本书为"不忘初心 砥砺前行——走进乡土乡村 助力精准扶贫系列丛书"第二册，记录了2017年实践活动当中，广大农科学子深入乡野，以倾听者和亲历者的角度，讲述扶贫工作一线所发生的感人故事，旨在帮助社会公众和致力于"三农"服务的在校学生了解当下真实的扶贫场景。只有认识并懂得了什么是贫困，才能把学到的知识有理有序地运用到扶贫工作中，真正实现精准扶贫。

**图书在版编目(CIP)数据**

阡陌共语：全国农科学子联合实践行动纪实录 / 中国作物学会作物学人才培养与教育专业委员会，全国农学院协同发展联盟组编；曲瑛德主编. —北京：中国农业大学出版社，2018. 11

(不忘初心 砥砺前行 走进乡土乡村 助力精准扶贫 系列丛书)

ISBN 978-7-5655-2127-0

Ⅰ. ①阡… Ⅱ. ①中…②全…③曲… Ⅲ. ①农村-扶贫-概况-中国②农业院校-大学生-社会实践-概况-中国 Ⅳ. ①F323.8②G642.45

中国版本图书馆CIP数据核字(2018)第244402号

**书　　名** 阡陌共语——全国农科学子联合实践行动纪实录
**作　　者** 中国作物学会作物学人才培养与教育专业委员会
全国农学院协同发展联盟 组编
曲瑛德 主编
于向国 石中泉 朱正宁 张海成 张展基 胡 迅 戴廷波 副主编

**策划编辑** 童 云　　**责任编辑** 冯雪梅
**封面设计** 郑 川
**出版发行** 中国农业大学出版社
**社　　址** 北京市海淀区圆明园西路2号　　**邮政编码** 100193
**电　　话** 发行部 010-62818525,8625　　读者服务部 010-62732336
编辑部 010-62732617,2618　　出 版 部 010-62733440
**网　　址** http://www.caupress.cn　　**E-mail** cbsszs@cau.edu.cn
**经　　销** 新华书店
**印　　刷** 涿州市星河印刷有限公司
**版　　次** 2018年11月第1版 2018年11月第1次印刷
**规　　格** 787×1 092 16开本 22.75印张 370千字 插页1
**定　　价** 65.00元

**图书如有质量问题本社发行部负责调换**

# 丛书编委会

## 《阡陌共语》参编人员名单

（按照姓氏笔画排序）

| | | | | | |
|---|---|---|---|---|---|
| 王　龙 | 王　彬 | 王利立 | 王　珺 | 王曼琳 | 牛　奔 |
| 方凤玲 | 尹小华 | 孔欣欣 | 石爱军 | 申　鸣 | 田凌溪 |
| 冯　沸 | 刘　岩 | 刘　康 | 刘　璐 | 刘姝言 | 汤瑞瑞 |
| 安曈昕 | 孙　伟 | 李　珊 | 李　曼 | 李亚杰 | 李轩复 |
| 李启涛 | 李湘云 | 宋　欢 | 宋岳镇 | 杨海岩 | 张　迪 |
| 张雨婷 | 张　涛 | 陈　利 | 陈占强 | 林彬彬 | 金　敏 |
| 周立云 | 郑纪午 | 赵　鹏 | 赵世浩 | 郝　娜 | 姜　涛 |
| 姜晓春 | 娄凯皓 | 秦　丽 | 贾永灵 | 贾浩洋 | 殷　美 |
| 高　健 | 高　翔 | 高雪纯 | 郭　婧 | 郭　瑞 | 黄俪瑛 |
| 梁　皓 | 梁佳煦 | 韩　菡 | 鄢高翔 | 靳　磊 | 蔡洁琼 |
| 熊海林 | 霍晨光 | | | | |

# 序

2013年，习近平总书记在湖南湘西十八洞村考察时首次提出“精准扶贫”思想。扶贫工作几年来在砥砺前行中取得决定性进展，6 000多万贫困人口稳定脱贫。2017年，党的十九大首次提出“乡村振兴”战略，走中国特色社会主义乡村振兴道路，集全党全国全社会的众志成城之力，开启实现农业强、农村美、农民富的乡村全面振兴新篇章。“教育决定着人类的今天，也决定着人类的未来”，从扶贫、脱贫到振兴，从思想萌芽、理论成型到实践落地，作为关键一分子的涉农院校始终践行党和国家的方针政策，将科学研究扎根于祖国的厚土大地，将立德树人浸润于乡村的扶贫振兴。应新时代大变革之势，聚各方有志师生之力，承推动“三农”发展之责，担助力乡村振兴之任。

近年来，全国涉农高校围绕立德树人的根本任务，致力探索多元化育人模式，积极发挥人才培养前沿阵地的重要作用，在扎根乡土乡村的实践和社会服务中，执着求索，砥砺前行。全力培养新时代“有理想、有本领、有担当”的青年一代，努力造就一支“懂农业、爱农村、爱农民的‘三农’工作队伍”的后备力量及社会主义建设者和接班人。

2017年，是“全国农科学子联合实践行动”启动实施的第二年。经过两年精诚联合、共谋发展的实践积淀，基于2016年联合实践行动的扎实成果与工作经验，进一步巩固提升，聚焦联动，继续展开以“走进乡土乡村　助力精准扶贫”为主题的“全国农科学子联合实践行动”。这支凝聚了全国各片区、联盟各成员单位数万师生的队伍，通过帮学支教、支农增收、深入调研、精准扶贫等，躬身匍匐于田野之间，执着倾注于稼穑之事。2017年，联盟平台更加开放，地方政府支持、社会力量资助、校际资源共享，五湖四海、四面八方的有志之士在联盟提供的广阔平台上一展抱负与才华，深入田间，扎根乡土，心系家国“三农”，情牵贫苦苍生，共同助力国家脱贫攻坚工程与乡村振兴战略；2017年，实践行动更加生动，以立德树人为本，以实践育人为基，广大农科学子在师长的带领下走进田间地头，走进“第二课堂”，怀一颗忧患天下的担当之心，悟一片协力扶贫的赤诚之志；2017年，育人成效更加显著，中国梦激扬青春梦，国家事就是青年事，在助力精准扶贫的联合实践中，激励学生自觉把个人的理想、信念、追求融入国家和民族事业中，建立在对基本国情的准确把握上，长才干、修品性、砺意志、拓眼界，勇做走在时代前列的奋进者、开拓者和奉献者。

《阡陌共语》是全国农科学子联合实践行动《不忘初心　砥砺前行——走进乡土乡村　助力精准扶贫　系列丛书》的第二册，围绕“讲述扶贫故事”这一主题，重点挖掘那些在脱贫攻坚战中倾情付出的“大英雄”和“小人物”，深入体悟他们的舍弃与收获、彷徨与坚持、平凡与伟大。希望此书能够启迪更多涉农高校，明确在助力精准扶贫、实现乡村振兴道路上的定位与方向，为党和国家培养更多既能“挑大梁”又能“接地气”的卓越人才；也期待更多“生逢其时，也重任在肩”的农科学子和有志青年，能够投身于这支“心中有阳光，脚下有力量”的队伍，以青春之我、奋斗之我，为民族复兴铺路架桥，为祖国建设添砖加瓦！

姜沛民

2018年10月

# 前言

2017年暑假，来自全国46所涉农大学48个农学院的数千名农科学子，汇聚成一股温暖而强大的年轻力量，300余支小队心怀振兴乡村的美好愿景，肩负新时代赋予青年农科学子的重要使命，奔赴祖国的26个省（自治区）的203个贫困县，深入开展"走进乡土乡村，助力精准扶贫"的"全国农科学子联合实践行动"。

村舍田间、阡陌之上，他们无惧骄阳、不畏风雨，走村入户、知农帮农，用脚步丈量乡村的每一寸土地，用纸笔记录扶贫、助贫中的感人故事，用眼睛和心灵感知农情农意，用热忱和热血温暖乡亲乡民。此刻呈现在您面前的这本《阡陌共语》，便是2017年全国农科学子联合实践行动中各小队深入乡村、实地调研的成果集以及新时代农科学子感知民情、助农帮农的纪实录。

《阡陌共语》是《不忘初心　砥砺前行——走进乡土乡村　助力精准扶贫系列丛书》的第二册，首册《阡陌众行》于2017年10月出版发行。时值十九大胜利召开，在习总书记首次提出"精准扶贫"思想的四年后，《阡陌众行》在2017年11月3日的全国农学院协同发展联盟"助力精准扶贫　聚力乡村振兴"研讨会上举办了首发式。它记录了2016年全国农科学子联合实践行动取得的扎实成果与广大农科学子的感知感悟，这是对2016年实践行动的总结，也是对2017年农科学子再启程的铺垫。

2017年，联合实践行动进一步完善顶层设计和支持服务，实现了组织形式与实践成果的可持续性。第一，强调共同遵循的五个原则和理念：开放联合、共享平台；增强合作、协同发展；潜心调研、深入实践；问题导向、设问解问；责任担当、奉献成才。第二，强化全国统一的联合组织体系。在全国农学院协同发展联盟秘书处的统一协调组织下，全国分为华北、东北、西北、华中、华东、华南和西南七个片区，由每个片区的组长单位，统筹片区内高校的联合实践工作，2017年启动仪式不同于2016年集中开展的方式，由全国七大片区分别启动，各片区启动仪式特色鲜明，各成员单位高度重视，实践行动遍地开花。第三，重视实践行动的联合实质。除全国联合、区域联合外，继续贯彻"教、研、本"三位一体的师生联合，即形成一支专业教师带队指导、辅导员老师直接组织、本硕博学生积极参与的联合队伍。第四，保障行动的持续性和连续性。联合实践行动启动初，即按中央确定的脱贫攻坚期统一部署，将贯穿整个"十三五"期间。为此，联盟要求实践小队、专家、组织单位与农户建立联系，以"一个组织联系一个村""一个队员联系一个儿童"的方式进行精准帮扶；鼓励小队队员成为贫困户的"家庭一员"、贫困儿童的"兄弟姐妹"，实现"组织＋村＋农户"的点对点精准帮扶，并通过组织保障实现"薪火相传、爱心接力"。最后，固化"两学一做"学习教育的常态化和制度化机制，由联盟各学院党委书记主抓此项工作，院长带领教师组成专业指导团队积极参与行动。在此基础上，积极倡导"三带"模式，即党建带团建、党支部带团支部、党员带团员，从而初步实现了以组织育人带动实践育人的有效衔接和机制融合。

2017年联合实践行动进一步巩固提升，聚焦联动，继续开展主题为"走进乡土乡村，助力精准扶贫"的联合实践行动，本次实践行动也是执行团中央、教育部、中宣部、中央文明办、全国学联等五部委全国大学生暑期"三下乡"活动的主要行动之一。7—8月，由3 000余名师生直接参与、上万余名师生间接参与的联合实践行动在全国陆续展开，行动取得了丰硕成果，全国300余支实践小队在开展调查研究、支农增收工作的基础上，以"讲述扶贫故事"为主线，重点对扶贫相关群体开展调研和访谈，挖掘和了解脱贫攻坚战中的精彩感人故事，撰写基层一线人物采访实录。本书中的文字即根据实践队员的实地访谈、心得感想和工作思考等相关材料汇集而成。

本次联合实践行动深入国家级贫困县对义务教育、基本医疗、农村养老、住房保障、环境污染等方面的问题进行深入调研与帮扶，并与中国扶贫基金会合作，开展“特困高中生助学”及“顶梁柱”大病医疗救助公募项目，凝聚社会力量为贫困地区送去切实的帮助。2017年，全国农学院协同发展联盟还在建立全国性实践平台的基础上，启动了“全国农科学子农业创新创业大赛”“全国农学院青年教师教学技能大赛”“全国农学院教学科研基地共享计划”“全国农学院青年学者论坛”等项目。协同全国农学院面向新时代精准扶贫和乡村振兴战略集中发力，致力于培养一批“懂农业、爱农村、爱农民”的年轻力量。

联合实践行动自实施以来，得到了教育部、国务院扶贫办、团中央、中国科协、全国妇联、北京市等上级领导机关相关部门的高度重视与关怀；得到了中国扶贫基金会和黑土麦田等社会公益组织的真诚帮助与合作；也得到了联盟各校领导和相关部门的大力支持与协助；同时，本书的顺利出版还得到了中国农业大学出版社领导和编辑们的鼎力相助，对此我们表示最诚挚的感谢！

本书建议作为教育系统实践育人的参考用书，也可供有意了解精准扶贫社会参与的研究者和热心读者参阅，更欢迎一切热心公益、关爱青年成长、关心“三农”问题的读者赐阅。唯愿广大青年读者借由此书唤醒我们曾经共同的青春梦想与记忆，勿忘初心，方得始终！

书中难免有不当与错漏之处，请读者朋友批评斧正！

曲瑛德

2018年10月

# 目录 CONTENTS

## 华北片区 / 001

习近平总书记说过“脚下沾有多少泥土，心中就沉淀多少真情”。

一双双饱含风霜雨雪后的辛酸与坚强的眸子，一张张被晒红的挂着憨厚笑容的脸庞，村落里总有一些“边缘人”。

昔日，“华北之大，已经安放不下一张平静的书桌了。”这句满含血泪的话从无数青年口中喊出；今日，我们挣脱了“象牙塔”的短浅与闭塞，奔赴乡野，追寻着一条“破局”的生路。

寻路，寻路，指向云山深处。

这是一场远离城市的实践，亦是一次深入乡野的变革。

农村与城市的冲突，农村人与城市人的碰撞，“70 后”与“90 后”的分歧，都是我们所不能忽视的。于是，越来越多的青年人根植于本土和实践，去找寻贫困的根源和行之有效的解决方法，让学术，不再空洞。

“道有夷险，履之者知”，我们从来不轻视行动的力量。

## 华东片区 / 121

在中国，有一处，生命、文明在这里绵延不息，贫困、苦难在这里暗自滋生，这里，名为农村，神秘又沉默。

响应着精准扶贫的召唤，带着对泥土的记忆，他们选择了逆向而行，涉足千里，踏上了这片热土，试图了解真实的乡土乡野。

道阻且长，属于青年人的青春实践舞台已然拉开帷幕。

2016 年，那场轰轰烈烈的名为实践的故事，带来了什么？改变了什么？又带走了什么？

时隔一年，再次踏入这片土地，发现的过程总是令人欢呼。

要“输血”，更要“造血”，让先进的科技一点一滴地渗透进乡土，将方块字的墨香糅合在飞扬的稻谷与坚实的土地中去。“农，天下之本，务莫大焉”，如何将“农”于瞬息万变的世界和科技中传承下去，是青年人的使命与传承。

我们是参与者，也是见证者。

## 西北片区 / 219

曾经的丝绸之路，跋涉出一部动人的长剧，演绎了辉煌的史诗。弹指间百年过去，商旅不再，留下的是平沙莽莽黄入天。“流动”与“留守”，变成亘古不变的话题。

生活，抑或活着，突然成为了一个艰难的选择。

越是深入实践，越是了解，就越是动容，就越是牵挂。

我们所能做的，就是让那些土地实现贫瘠变富饶，荒芜变繁盛，落后变现代的奇迹。

火车渐行渐远，翻过山，跨过海，我们并不是探寻美景的旅行者，也不是渴求美食的背包客，我们只是一个真诚的聆听者、一个谦逊的弘扬者。

于是，我们知道，在一方小天地，也有很多有故事的人。在殿堂和田垄之间，他们选择了后者，脚踏泥泞俯首躬行，披荆斩棘拓荒辟径。

生命，当自强不息；而故事，也在继续。

贫穷的原貌远远超乎我们的想象。

大自然的眷顾孕育了璀璨的文明。终有一天，“互联网+”离贫困百姓的生活并不遥远，那些孩子对教育的渴望能够实现。

唯其艰难，才更显得勇毅；唯其笃行，才更弥足珍贵。

幸而，扶贫这条路上，我们从不是孤军奋战，也不会缺乏耐心。

# 华北片区

习近平总书记说过“脚下沾有多少泥土，心中就沉淀多少真情”。

一双双饱含风霜雨雪后的辛酸与坚强的眸子，一张张被晒红的挂着憨厚笑容的脸庞，村落里总有一些“边缘人”。

昔日，“华北之大，已经安放不下一张平静的书桌了。”这句满含血泪的话从无数青年口中喊出；今日，我们挣脱了“象牙塔”的短浅与闭塞，奔赴乡野，追寻着一条“破局”的生路。

寻路，寻路，指向云山深处。

# 情系“三农”　助力精准扶贫

## ——北京农学院植物科学技术学院 2017 年联合实践行动纪实录

农科学子科技支农，情系“三农”助力扶贫”精准扶贫实践团出发前合照　摄影人：佚名

在全面建成小康社会进入决胜阶段，脱贫攻坚进入冲刺阶段之际，作为农科学子面对这样的宏伟目标深知责任重大，认识到只有到实践中去、到基层中去，加强自身培养，服务国家脱贫攻坚战略，把个人的命运同社会、同国家的命运联系起来，才是青年成长成才的正确之路。特成立精准扶贫实践团走进国家扶贫工作重点县和集中连片贫困区的村庄社区，以建立联系、找准问题、精准帮扶、长期相助为

原则进行调查研究。更加深入地了解农村贫困现状，更加准确地找到解决农村贫困问题的关键点，结合专业特色实施助力调研贫困村产业脱贫举措，并对当前贫困村现状提出可行性改进建议，为帮助环首都周边贫困县快速发展，推动京津冀一体化发展战略贡献一分力量。

## 在路上的第一天

2017 年 7 月 21 日，怀着激动澎湃的心情全体实践团成员踏上了前往丰宁的旅程。经历了漫长路途，车窗外的景象从车水马龙的热闹城市变成了层峦叠嶂的偏僻山野，屁股都坐疼了，才走了行程的一半。伙计们忍着忍着，好不容易才找到了个路边的公共卫生间，大伙儿趁机呼吸着山里的空气，真的很清新。

下午 7 点到达本次精准扶贫的实践地点——河北省承德市丰宁满族自治县南关蒙古族乡，丰宁县是国家级贫困县、是距离首都最近的一个贫困地区，当地主要产业为农业，但经济收入差，我们计划针对农业生产遇到的问题对该贫困地区进行帮扶。实践期间我们每天走访一个村子，在每个村子都完成基本两项实践工作内容。其一，走访村委会了解村子贫困现状和主要经济作物，根据村子气候、土壤、水源、劳动力等情况对适合种什么与村委讨论、做出建议，并主要针对现有作物、蔬菜的种植（农产品的种植养殖）技术进行现场指导，发现问题、解决问题。其二，走访村民农户，开展问卷调查，以数据统计村民实际情况。

到了，远处是高高的山，所处之地也都是高高低低的山包丘陵，各种一块一块儿的田里种着不同的植物，玉米是最多的，还有一片儿、一块儿不知是什么树，偶尔还有几个冷棚，排列得错综复杂。甚至连我们的住处，也在一座小山的半山腰上，在屋子里就可以看到不远处村庄的轮廓。大巴艰难地开到了山坡上，大家互帮互助将所带行李搬到屋子里，在这北黄土梁村的北黄土梁上住下。晚上，大家熟悉了这个驻地后，领队安排了未来几天的工作任务，由组长给调查问卷组人员开会，详细说明调查内容和注意事项。舟车劳顿，本应睡得很香的一个晚上，却难以入睡。

## 饱受病害的农作物

第二天走访两间房村，先是到村委会了解情况，村支书向我们介绍了两间房村当前的概况，村子水资源匮乏，种植玉米收益低，而在改种植番茄后，番茄得了一种病。随后实践团的实地考察小组到村子里的番茄大棚，勘察了番茄出现的病害，病株茎黑斑随得病时间增长变多，发病后期从植株顶部开始枯萎。在指导老师帮助下，我们确认了病害是一种病毒病害，推测了病害可能的产生原因，并由老师向茄农详细介绍了病害特性、防治方法等知识，建议菜农发现病株时应该及时拔除并隔离处理，避免造成更大损失，菜农和同学们都受益匪浅。另外指导老师发现大棚通风皆为腰风，结合番茄的习性指导大棚开顶棚通风更方便高效，为大棚的通风结构提出改良意见，并利用身边资源为菜农提供了好的番茄收购的渠道。

第三天走访横河村，在与村委沟通过程中了解到该村番茄冷棚病害与两间房村番茄大棚病害为同一种类。实践团再次来到大棚为菜农对植株的病理、防治进行了科普，并发现大棚番茄的种植行距株距不合理，为提高大棚收益提出了合理化建议。

接着，实践团来到了食用菌大棚。君卿（化名）老师在与农户交谈的过程中，解答了菌丝不够旺盛的问题并提出建议，并叮嘱原料要保持新鲜、干燥、无霉变，在种植过程中要控制好温度和湿度。

第四天走访独立营村，实践团了解到白菜大棚大片受灾，并立即奔赴蔬菜基地白菜大棚，经了解发现，是因为一天浇水 2 次、结球期温度较高等原因引发了软腐病大面积发生。老师们建议菜农们先将 32 个患病塑料大棚所有菜叶杂草清除干净，减少病原残留、防止杂草种子落地，以免携带病菌的杂草第二年复苏时所带病菌再次感染蔬菜。另外叮嘱菜农，农家肥施用前一定要充分腐熟，避免肥中病菌使蔬菜染病，并提议即刻将棚膜封严，密闭闷棚，将农家肥一并放在棚中高温再次腐熟，杀灭棚中及肥中病菌。菜农们听后受益匪浅。

随后，实践团赶到独立营村返乡务农年轻人承包的 150 多个番茄大棚，发现已经到 7 月下旬，有部分大棚的番茄因种植过晚，苗还不足一尺高。在丰宁，秋天结束较早的气候环境下，番茄甚至还没结第四五穗果的时候，秋天就要结束了，根本不可能实现丰产，不能将经济效益最大化，甚至可能收益还不够收回成本。我们为王大哥（化名）的胆大无畏而叹惜，指导老师这时给出了一个没办法的办法：鉴于这茬口塑料大棚番茄种植过晚，而霜期来临较早，建议番茄留三穗果，当第三穗花出现后，即刻去除植株生长点，避免养分的浪费，确保三穗果的收成，收回成本；

另外，为菜农通俗地讲解了番茄生长积累有机物的条件，并让其大棚在温度高于30度时再通风，若棚内温度一直处于30度以下，则在中午短时通风半小时以补充二氧化碳；下午当棚内温度低于20度时，立即关闭风口，保证棚内夜间温度不低于15度，保证番茄能积累有机物而长大；还讲了如何辨别番茄叶片与侧枝，如何打侧枝等常识性问题。

诸如此类，农作物饱受病害间接反映了农民们种植知识、病害防治基本能力的欠缺，本应是农民最宝贵财富的土地却失去了保障生存的作用。不仅是土地资源的浪费，更是农民贫困的根本原因——从事行业无法带来可靠收入。由此，如何帮助其挖掘土地潜力，让土地成为农民财富的来源是我们探索的方向。

## 产业扶贫有榜样

第四天下午，实践团特意赶赴太古（化名）种植有限公司的农作物种植基地进行参观，公司王阳明（化名）总经理为我们介绍，公司产品全部由该公司从野生老品种作物中选育，得到了果实能当种子用的传统玉米老品种，具有品质好、口感好的优点，缺点是产量不稳定，但种植不需要新技术，农民不需要新学会任何技能，只需要会种普通玉米即可。由此（太古）公司与当地农户建立互利共赢的产业扶贫机制：公司给农户提供价值比较高的有机老品种农作物种子，农民在自家良田中用传统方法种植，并且禁止施用化肥，鼓励使用农家肥，保证产品绿色无污染，施用农家肥的不仅按亩给予肥料补助，还有额外奖励；种的产品由该公司收购，并采取两种方式与农户签订合同：一种是每亩给予固定酬劳，另一种是以一定价格回收品质合格的农作物，多劳多得。农民可以选择适合自己的方式获得酬劳。并给予种植出高品质、高产量的农户金钱奖励。该公司以远超普通作物市场价的价格收购农户种植的合格产品。基本保证农户每亩有1 000块钱以上收入，使公司在得到优质农产品的同时，提高农民收入。

公司在向指导老师询问育种方面是否有好的品种或经验技术方面帮助的同时，实践团也对这种互利互惠的产业扶贫机制产成了兴趣，开拓了实践团的视野并提出产业扶贫的新思路。

## 慰问老兵聊表敬意 语后静思心有所感

在实践团入户调研中，得知北黄土梁村内有两位参加过抗美援朝战争的老战士，恰逢八一建军节来临之际，实践团决定前往老战士家中拜访、慰问他们，带着为实践准备的物资，带着对他们的敬意。首先来到了 90 岁抗美援朝老兵安明强（化名）老爷爷家中，问候了老人的身体状况及生活情况。在与老人的交谈中，得知了老人的光辉事迹：老人曾参加过辽沈战役、抗美援朝等五场战役，并在抗战中毅然加入了中国共产党。如今进入耄耋之年的他，虽身患癌症，但从老人坚定的话语中，依旧可以清楚地感觉到老人年轻时对于国家、对于人民的深厚感情。

卜爱展（化名）老人是实践团拜访的另一位参加过抗美援朝战争的老战士。在交谈中，老人虽听不清大家的问题，但依旧慷慨激昂地向实践团讲述了抗美援朝战争中难以忘怀的亲身经历。老人共参加两场大型战役，还曾远赴黑河抗战。如今已是 91 岁高龄的他，有多种疾病缠身，需常年服用大量的药物才得以维持正常状态，走路不便，生活起居全靠女儿照顾。

壮士暮年，这两位老人虽已无法完整地回忆起当年的抗战经历，但是一个老兵就是一段历史，热血铸就的军功章是历史的见证，他们退伍不褪色。老兵们的身影和英雄故事深刻地印在了实践团成员们的脑海里，他们不朽的红色精神将被永远传承下去！

## 座谈总结起成效

第五天走访南关村，在了解该乡种植农作物、产业结构调整等方面的情况，实践团针对乡内各村作物种植面积、耕作技术与赵乡长和当地村委进行了探讨。接着实践团前往大棚，进行实地考察。番茄同样定植过晚，实践团为不同批次定植的番茄一一指导应该留几穗果。随后，来到洋姜的种植点，建议在村头、路边，利用人不方便耕作的小地块来种植，并进行推广找到酱菜加工厂等收购渠道。最后实践团来到当地老品种甘薯种植点考察，由于甘薯经济价值较高，了解实际情况后，建议村里适当扩大当地地方甘薯的种植面积，发展甘薯产业。并采集了土样带回学校进行土壤肥力检测，从而指导种植户合理施肥，以提高产量。

中午，在红薯种植点实践团与乡党委进行座谈，并针对四个村的塑料大棚番茄生产状况调研与南关乡政府达成协议，由北京农学院植物科学技术学院组织相关专家为乡里提供番茄品种、香菇种植技术及其他食用菌和甘薯新品种的引进。建立了南关乡农业发展微信群，农户、村干部及乡干部入群，以便随时解决生产中出现的问题并及时交流，促进乡里的农业发展。

## 脱贫的村庄

云雾山村是实践团此行唯一一个已脱贫的村庄，实践团特意去学习交流其脱贫经验，想要为以后的扶贫工作拓宽思路。该村民居规划整齐有序，基础设施齐全，道路整洁。在实践团成员表明扶贫来意后，村民们都积极配合完成问卷调查。随后在刘支委的带领下，实践团来到云雾山村养老院。该养老院是特意为孤寡老人建造的，旨在使老人们可以老有所居、老有所依、老有所养，同时能够相互陪伴、不再孤单。不仅如此，这些孤寡老人在医疗、生活等各个方面也都受到该村极大的帮助和扶持。

接着实践团参观了该村的观赏产业——牡丹园。到达牡丹园后，遍地盛开的娇艳芍药与牡丹，引得成员们连连称赞。此牡丹为油用牡丹，不仅带动了旅游业的发展，帮助该村脱贫致富，同时具有观赏价值和极高的经济价值。经过此次调研我们发现，只有选对了适合自己，结合自己特色的方向去发展，脱贫才指日可待。

## 谋求长远发展，助力精准扶贫

授人以鱼，不如授人以渔。扶贫扶贫，关键是一个“扶”字。精准扶贫不是强行脱贫，而是要拔除贫根。用科学的态度营造扶贫、扶志、扶智的制度环境，转变一些地区“等靠要”观念，才能解决“人的素质性脱贫”问题，引导民众主动参与乡村建设。说到底，扶起贫穷的人们，最终是要让他们自己站立。越是深入实践，越是了解，就越是动容，越是牵挂，越是想要为他们做点什么。通过此次实践活动，也让我们这些学农的同学们体会到了技术支农、技术扶农的重要性。接下来的生活中，我们农科学子会更多地走出校园、走向社会、面向基层、服务基层，多多历练使我们更早的了解农村现状，尝试用自己的视角捕捉贫困农村发展的症结，在实践活动进行中提高自己的综合能力，为将来更成熟迅速地融入社会，投入“三农”事业打好基础。

实践团成员悉心对当地菜农进行种植技术指导 摄影人：李静如

（撰稿人：牛奔 郝娜 陈馨蕊 杨艺涵）

# 点燃青春激情　共赴下乡之旅

## ——河北北方学院农林科技学院 2017 年联合实践行动纪实录

小分队下乡文艺演出　摄影人：刘岩

盛夏八月，阳光正好，万里晴空下，辽阔原野上，一群心怀赤诚的农科学子奔走其间，用坚定的步伐与无私的帮扶，用疲累的汗水与暖心的微笑，谱写无悔青春韶华之章，吟唱共筑美丽乡村之歌。这就是发生在 2017 年暑假，发生在河北北方学院农林科技学院科技支农分队师生身上的故事。

2017 年暑期，为确保全面建成小康社会的宏伟目标顺利实现，积极响应"全国万名农科学子联合实践行动"，河北北方学院农林科技学院在校党委的高度重视、院党委的精心组织下，由农林科技学院组建的全国农学联盟暑期科技支农小分队

30余人在张家口市宣化县南兴渠村、鹊突地村、清水河村；赤城县龙门所镇戴家沟村、阳原县开阳堡村开展了“不忘初心、砥砺前行，走入乡土乡村、助力精准扶贫”的主题系列活动。这已是小分队连续两年深入村镇开展科技支农，走访慰问、文艺下乡和社会调查等活动，队员们众志成城，续写新篇。

## 第一章：深入村镇，科技帮扶
### ——“马铃薯科技支农小分队”系列活动

8月15日上午，由农林科技学院团委、园艺系学生党支部联合组建的“马铃薯科技支农小分队”30余人到达了张家口市宣化县鹊突地村、清水河村。同学们第一时间进入状态，认真地分析了该村耕作模式以及种植技术的特点，结合自身专业特长对村里农作物种植现状进行全面系统的分析，并与指导教师和农户们进行充分的讨论。

随后，刘颖慧院长，毕艳玲书记和刘岩老师对实际调研中的具体行程规划进行讲解，并列出了每天的实践内容及任务分配，同时对社会实践中的安全问题进行了着重强调。队长赵彬祥同学、副队长薛月同学将所有任务分配到各组。小队在出发前就建立了组长负责制，分为实践组、问卷组和宣传组。每个小组由一名小组长和5～6名组员组成，责任和任务明确落实到人，既能各展所长，充分发挥组员们的优势，又能最大程度上调动积极性，使每位队员都在实践中找到并实现自我价值。小队规定，每天实践活动结束后都要将数据进行及时的汇总与整理，盘点经验，总结教训，把工作中遇到的疑难问题汇报给学院的教授、导师，及时将实践活动产生的新思路、新想法记录在案，作为以后科研攻坚的第一手资料。

调研队伍以精准扶贫为目标，通过入户调研，面对面地与农户进行问卷调查和访谈交流，挨家挨户地敲门走访，一亩一亩地走进农田。农业技术专业、种子科学与工程专业的同学在田间地头的调研中发挥了重要作用，他们利用平时在学校所积累的作物栽培与耕作技术，发现并现场指出了作物种植中存在的问题，为村民们提出了种植指导意见和应对策略。园艺技术、植物科学专业、植物保护专业的同学结合专业，为农民解决了平时遇到的病虫害防治问题，并提供相关的农作物培育知识和技巧，尝试帮助农民们实现谷子、玉米、马铃薯的高产。队员们耐心、热心地站在灼热的骄阳下，丝毫不觉炎热，聊起自己的专业问题滔滔不绝，为能够真正解决农户在农事生产、种植上的问题而献计献策。除此之外，小分队还根据调研的情况，为农户建档，便于以后持续追踪农户种植情况变化，为以后的科技兴农工作提供数据支撑。

对于当地农户而言，这次科技支农社会实践活动，实施对贫困地区农户的技术帮助和农业科学知识的普及，加强贫困地区育种技术和育种方法，实现科技支农的基本目标，普及专业种植知识为贫困县农民提供技术支撑。帮助农户提高农作物产量和质量，实现经济的创收。

对于实践队员们而言，此次实践活动是更一堂生动的社会实践教育课，不仅让队员们深入地了解到了贫困地区的现状，体会到农情、村情、民情的变化，感受到扶贫攻坚任务的艰巨，也更加坚定了队员们对于国家精准扶贫、精准脱贫的信心和决心。同时通过此次暑期科技支农实践活动，同学们明白了自己所学学科的重要性，更明白了农户们最需要的是什么样的知识。此外，同学们也从耕作多年的农户身上学到了珍贵的耕种经验，扩充了同学们的知识面，开阔了同学们的眼界，让大家体验到了真正的耕作。虽然多日来的暴晒，让原本白白净净的队员们都变成了一个个“黑煤球”，但是同学们还是义无反顾地投身于科技支农的热情中，黝黑的皮肤愈显出他们决心的坚定，看到村民们一张张笑脸，队员们感到无比自豪。

真心换真心。这段实践期内的朝夕相处与真心相待，让队员和乡亲们也结下了深厚的情谊，队员们纷纷表示，今后定将建立长期的联系，继续发挥自身所长，为乡亲们解疑释惑，也在国家“十三五”脱贫攻坚开发的战略需求中贡献农科学子的一分力量。

## 第二章：数据挖掘，助力兴农
## ——精准扶贫之村镇社会调查系列活动

这支小分队是由农林科技学院 2 000 多名在校大学生中层层选拔出的品学兼优、具有较强表达能力和动手能力的在校本科生和研究生组成。他们具有深厚的理论基础和丰富的实践经验，专业分布广泛，包括农学、农业技术、种子科学与工程、园艺技术、植物科学、植物保护……一群道不同志相同的年轻人聚在了一起，助力精准扶贫，实现科技兴农。

当我们来到村委会，村支书给我们介绍了村里的基本情况以及村中的主要经济作物和现有的耕作模式。本村现有人口 2 000 余人，外流人口 600 余人，19 个村民组，总共 400 余户。村民长期以来以种植谷子、玉米、马铃薯为主，缺少创业致富带头人。在这些贫困地区，小分队成员发现缺乏高产抗病育种技术，忽略品质育种观念，各种专用型品种尤其是加工品种奇缺，不能满足加工业发展、出口创汇和机械化操作的需要。

8 月 19 日，小分队成员分组对沙岭子村和南兴渠村的村民进行科普宣传，通过网络、农天下 APP、微信、QQ 等新媒体方式挨家挨户对当地农民进行深入的科技帮扶指导，并且进行调查问卷的发放与回收，进一步了解农户基本生活以及农作物种植的基本情况。此次实践中共计发放调查问卷 373 份，其中有效问卷为 350 份，实践小分队对调查问卷进行统计整理，便于以后持续追踪农户种植情况的变化。调研数据的汇总是小队成员每天的必修课，调查问卷和访谈记录都成了小队成员科技兴农工作的珍贵的第一手资料，提供了真实的数据支撑。

## 第三章：不忘初心，情暖乡间
### ——走访贫困户、空巢老人系列活动

村子里，总有一些人或贫困、或年老，他们无助且无奈，在经济地位上是村庄里的“边缘人”，但与此同时，也获得来自更多人的关心与帮助。在驻村干部和村干部的引领下，小分队实地走访慰问村镇的贫困户、特殊家庭和空巢老人。

小分队成员帮助他们购买生活用品，打扫卫生并且与他们亲切交谈，详细了解他们身体、生活、家庭情况，以及需要解决的实际困难。随后小分队还为贫困户送上事先在学校筹集的衣物和生活用品。

本次走访困难户，让小分队成员深有感触。他们中的很多人来自城市，来自富足温饱的家庭，对于这些弱势的群体则很少有机会接触到。这次实践活动，让他们深切感受到了贫富差距，也真正体悟到了社会冷暖，扶贫绝不是朝夕之事，不是“三分钟热度”，而贵在坚持。他们也明白，这些特殊的人们需要的不仅仅是物质上的短暂帮助，更需要精神上的鼓励、志气上的激发，需要帮他们找到一条“破局”的生路。扶贫的话题总是沉重，小队成员们也知道不能强求短期见效。回去的路上，脚步虽重但内心坚定，他们纷纷表示要根据各家各户的具体实际，力所能及地、真心诚意地帮助他们解决困难，或许力量薄弱、能力有限，但不能忘记初心，不能妥协放弃。

## 第四章：张杂谷、奶牛场，乡村里的“小课堂”
### ——张杂谷实验基地、奶牛场参观学习

在实践活动中，科技小分队也时刻不忘专业学习，不断扩充自己的知识。有幸参观了“张杂谷”实验基地和奶牛场，在乡村上了一堂生动的实践课。

参观学习的第一站就是“张杂谷”实验基地。张杂谷是张家口市农科院从1969年开始选育的新品种，到目前已有6个品种，通过一系列技术使谷子具有了根系发达、抗旱性强、适应性广、优质高产等特点。鉴于“张杂谷”具有高产、节水、耐瘠、耐旱等诸多优点，对世界粮食安全起到非常重要的作用，现在已经在全球推广“张杂谷”种植。

谷子是我国传统作物，据考证已有7 000多年栽培历史，曾为我国五谷之首，但由于谷子产量低，种植面积逐年下降。为了从根本上提高谷子产量，解决我国中低产品粮食产量徘徊不前的现状，张家口市农科院从1969年就开始对谷子杂交优势进行了研究，经过两代人40年的不懈努力，先后攻克了不育系、恢复系、杂交种选育、制繁种技术、远缘种质利用、提高米质等关键难题30多个，获得国际领先水平成果5项，国际先进水平成果1项，在国内首次培育成功“张杂谷”系列谷子杂交种并在生产上推广应用，收到了良好的效果。2007年，经两代人近40年的接力研究培育出超级张杂谷“张杂谷5号”亩产810千克。

科技小分队在实验基地就“张杂谷”的研究、培育和病虫害防治等知识与专业老师进行了深入的交流与学习。这是一个在乡村里的“小课堂”，没有课本教材、黑板投影，却让同学们更深刻地认识了“张杂谷”，而感兴趣的同学甚至明确了新的研究方向。

随后，小分队来到了第二站——奶牛场进行学习和调查。在南兴渠村，全村1 192户，农业人4 066人，除去务农以及在外务工人员外，还有一部分人从事着养殖业。在奶牛场里，队员们细心观察，大胆提问，他们了解到奶牛场通常把牛粪牛尿收集起来，掺上干草和腐烂的青贮等做成堆肥，之后发酵6～8周，这一段时间内把堆肥翻八遍，发酵完成后有机肥就做成了。牛粪的成分主要是纤维素、半纤维素、蛋白质及其分解产物和各种无机盐。牛是反刍动物，饲料经过反复咀嚼，其粪质细密，加之饮水多，粪中含水量高，空气不易流通，粪中有机物

难分解，腐熟较慢，属冷性有机肥。未经腐熟的牛粪尿肥效低，经过发酵腐熟，可以提高肥效。施用牛粪尿能使土壤疏松，易于耕作，改良黏土有良好效果。按全国有机肥品质分级标准划分，牛粪属三级，养分含量中等。

小分队成员就牛粪应该怎么处理等问题与牛场管理员及随队指导教师展开了讨论，边走边学，边听边记，一路上都是同学们热烈的讨论声音，好奇地询问观看，或许这就是实践的“第二课堂”所独具的魅力。

## 第五章：助力扶贫攻坚，展示青春担当
### ——喜迎十九大文艺汇演送关爱活动

八月的艳阳天，阳光总是格外明媚，还有两个多月就将迎来党的十九大的召开，为了助力扶贫攻坚，展示青春担当，小分队联合河北北方学院助力扶贫攻坚实践小分队，前往张家口市赤城县龙门所镇代家沟村开展贴近百姓生活的文化下乡文艺汇演，让当地百姓感受到当代大学生对农村文化建设的热情，以及对农村居民生活现状的关心。

喜迎十九大的气氛空前热烈，演出还未开始，广场上早已站满了闻讯赶来的乡亲们，还有从其他村子特地赶来的村民。人们陆陆续续地来到了广场，使得村子里本就不大的广场显得更加热闹，这个美丽的小乡村四处萦绕着欢喜。

在村委会干部的协助下，同学们早早地忙活起来。大家搬桌子、摆凳子，演员们化妆换衣服，每个人脸上洋溢着激动和兴奋，仿佛在迎接一场盛大的节日。文艺汇演就在热闹欢快的龙狮表演中拉开序幕。

舞狮慢慢地开始向上盘旋，像小孩子似的在舞台上“嬉戏玩耍”，来回穿梭，翻滚跳跃，摇头摆尾，随着鸣锣打鼓声的热闹，赢得场下观众的阵阵喝彩。精心准备的节目，隆重穿扮的服饰，健美操《青春魅力》、歌伴舞《最初的梦想》《逆光》等纷纷上场，彰显了大学生独特的青春活力，也为当地传统文化增添了一抹鲜亮的色彩！

本次节目以与村民加强文化交流为主，采用的节目侧重于贴近村、镇人民生活，百姓们纷纷投以新奇而喜悦的目光，兴高采烈地欣赏着演出。台上热闹，台下同样热闹。调研队成员坐在村民中间，适时地对当地百姓进行了采访，从家庭结构到经济收入，从生活条件到医疗现状……村民王伯伯笑盈盈地表示：“我们

村现在被选作美丽乡村了，道路也都建设成了水泥路，村子里现在也有了危房改造及异地搬迁扶持项目补助，老百姓们更是医疗保险的受益者，这些都多亏了村里的村干部们，带着大家一块致富！”

本次展演空前成功，也获得当地乡亲们的点赞好评。这是一次有意义的实践尝试，将大学生的在校学习课程融入老百姓喜闻乐见的元素，将大学生的科学文化知识融入老百姓日常欣赏的传统元素，既不脱离生活，又不落俗套，打造出兼具大学生青春色彩和百姓娱乐特色的下乡文艺汇报演出。同时，对学生而言，用文艺娱乐的方式把乡镇文化建设的需要和青年学生的成长发展结合起来，更是架起了村、学院与村民之间的沟通桥梁，成为校地合作的崭新形式，成为实践育人的创新途径。大学生文艺下乡有利于加强大学生与邻居镇民之间的文化交流，学子与村民同喜同乐同生活，让学生在文化活动中认识社会，明确自己的历史使命，将书本知识与投身社会实践联系起来，激发学习热情、完善知识结构、拓展眼界视野、磨砺意志品性，以赤子之心、奉献之心助力国家精准扶贫事业！

实践小分队深入田间地头参观学习　摄影人：刘岩

（撰稿人：刘岩）

# 石榴沟的石榴红了

## ——河北工程大学园林与生态工程学院 2017 年联合实践行动纪实录

河北工程大学园林与生态工程学院——出征　摄影人：佚名

### 石榴红了，好日子更有奔头了

金秋十月，大山深处的平山县营里乡石榴沟村，红彤彤的石榴挂满枝头，映红了村民的笑脸，更让大伙对未来红火的日子充满信心。“游客多了，村里的农特产品就不愁销路了。”石榴沟村石书记（化名）说，“村庄这两年变化特别大，特别是户外旅游度假中心的建设让大家看到了乡村旅游的发展前景，已经有 5 户村民建起了农家乐”。

“春赏石榴花、夏登石榴山、秋摘石榴果，围绕‘石榴’特色产业，石榴沟村的好日子更有奔头!”石榴沟村，村名中虽有“石榴”，但一年前村内却无一株石榴树。2016年，河北工程大学精准脱贫工作组进驻该村。针对村庄没有任何特色产业的实际情况，工作组通过生态保护扶贫、培育特色产业、发展乡村旅游，帮助村民稳定脱贫。硬化拓宽出村道路，安装太阳能路灯，清理垃圾沟，修复古戏楼……工作组多方筹资，改善村容村貌，为发展乡村旅游夯实基础。

## 精准对接，与石榴结缘

精准扶贫春风起，换来石榴花儿红。精准扶贫的政策使得石榴沟村与河北工程大学结了对子，让石榴树与生态学院结了缘。

大自然的眷顾孕育了平山璀璨夺目的文明。从远古的旧石器时代晚期到清末，再至中华人民共和国建国，平山的历史发展脉络清晰完整，各个时期、朝代均有遗迹遗存。其中以西柏坡中共中央旧址为中心的众多革命旧址最为出名，中共中央在这里领导了全国的土地改革运动，指挥了震惊中外的三大战役，召开了具有深远历史意义的七届二中全会。西柏坡时期，党所面临的革命形势是将夺取全国政权以建立新中国，工作重心将由农村向城市转移。正是在这样一个特殊而又重要的历史转折时期，我们党形成了西柏坡精神。

西柏坡时期虽然只有一年10个月，却在党的建设历史上具有非常重要的意义。在这段时期内我党形成了谦虚谨慎、艰苦奋斗，敢于斗争、敢于胜利，依靠群众、团结统一的西柏坡精神，成为共产党人牢记历史、激励奋进的动力。时代发展到今天，在党的领导下，中国早已摆脱贫弱和落后，屹立于世界民族之林，中国共产党人将始终以全心全意为人民服务为宗旨，不忘初心、砥砺奋进！2015年2月13日，习近平在中国延安干部学院主持召开陕甘宁革命老区脱贫致富座谈会指出：“我们实现第一个百年奋斗目标、全面建成小康社会，没有老区的全面小康，特别是没有老区贫困人口脱贫致富，那是不完整的。这就是我常说的‘小康不小康、关键看老乡’的含义。”

时间又回到了7月，生态学院响应全国农科学子联合实践行动号召，组建了“青春建新功，走进乡土乡亲、科技助力新农村”和“情系平山、爱满三农”两支院级暑期社会实践服务团，赴河北省平山县营里乡开展以“传承红色基因、讲述励志故事、对接精准扶贫、服务生产一线”为主题的社会实践活动。师生 14 人在院党委书记侯占平带领下，来到对接服务的石榴沟。

实践以建立联系、找准问题、精准帮扶、长期相助为原则，前期学院领导和专家教授多次到石榴沟进行调研，结合专业知识提出帮扶建议并提供技术支持，2017 年实践结束，学院与石榴沟村签订社会实践基地协议，促进学院师生社会实践服务常态化、基地化。

## 扶贫路上的追梦人，写好大地文章

从古都邯郸乘车，一路走来，太行景色尽收眼底，或舒缓起伏，或峭壁拔地。道路两边的五谷杂粮养育了一代又一代太行人。颠簸近 5 个小时，我们到达了太行群山中一个小小的普通的村落——石榴沟村。

村庄是东西长南北窄的长条形，民居住的大都是砖房或石板房。村边有一座小石桥，下面是不太深的沟谷，平时河沟是干枯的，每到夏季来临就会涨水，河水从石榴沟村流到这里有几十米高的落差，经年累月瀑布的冲击力将河水落地处撞击出一个大池塘。我们到达村里时，看见村民们正在修塘，这是工作组办的美化乡村的一项工程，水泥浇筑的塘坝修好后可以蓄住水，再种上荷花，明年的景观会更加别致。随后，村主任开始向我们介绍当地情况。几天前的大雨冲击砂石将村边新修的道路堵住了，村民正在疏通，同学们见状立即一起帮助老乡们清理，很快就恢复了道路的畅通。

石榴沟村扶贫工作组组长南老师（化名）前来迎接我们，他对我们的到来很是欢迎，拉住指导老师陈敬谊的手亲切地说：“陈老师是第几次来啦，这次还得辛苦你们呀!”陈老师回答：“大概八九次了吧，我也记不清啦。”一问一答之间，实践队员和村民心的距离渐渐拉近了。

陈敬谊老师，2016 年曾被河北省教育厅授予“李保国式科技服务团队”、省委宣传部“李保国式科教扶贫突出贡献者”称号，2017 年曾获河北省“美丽河北　最美教师”奖项。他和他的团队三十年如一日，坚持深入田间地头，踏遍了邯郸大地、太行山区，为果农传授果树栽培管理新技术，他用科技扶助众多贫困地区乡亲奔上小康路，老百姓亲切地尊他为“财神”。陈老师个人共举办果树技术讲座 2 000 余次，义务培训果农 20 万人次，推广科研成果 21 项，作为河北电视台《农博士在行动》栏目特约专家，累计现场拍摄果树科学管理节目 170 余期，拥有十分丰富的实践经验。“学校的精准扶贫对接陈老师是真的精准了，‘财神’来了，致富有希望了！”村民们说。

为了让石榴村成为名副其实的石榴村，驻村工作组先后与陈老师及相关专家进行多次考察论证，到当地选择品种、选址移栽，并进行管理技术培训与指导，可以说石榴园发展的每一步都离不开陈老师的心血和努力。今年 4 月，园林与生态工程学院和我校精准扶贫村石榴沟共建教学科研实习基地，该基地的建立，将进一步发挥我校人才、技术优势，为精准扶贫村定期且长期地送知识、送技术、送专家，带动当地特色种植产业发展。此次社会实践，驻村书记亲自点将，让陈老师再来石榴园，再对石榴树的管理进行技术指导与服务。实践队伍由学院党委书记亲自带队，除了陈敬谊团队主要成员外，还应石榴沟老百姓的要求增加了食用菌、蔬菜方面的专家，组成了一支做实事的真正的专家队伍。

山里的夏天远没有想象中的凉爽，闷热的天气像蒸笼一样，师生们的短袖很快都湿透了。大家在陈老师的带领下，在石榴园里为村民讲授石榴树的夏季管理技术，并对 20 余亩的石榴树进行修剪。大家一起完成石榴园的工作后，同学们都去休息了，陈老师还在给村民们讲解石榴树的育苗、石榴园以后的管理技术要点，一再叮嘱有问题及时打电话联系他。

### “绣美丽乡村”——“听”第一书记讲故事

河北工程大学园林与生态工程学院暑期社会实践的一项重要工作是“走进乡土乡村、讲述扶贫故事”，通过对扶贫相关群体的调研和访谈，了解脱贫攻坚战中的精彩感人故事。在河北省石家庄市平山县营里乡石榴沟村，我院师生在精准扶贫驻村工作组组长、村第一书记南老师（化名）的介绍中了解了该村精准扶贫情况。

石榴沟村隶属于国家级贫困县平山县，属省级贫困村。全村 98 户，总人口 256 人，常住人口 146 人；建档立卡贫困户 73 户，建档立卡贫困人口 166 人，贫困人口发生率占 62.8%；低保 24 人；五保户 1 人。石榴沟村四面环山、沟壑众多、森林茂密、生态自然、风景秀丽、气候凉爽。全村行政区域面积 9 945 亩，耕地面积 173 亩，灌溉面积 104 亩，山场面积 9 100 亩，林木多为油松。地域偏远、发展落后。

石榴沟村工作组入村伊始，连续奋战一个月，走街串巷、上山进沟，会议座谈、入户走访，沟通汇报、征求意见，开展深入细致的调研，力求找准贫困问题，力求挖掘致贫原因，力求精准施策脱贫。

南老师（化名）向我们介绍，石榴沟村贫困的六大突出问题是：严重缺水、信息闭塞、没有集体产业、缺少劳动力、缺乏产业统筹、党员的先锋模范作用不突出。致贫的四个主要原因：一是主观上思想观念落后，消极脱贫、被动脱贫；二是客观上村内缺水，直接影响种养业规模化发展；三是外部条件上信息不畅、道路狭窄，脱贫渠道受限；四是内部条件上劳动技能短缺，缺少致富带头人和致富产业。

石榴沟村工作组对症下药，实施精准扶贫七项攻坚工程：第一，思想破冰工程，宣传政策、广泛动员，转变观念，统一思想，把党的政策宣传好、落实好；第二，筑坝治水工程，筑坝引水、建池蓄水、治沟净水，建设青山绿水；第三，信息通信工程，接通宽带网络、新建手机信号基站、开通石榴沟村网站、开设电商网点；第四，绿色富民工程，成立金石榴合作社，统一规划规模化种植、规范管理科学化养殖，发展生态循环产业，打造太行山石榴特产区，发展特色旅游业；第五，全面惠民工程，“净化、绿化、美化、亮化”人居环境；第六，技能提升工程，开展科学种养技能培训，实施教育扶贫，提升村民劳动致富技能；第七，旗帜示范工程，加强村党支部建设，选培脱贫致富示范户、带头人。

南老师（化名）说，习近平总书记强调“绿水青山就是金山银山”，扶贫就要处理好经济发展同生态环境保护的关系，我们就是要因地制宜，坚持结合生态保护脱贫、发展特色产业脱贫、实施乡村旅游脱贫，探索实施生态保护脱贫“一体两翼模式”和旅游扶贫示范村建设“三步走”战略，逐步实现“三期三村建设”精准脱贫总体目标，即“发展生态环保种植业，建设石榴博览观光采摘园，实施贫困户‘一对一’结对帮扶，建设脱贫致富村的近期目标；建设石榴种植加工产业园，打造石榴特产区，发展特色旅游产业，建设美丽乡村的中期目标；发展生态循环产业，种养结合、协调发展，建设小康现代化新农村的长期目标”。

他说，精准扶贫除了政府投入外，合力扶贫还要发挥河北工程大学的人才、技术优势和后盾作用，举全校之力助力扶贫攻坚。学校划拨了扶贫专项资金，进行了乡村规划航拍，设计了小康村建设方案，研发了石榴沟村网站，建立了扶贫村教研实践基地，并签订了农特产统销协议。

南老师（化名）还就精准扶贫驻村工作组发扬“西柏坡精神”和“钉钉子精神”，在脱贫攻坚中勇于担当、攻坚克难，结合工作、生活经历与实践师生畅谈了切身体会。

谈及驻村工作组的工作成效，南老师（化名）说，目前已经成功实现了生态保护促进精准脱贫，石榴沟村拥有了国家级生态公益林、石榴种植产业园，正在建设石榴文化馆、发展特色乡村旅游，拥有了长期稳定的村集体经济收入。贾东水组长自豪地说“石榴沟村终于成了名副其实的石榴沟”。乡亲们每天都要去石榴园转一转、看一看，看着满树的石榴花、满园的石榴果，仿佛已经看到了红红火火、脱贫致富的生活。

南老师（化名）为石榴沟村文化活动中心戏楼撰写过一副对联——石榴花红结丰硕果实，松林山青绣美丽乡村。这副楹联既是石榴沟村发展特色产业精准脱贫的真实写照，更是石榴沟村保护生态环境、科学发展致富的美好愿景。

## 情系那片沃土，实践归来收获多

实践是短暂的，别离令人依依不舍。我们总遗憾自己做得还是不够，未能再帮乡亲们实现多一点的祈愿。我们的心留在了那里，留在了挥汗劳动的石榴园里，留在和留守儿童一起唱歌、打乒乓球的操场里，留在教老乡使用农天下 APP 的小院子里，留在了听故事的驻村工作组简易的办公室里。即使要离别，我们的心和乡亲们的心还在一起，我们还会想起发放捐助物品时老乡们满足的笑容，和孩子们玩老鹰捉小鸡时孩子们银铃般的笑声。

除了给予老乡们帮助，社会实践更多的是让大家得到了锻炼，了解了农村、农民和农业，这是在城市、教室听课所接受不到的教育，也是一堂生动的实践课程。通过实践，队员们访村入户，与村民交谈，观察村民生活环境，感受村民生活状况，对农情、村情、民情有了深入的了解，深刻体察了贫困村民生活的艰辛与乐观的精神。我们在实践中增长了见识，强化了本领，开拓了思路。我们还看到了陈敬谊老师这样励志的榜样，他扎根基层，服务农村，发挥专业特长，服务扶贫攻坚。他把论文写在了田间地头、写在祖国大地上！队员们更深刻体会到了作为农科学子的使命，坚定了为民服务、为百姓解难的志向！

在实践中，我们也遇到了很多的困难。团队成员互相帮助扶持，互相鼓励陪伴，几天的实践经历使团队成员形成了深厚的革命友谊，也增强了我们与人沟通交流的能力，让我们懂得了学习与了解、合作与包容。我们在实践中得到了村主任等村领导的大力配合和理解，但由于和当地村民之间语言不通，有些年纪较大的村民听不懂普通话，问卷调研活动较难开展；另外，我们在走村入户开展问卷调研的时候，问卷中一些涉及收入的敏感问题，很多村民都不愿意正面回答，最后大都是村主任和村书记向我们所调查的农户解释，才使我们的入户调研活动得以正常顺利地继续。

实践虽然结束了，但我们的助力扶贫之路仍在继续，精准扶贫的伟大事业不曾止步，正如学院党委书记侯占平在其所做的《如梦令·平山》中所言："协力脱贫致富，初心不改如故。今日筑梦人，共绘复兴宏图。寻路，寻路，指向云山深处。"

石榴园合影　摄影人：佚名

（撰稿人：石爱军）

# 以实践为笔　谱写扶贫之曲

## ——河北科技师范学院农学与生物科技学院 2017年联合实践行动纪实录

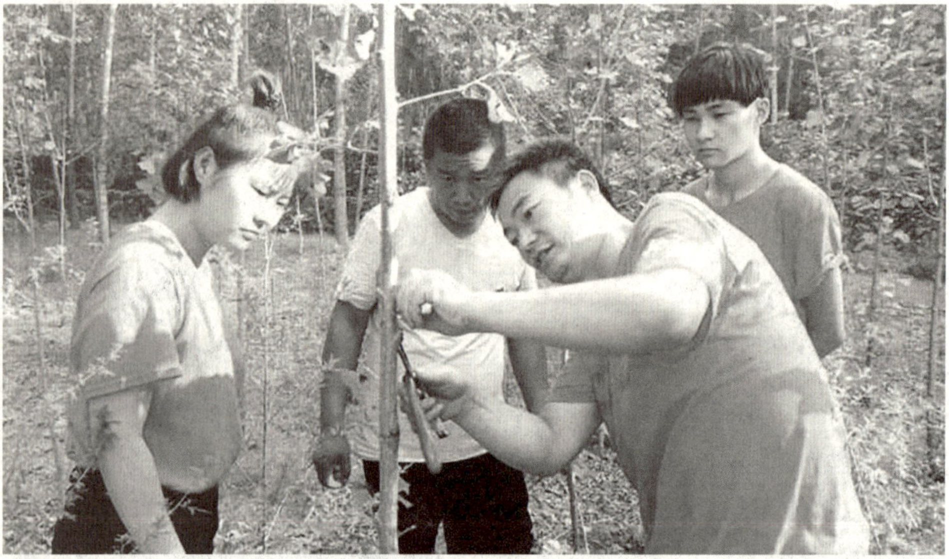

指导防治病虫害　摄影人：赵鹏

一声声蝉鸣打破了夏日的宁静，我们奔赴远方，感悟大山深处的另一个美丽世界。山有虫鸣，心有温暖，走进乡土乡村，聆听大山深处的呼唤。面对艰难险阻我们迎其而上，不惧道远且阻，我们砥砺前行。

2017年的这个盛夏，以“走进乡土乡村，助力精准扶贫”为主题的全国农科学子联合实践行动开展得如火如荼。为响应校团委号召，喜迎十九大，河北科技师范学院农学与生物科技学院8支小分队奔赴国家级贫困县——秦皇岛市青龙县满族自治区参加社会实践活动。五天的时光因充实而漫长，却又因不舍而短暂。8 支小队纷纷开展了以科普教育、科技支农、民生调研、植物标本制作和爱心行动为主题的实践活动，以昂扬的热情和扎实的行动投身全国脱贫攻坚工程建设中，贡献自己的青春力量。

## 成老师与北苍术的不解之缘

### ——“青龙县中药材资源调查与利用”志愿服务小分队

“青龙县中药材资源调查与利用”志愿服务小分队在带队老师乔亚科和王文颇的带领下，深入到国家级贫困县——青龙满族自治县的精准扶贫村开展了为期 5 天的扶贫调研活动。

走到生产第一线，才能嗅得到泥土的芬芳，听得见大地的呼唤。队员们走访调查了青龙县娄杖子镇狮子坪村、七道河乡六道河村、木头凳镇木头凳子村、青龙镇广茶山村等地的中药材栽培基地，了解到了青龙县中药材的种植方式、生产规模及栽培技术等情况，并与基地负责人一起探讨生产中存在的问题与应对方案，希望可以帮助当地村民谋求更好的致富道路。

在调研过程中，他们认识了一位战斗在脱贫攻坚一线的带头人——成老师（化名）。成老师是秦皇岛市青龙县七道河乡六道河村中草药种植基地的负责人之一，也是秦皇岛市同盛医药公司的董事长，正是他为贫困户提供中药材北苍术的种苗与种植技术，带动农民走上增产增收的路子。

成老师以前从事采矿生意，也做过药材批发生意，当意识到青龙地区中药材产业发展前景广阔，又于生态环境有益，他借着以前批发药材积累的知识，开始思考如何进行中药材的生产，希望能把青龙县北苍术中药材产业发展起来，带动贫困户脱贫致富。河北科技师范学院在此也发挥了重要作用，与基地建立了产学研合作关系，本着“优势互补、无缝对接、合作共赢”的原则，为基地提供技术支撑。功夫不负有心人，2015 年，基地野生北苍术栽植成功，促进收益的同时也给周边农户起到了良好的示范效果。

经过这几年的探索，当地逐渐形成了“公司 + 良种繁育基地 + 专业合作社 + 农户”的产业发展模式，探索出了科技为支撑、公司为载体、政府为主导的新路径，开创了青龙县扶贫工作的新局面。在青龙县干沟乡，不少贫困户已经尝到了“甜头”，走上了种植北苍术的脱贫致富路。同时，陈台子村也在积极和成老师联络，商讨合作事宜。成老师表示，如果能通过科技扶贫和产业扶贫，让更多的农民脱贫致富奔小康，就算历经再多的坎坷也愿意坚持到底。

## 借食用菌之翼，为经济腾飞喝彩

### ——“食用菌栽培技术惠农李保国”志愿服务小分队

为推广羊肚菌的栽培与种植技术，用技术引领贫困地区经济增长，助力精准扶贫，食用菌栽培技术惠农李保国志愿服务队于 2017 年 7 月 15 日上午前往青龙县苏杖子村，进行了为期五天的社会实践活动。

带队老师孙伟明和侯东军对当地的食用菌产业进行了多次调查研究后，发现当地食用菌产业链的前端科技含量较低，由此导致成本高、利润低。于是，为了补足当地食用菌产业链的缺陷，将技术带到乡村，用科技带动当地经济的快速发展，从 2017 年 6 月份开始，小队就开始了紧张的选育菌种工作。忙碌的身影进进出出，专注的眼神温暖如初。一个月的时间里，小队成员扩繁菌种并进行实验室分子鉴定，力争将高质量的菌种带到我们的扶贫驻扎地——青龙县苏杖子村万丰食用菌专业合作社。小队用自带的麦麸、棉籽皮、石膏等，为当地合作社制备了五亩地的羊肚菌原种，希望这些菌种能为当地食用菌产业发展插上腾飞的翅膀。

有了前行的航标，便有了扬帆的力量。在与当地种植户的交流过程中，小队成员发现，种植户们对羊肚菌的种植表现出了强烈的兴趣和好奇心。在村民们争先恐后的提问下，大家耐心地讲解羊肚菌原种制备的方法和注意事项，毫无保留地进行详细的技术与方法指导。指导老师在与种植户的交流答疑中提出了双管双膜、菌种档案、自制育种等理念，增长了种植户的专业种植技术知识，加强了种植户对羊肚菌种植的信心。队员们也将从当地采集的食用菌带回了实验室，进行组织分离、分子鉴定，希望利用自己的专业知识促进当地食用菌产业的发展。

五天的社会实践很快便结束了，但是我们的扶贫工作不会止步。回想这段时光中的点滴，不忘技术扶贫的初衷，那临行前的铮铮誓言仿佛仍回荡在耳畔：立足区域资源优势，瞄准适宜发展产业，联合多元扶贫资源，建立科技扶贫的长效机制，我辈定将以热血青春服务三农发展，以实际行动助力精准扶贫！

## 授人以渔　任重道远

### ——“秦木冷水鱼养殖环境调查”志愿服务小分队

实践之初，小队成员对村里环境并未有太多了解。在杜立强老师和张锴老师的带领下，为队员们在秦木上了一堂生动的野外实践课。

两位老师从水温、水质等方面向同学们详细讲解了冷水鱼生存对水的要求。随后，小队成员在张锴老师的带领下对住所周边小溪的水质、水温进行了精确测量，并通过咨询当地居民来了解小溪的水文特征和年度、季度差异。村民们热心解答队员们对于溪流最大水量、最小水量、干旱年份和湿润年份等方面的问题，让大家对养殖冷水鱼所需要水温水质等条件有了深刻直观的认识。

小队成员也对部分农户进行了问卷调查，了解农户家庭情况的同时，也体会到了他们生活的艰辛和不易。在调查中，队员们了解到，当地目前正在尝试打通从冷水鱼养殖到发展农家乐旅游、再到将鱼销往外地的新路子。或许，这条路的发展需要一个较长的过程，也并不会平坦无阻。但相信，在科技扶贫政策的支持下，在当地政府和河北科技师范学院的扶助下，维持适宜的基础养殖环境，定会让更优质的冷水鱼成为农家乐餐桌上的美肴，打造秦木沟村的品牌，而全村乡民的生活也定会更红火更幸福。

## 全力以赴　坚决打赢张庄村脱贫攻坚战

### ——“野生药用植物惠农李保国”志愿服务小分队

扶贫于队员们而言，不是一份强压在肩的任务，也不是一份充满新奇的旅游，它是一份伴随青春岁月而在的使命，是人生经历中不可多得的财富。

2017 年 7 月 15 日，志愿服务小分队收拾好行囊，肩负着扶贫重任，在带队老师龙茹和马静的带领下前往秦皇岛市青龙满族自治县大巫岚镇张庄村，进行为期一周的暑期社会实践。小分队主要调研了张庄村的自然环境和野生药用植物资源的历史与现状。调研中队员们真切体会到，扶贫政策像一场及时雨，洒进了贫困山区村民的心中，滋润了他们的心田。

早在 2016 年，镇里传来消息，每个镇有三个建设光伏发电项目的名额。或许村民们不了解，村干部们却很清楚，光伏发电利用半导体界面的光生伏效应而将光能直接转变为电能，这项技术可以每年为每个农户带来 3 000 余元的经济收益。于是，村委会得知后，便下定决心一定要拿下这个项目。村干部们不辞辛苦几次跑到镇政府，几经争取，项目建设终于落在了张庄村，2016 年底就开始施工。

万事总是开头难。项目刚一开工，村干部便遇到了不少的问题和阻力。面对施工受阻、村民的不理解，村主任有几次都在暗地里伤心落泪，甚至想过放弃。但是，想到这是一个能够带动大家共同致富的好项目，能够切实为村民谋福利，他咬咬牙又坚持下去。再大的委屈也抵不过一句值得，再苦的工作也抵不过村民富裕的美好愿景，不能气馁、不能放弃！

很快，村主任意识到转变村民的思想才是项目推动的首要任务。为此，村委会和驻村工作组挨家挨户深入到田间地头、大街小巷，宣传光伏项目的知识，将这个原本带着神秘面纱的“高科技”介绍给村民。耐心的思想工作终于取得成效，慢慢地，村民开始接受他们的意见，逐步认识到了光伏发电的重要性和可观收益，对政府实施此项工程和给予的补贴政策也逐渐消除了抵触情绪，光伏发电施工最终得以顺利进行。2017 年 6 月，光伏发电建设项目在该村成功施工完成。

道路虽坎坷，未来终可期。沐浴在夏日阳光下的小村庄一片祥和安宁，似乎预示着多年笼罩的贫困阴霾终将被驱散开来。我们也相信张庄村在村委会和驻村工作组的带领扶持下，在村民百姓的共同努力下，一定会发展得越来越好，携手打赢脱贫攻坚战！

## 小虫子撬动大产业　校企携手共筑虫蛙桥

### ——“扶持中国林蛙产业项目”志愿服务小分队

“扶持中国林蛙产业项目”志愿服务小分队一行人在带队老师王照东和吉志新的带领下，来到了青龙满族自治县大巫岚镇陈台子村。

早上七点的阳光温暖，清风和煦，志愿服务小分队的成员们已纷纷奔走在陈台子村的小路上，他们把带来的黄粉虫和亮斑扁角水虻全部无偿送到了村部，在这里，村干部派了专职养殖人员向老师学习养殖技术。黄粉虫产卵筛中的成虫数量、下午 5:00 之前将喂养的蔬菜吃完、生长环境注意避开强烈光照；亮斑扁角水虻生活在大叶绿色植物上、交尾时不能少于 1.5 米$^3$ 的飞翔空间……指导老师将这些关键技术娓娓道来。随后，队员们和村民一同投放麦麸等饲料，整理养殖箱，搭建试验观察帐，并与村主任探讨昆虫生产问题，确定了场地和喂养的展开步骤。

培训中，陈台子村一位支委铲了两铁锹新鲜猪粪，分别放到亮斑扁角水虻养殖盒中，他说："你们说这种昆虫处理粪便速度快、效率高，我想看看到底有多快、多高。"三小时过去后，盒里新鲜的猪粪全部消失不见，望着不断蠕动着的雪白的亮斑扁角，支委高兴地竖起了大拇指，说："这真是一种神奇的昆虫，我家还有三头驴，以后所有的驴粪全用这种虫子处理!"

下午小分队成员兵分四路，分别对陈台子村牛车沟、东胡沟、水泉沟、刘杖子的植被环境、地形走势、水资源环境等农业资源条件进行深入的调查。我们发现当地作物以谷物、玉米、大豆和苹果为主，果树以苹果、核桃、李子和板栗为主，种植面积相对较小，绝大部分分布在谷底，山坡比较陡峭，植被以杂灌木为主，郁闭度极高、生物多样性复杂、各种生物资源丰富，根据这些农业资源环境，我们提出了对应的合理化利用建议。

由于土地资源稀缺，我们建议村里从提高作物质量入手，可适度进行有机农产品的认证。当下，秦皇岛到祖山的观光铁路正在建设当中，秦皇岛市随即提出了旅游强市的口号，陈台子村适应生态文明建设的要求，发展有机农业恰逢其时。当地独特的两山夹一沟地理生态环境，正好适合有机农业土地结构的需要，现有合理的生态平衡环境满足了有机农业对病虫草害的有效平衡。其中，我们建议当地发展的中国林蛙养殖将能有效控制田间害虫，促进有机农业发展，还能带来巨大的经济效益。通过和村民、村委会的讨论，大家一致认为这些建议行之有效。

科技扶贫是一条需要长期坚持的道路，小分队队员们将自己的所学毫无保留地分享给当地村民，以实践行动促进当地三农发展。林间的风轻拂面庞，洒下人间的温暖情谊，播下精准扶贫的种子，以智慧之花，结脱贫之果，陈台子村村民美满幸福的明天，让我们翘首以待。

## 走入驻村工作组　科技扶贫致富梦

——"植物病虫害生态防控"志愿服务小分队

农学与生物科技学院"植物病虫害生态防控"志愿服务小分队前往贫困山区——秦皇岛青龙县土门子镇影壁山村，开展以"走进乡土乡村，助力精准扶贫”为主题的暑期社会实践活动。团队由余金咏和赵鹏老师带队，对影壁山村生态防控情况进行专题调研。通过走访和现场勘察，团队深入了解影壁山村生态文明建设开展的基本情况并提出了合理化建议。

此次实践的重点任务是对该村农民种植的农林作物进行虫害调研，并提供技术支持与服务，达到消除虫害、农林作物增产的目的。在实践教学中，余金咏老师向队员们重点讲述了杨树透翅蛾和光肩星天牛的危害状与防治方法，并带领大家查看了当地的水稻田和杨树林。

随后，实践队对影壁山村生态防控情况进行了专题调研。因为村子里有水稻田，且不用农药，所以村干部想要在水稻田里养殖泥鳅和河蟹。在我们停留的这几天里，村干部已经开始在水稻田里放入石棉瓦等物品，用来圈住泥鳅和河蟹，迈出养殖产业的第一步。

时光易逝，岁月难留，实践中的每一天都充满新奇的体验和无尽的收获。田间稻香芬芳，水中生灵盎然，远离城市繁华方知乡土志趣，我们在这里留下最美的回忆，也更加坚定了一颗助力精准扶贫的心。青年之志，志在四方；青年之心，心系三农；青年之我们，愿全力以赴，赴脱贫攻坚的战场。

## 野生动物资源考察　助力花果山村旅游发展

——“野生动物科普夏令营”志愿服务小分队

在带队老师张波、赵春明的带领下，野生动物科普夏令营志愿服务小分队来到花果山村，开展以野生动物科普宣传与昆虫标本制作为主题的夏令营教学活动。

花果山村的孩子们虽然常听虫语，常伴虫鸣，但对自然却缺乏科学系统的认识。志愿服务小分队的到来，为孩子们呈现了一堂丰富多彩的科普课。在队员们的指导下，花果山村的小学生们参与到了昆虫采集、标本制作、保护野生动物宣传、简笔绘画、手工制作等多种有趣的活动中，看着他们兴奋愉悦的身影，听着耳边叽叽喳喳的讨论，队员们也不禁露出笑容。晚上，队员还带着村民们在一起跳广场舞，小村落因为我们的到来变得更加热闹。

此行，我们也对花果山村进行了野生动物资源考察，主要考察了昆虫和脊椎动物。昆虫调查主要通过野外采集和晚上灯诱来进行。调查显示，危害当地玉米、花生、谷子、甘薯等农作物的害虫主要有棉铃虫、小地老虎、玉米螟、甘薯天蛾等；危害蔬菜的害虫主要有豆荚螟、四斑绢野螟、二十八星瓢虫、小菜蛾等；危害苹果、梨、桃、杏、李、山楂、核桃、板栗等果树的害虫主要有斑头蝉、桃瘤蚜、桃蚜、茶翅蝽、桃红颈天牛、桃蛀螟、梨大食心虫、苹小卷叶蛾等；林木害虫主要有杨叶甲、光肩星天牛、霜天蛾、鹰翅天蛾、大背天蛾、条背天蛾等。此外，花果山村的天敌昆虫主要有七星瓢虫、异色瓢虫、草蛉、食蚜蝇、胡蜂、泥蜂、姬蜂等，可以取食农作物和树木上的蚜虫和害螨；传粉昆虫主要有蜜蜂、熊蜂等；分解垃圾的昆虫有黑水虻、金黄指突水虻等；食用昆虫主要有蝗虫、螽斯、蟋蟀等；药用昆虫主要有地鳖；观赏昆虫主要有硕蝽、中华食蜂郭公虫、碧凤蝶、丝带凤蝶等。

在观察到的野生脊椎动物中，哺乳动物有豹猫、花鼠、岩松鼠等；鸟类有烟腹毛脚燕、灰鹡鸰、蓝矶鸫、北红尾鸲、棕头鸦雀、大嘴乌鸦、红嘴蓝鹊、大山雀、灰眉岩鹀和麻雀等；爬行动物有黄纹石龙子和乌梢蛇等；两栖动物有中国林蛙等；鱼类有拉氏鱼岁和麻链儿（俗名）等。其中有观赏价值的有花鼠、岩松鼠、灰鹡鸰、蓝矶鸫、北红尾鸲、红嘴蓝鹊等，主要食虫益鸟有灰鹡鸰、蓝矶鸫、北红尾鸲、大山雀等，药用动物有麻雀、中国林蛙等。

不大的花果山村，拥有一个多彩的生物世界，虫鸣蝶舞、鸟雀纷飞，正是返璞归真、赏景散心的旅游胜地。希望我们对野生动物的考察可以帮助当地村民和游客对花果山村的野生动物有更深入的了解，增强野生动物保护意识的同时，也为保护花果山的旅游资源、增加花果山村的旅游亮点出一分力。

## 传递知识　让梦想起航

### ——“太阳花支农支教”志愿服务小分队

太阳花开在太阳下，温柔了岁月、温暖了童心。依托“走进乡土乡村，助力精准扶贫”全国农科学子联合实践行动平台，志愿服务小分队在王秀平、于秀敏老师的带领下，走进青龙县木头凳镇兴隆台子村，开展支教服务活动。

由于没有教室，小分队在室外进行了“昆虫的微观世界”主题课程。队员为孩子们仔细讲解了解剖镜的构造，并且演示了操作过程，随后利用课前带孩子们捕集的蜜蜂、苍蝇及蝗虫等昆虫，给孩子上了一节昆虫课。大家将蜜蜂足部的

“花粉篮”、苍蝇的“平衡棒”及蝗虫的触角逐一做成标本，让孩子们一个一个地观察，并将这些特殊构造的意义介绍给孩子们。在解剖镜下观看时，孩子们惊呼：“原来蜜蜂就是因为有花粉篮才能采蜜啊!”“苍蝇之所以能飞得那么平稳就是因为有平衡棒啊!”看着孩子们的好奇劲儿，大家对“昆虫的微观世界”课程的开展结果都十分满意。

枸杞是当地村民主要的收入来源。午休过后，王秀平老师带领队员们去田间查看枸杞病虫害情况。当看到枸杞瘿螨危害严重时，王老师问起了老乡防治害虫的方法。“我们就是打杀虫的药，具体是啥我们也不懂。”朴实的老乡如实说。听到这里，王老师告诉老乡可以用石硫合剂、磺悬浮剂、爱比菌素等药剂进行防治。

夜幕降临，队员们在广场播放有关种植食用菌技术的视频，通过视频村民了解到食用菌是可供食用的蕈菌，以其白色或浅色的菌丝体在含有丰富有机质的场所生长，条件适宜时形成子实体。食用菌的碳素营养是通过生物降解作用，把植物的残体加以降解后利用的，葡萄糖是广泛利用的碳源。氮素营养的利用与碳素营养相似，动植物残体被微生物分解后，其中间产生的代谢产物可被食用菌利用。这些深奥的知识以生动的视频呈现在村民们眼前，让他们知道在家中其实有很多废物可以被重新利用起来，成为食用菌广泛的营养来源。

野生动物科普宣传　摄影人：赵鹏

八支小队的汗水和泪水、五个日夜的感悟和感动，队员们用脚步丈量过，用心帮扶过的苏杖子村、张庄村、陈台子村、秦木沟村、影壁山村、花果山村、兴隆台子村，留下了我们这一生最美好的回忆。人虽已远去、心仍在乡野，以实践为笔、谱写扶贫之曲，我们将继续投身脱贫攻坚事业的伟大工程，以众志成城之力撑起那些贫困乡村的晴朗天空。

（撰稿人：杨静　宁凯　马静）

# 二十六载扶贫路　坝上高原结硕果

## ——河北农业大学农学院 2017 年联合实践行动纪实录

河北农业大学农学院联合实践团队合影　摄影人：夏志学

每年 7—8 月，河北省张北县的高速公路都会异常繁忙，批发喜凉蔬菜的卡车排成了一字长龙，浩浩荡荡的车队驶入驶出，昼夜不停。车队为菜农换来了一沓沓钞票，给农家带来生活的希望，为农村增添发展的动力。每每看到这一景象，刘玉华教授的脸上都会露出欣慰的笑容。农民的钱袋子越来越鼓，坝上山村越来越富裕，他比获得国家级大奖还高兴。

刘玉华，河北农业大学农学院教授，张北实验站站长，农业部公益性行业

（农业）专项“北方熟区耕地培肥与合理农作制”项目子专题“华北熟区合理农作制度研究与示范”主持人。同时，他也是冀西北寒旱区喜凉蔬菜特色产业团队成员、坝上科技扶贫的忠实践行者。

## 科技攻关 探索创新扶贫技术

坝上地区地处华北农区与牧区交错地带，占河北省土地面积的 1/10，是国家级贫困区。这里春季干旱多风，作物生长季短，受寒旱限制，农民祖祖辈辈主要靠种植土豆、莜麦为生。但受气候影响，作物产量不高，区域经济落后，建站之初，这里的农民“能自给，不能自足”，生活贫困拮据。

1991 年，刘玉华来到坝上张北县小二台乡，致力于当地农牧业增产、农民脱贫和资源环境综合治理工作。生在农村，长在农村，刘玉华深知农民的疾苦与期盼，自从踏上这片土地，他就下定决心，要用科技力量改变农村贫困的现状。

经历了艰难的技术创新，刘玉华和他的科研团队逐步实现了莜麦、马铃薯、牧草等增产稳产，初步解决了坝上农民的温饱问题。之后，团队开始向另一“高地”进发——种植喜凉蔬菜，增加农民收入。

坝上地区海拔高、气候冷凉，种植喜凉蔬菜，极易通过春化抽薹开花，种下的大白菜只开花不“抱头”，没有市场价值。科研团队通过多年的艰苦探索、反复的大量生产试验，终于揭开了大白菜抽薹开花的秘密，创新攻关了坝上喜凉蔬菜小拱棚高温育苗防抽薹关键技术，明确了区域喜凉蔬菜播种的适宜时期，筛选出适宜当地的蔬菜品种。很快刘玉华和他的科研团队成功种植了大白菜、圆白菜和白萝卜，他们创造性地开出了“利用天然冷凉气候，发展喜凉蔬菜生产，增加农民收入”的扶贫处方。

## 开拓市场 示范推广科技惠农

“方子”开了，技术问题解决了，1996 年春，刘玉华和他的科研团队说服了德胜村的徐老汉，在村里一块具有水浇条件的耕地上试种了 37 亩大白菜。3 个月后，每亩 1 万多斤的产量吸引了村民的注意力，大家奔走相告：“河北农大教授种出大白菜啦!”为了售出白菜，开拓市场，河北农大的教授们亲自“夜闯”北京大钟寺蔬菜批发市场，结识菜商，推销蔬菜。当年 8 月 11 日，两位深圳菜商闻讯来到德胜村，他们不敢相信，盛夏八月竟有这样长势喜人的大白菜，这可是市场上的稀罕物，当即拍板以每斤 0.3 元的价格，将 37 亩菜全部订购，现场留下 18 500 元订金。当近两万元现金放在菜农眼前时，大伙儿惊呆了，这些徘徊在温饱线上的农民，从没见过上万元的钞票，徐老汉数了又数，看了又看，欢喜得合不拢嘴。

当年，德胜村每亩大白菜收益 3 000 元，是种植土豆、莜麦收入的 10 倍。种菜赚钱的好消息像长了翅膀一样传遍十里八乡，科技推广的头一炮就这样打响了。这项技术在张家口坝上地区很快得到示范推广，并迅速扩大到山西、内蒙古等毗邻地区。我国坝上地区作物种植结构发生了彻底改变。

如今，坝上地区喜凉蔬菜生产面积达到 60 万亩以上，成为我国第四大喜凉蔬菜生产基地，每年净增纯效益近 10 亿元。“一亩园，十亩田”的经济收入，真正为当地农民谋得了福利。

## 小康路上　引领助推特色产业

习近平总书记在 2014 年首个“扶贫日”做出重要批示，“全面建成小康社会，最艰巨最繁重的任务在贫困地区。全党全社会要继续共同努力，形成扶贫开发工作强大合力……推动贫困地区和贫困群众加快脱贫致富奔小康的步伐。”刘玉华和他的科研团队响应号召，不忘初心，砥砺前行。“小康路上一个都不能掉队!”随着国家产业结构调整，坝上地区逐步向发展乡村休闲旅游经济，打造特色生态农业转型。在充分剖析当地自然气候和生态资源特点的基础上，为了探索区域农村经济发展新途径，寻求农民脱贫致富新路子，刘玉华和他的团队冬天冒着凛冽寒风，夏天顶着焦灼烈日，一心扑在精准扶贫的事业上。

在小二台乡黑山堡村，刘玉华与村主任长老师（化名）取得联系，他帮助黑山堡村检测土壤成分，规划种养结构，设计打造了“油菜花海休闲旅游特色小镇+现代农业”的崭新发展模式。经过多方引种、反复试验，为村里引种了适宜当地气候条件的优质高产油菜新品种和土豆新品种。新品种种植使得这个坝上小山村发生了翻天覆地的变化，极大地提高了产量，油菜亩产由 150 斤提高到 300 斤，土豆亩产由 2 500 斤提高到 4 500 斤。新种植方式改变了千百年来人工播种、收获的劳动力生产结构。起高垄种植的土豆更适宜机械化生产操作，上千亩土豆地，管理人员从几十人减少到两人，降低了成本，提高了效率。油菜新品种花期长，花色鲜艳，500 亩油菜花海每年吸引游客上万人，在提高产量的同时带动当地第三产业的可持续发展，为农业增效、农民增收注入了源源动力！

## 立德树人　厚植实践育人土壤

春华秋实，夏收冬藏。刘玉华教授秉承河北农业大学“非实习不能得真谛，非试验不能探精微”的办学原则，以立德树人为目的，在实习实践中言传身教。20 多年来，坝上山村迎来了一批批河北农业大学农学院社会实践的大学生。2014 年，教育部全国高校实践育人工作现场会在这里召开；2016 年，全国农科学子社会实践联合行动将实践的脚步印在这里。每年他和团队的老师们指导 20 多名队员开展科研试验和社会实践。队员们走进一家一户，开展问卷调查，聚焦实际问题；深入田间地头，监测作物长势，破解技术难题；开展“大手拉小手”，接力义务支教，助力“圆梦自强”计划；推广“农天下”网络技术服务平台，宣传党的富民政策。

2017 年的社会实践，刘玉华教授带领同学们再次来到德胜村，参观习近平总书记慰问过的徐万一家，帮助徐大爷共享“互联网 +”的科技红利，感受信息技术带给农村的新变化。立德树人，实践育人，实践中的切身经历与体会带给了队员们莫大的震撼。实践队员高峥说“目睹专家教授给当地带来翻天覆地的变化，大家更加坚定了要致力在学农、爱农的道路上砥砺前行，为助力脱贫攻坚做出贡献。”

刘玉华教授在多年的生产实践中积累了大量第一手资料，他的专业知识讲授几乎都是结合案例、通俗易懂、引人入胜的。课堂之外，他不厌其烦地为学生批改作业；生产之中，他手把手传授技术；实验站里，他与学生同吃、同住、同劳动，像父亲一样照料着同学们的饮食起居。他常说“农学人就是要学农、知农，更要爱农业、爱农村、爱农民。”他是这样说的，也是这样做的，他把 26 年的青春年华献给了坝上脱贫事业，他的言传身教影响了一批批农学学子。如今，他的科研团队不断壮大，他的学生不断扎根农村，他的坝上扶贫事业不断取得新成就。

## 天道酬勤　结出累累硕果

天道酬勤，刘玉华和他的科研团队先后完成了国家科技攻关、应急计划、农业部公益性行业（农业）专项、河北省科技攻关、河北省自然科学基金、张家口市科技攻关等项目。培养硕博士研究生 50 余名，接纳本科实习实践学生 500 余人次，接待参观学习人员 1 000 余人次。

刘玉华教授多次获奖，科研成果获省长特别奖 1 项，省部级科技进步一等奖 2 项，二等奖 5 项，三等奖 3 项，市厅级科技进步奖 20 余项。在《中国农业科学》等刊物上发表研究论文 160 余篇。他本人获河北省高校中青年骨干教师荣誉称号 2 次、河北省优秀青年，荣立河北省政府二等功，省级教学成果二等奖 1 项，硕果累累。

现在，刘玉华和他的科研团队正在向新的目标迈进，心里装着农民利益和国家需求的他们，以提高农田效益、增加农民收益为目标，结合区域农村生产现状及农业发展方向，正在探索通过农村规模化、机械化提高劳动生产率、实现规模效益的新路子。在小二台乡、油篓沟镇政府的大力支持与配合下，与一些种田大

科技扶贫到田间　摄影人：赵凌云

户合作，开展马铃薯、甜菜、莜麦等主导作物农田机械化管理的示范与推广，研发与引进西兰花、白菜、白萝卜等蔬菜播种及田间管理机械，扩大经营规模、提高劳动生产率、降低生产成本、增加农民收益。

未来的坝上农田生产将是一派欣欣向荣的景象。农忙季节，农业机械替代人工忙碌着，坝上的人们将会收获新的希望。

（撰稿人：郭婧　郭妍妍　武海娜　柴江）

# 村落人家学子行

## ——内蒙古农业大学农学院2017年联合实践行动纪实录

实践中与老乡交流　摄影人：闫翌桐

乡村静谧，不染都市喧嚣。

人家几桩，轻言笑语生活。

农学学子来访，亦真亦诚。

共筑美好生活，非朝非暮。

建设生态乡村，有你有我！

青春是人生中最美好的一段旅程，此时我们恰好风华正茂，意气风发，一群年轻的学子在这开阔视野、深入社会、体味生活、服务群众的重要契机里，为三农事业发展奉上一腔热血，贡献一片赤诚。

2017年的这个盛夏，为进一步贯彻落实习总书记讲话精神，以实际行动积极响应全国农学院助力脱贫攻坚工程“稼穑培根”计划，小队成员共计21人踏上了呼和浩特前往赤峰市的火车。一路颠簸固然辛苦，但我们心中充满了对未来几天的期待。统一的着装，上面印着“2017年全国农科学子‘稼穑培根’联合实践行动”的字样尤为醒目。我们的实践活动拉开序幕。

内蒙古农业大学农学院的本次暑期社会实践共分为两个小分队，分别前往内蒙古自治区赤峰市的翁牛特旗和喀喇沁旗支农支教。我们为接下来的实践准备着、期待着，漫长而无聊的旅途因为激动的心情增添了色彩。火车载着我们翻山越岭，终于来到了目的地。

休整安顿好之后，在当地政府部门的帮助下，我们查阅了资料，对当地建档立卡的贫困户有了一定的了解，他们或因病因残导致生活困苦，也有部分孩子因家长外出打工赚钱养家而变成了留守儿童。我们对资料进行了整理，为第二天的走访调查做好充分的准备。

在赤峰市的实践中，我们深入大街小巷、田间陇上，挨家挨户走访村民，发放回收调查问卷。500多份问卷数据让我们详细了解了喀喇沁旗王爷府镇和翁牛特旗桥头镇的贫困现状，对政府政策落实也有了总体认识。大家都感触颇深，纷纷感叹，虽然我们国家已基本实现全面小康，但部分偏远地区仍然有待发展，乡村振兴的美好希冀让身为农学学子的我们深感任重道远，精准扶贫事业的稳步发展更需要我们这股年轻的力量。

## 走村入户　体察民生之苦

那是一个阳光明朗、清风和煦的早晨，身着统一白色T恤衫的我们沿着乡间蜿蜒的小路，敲开一家一户的门扉，走村入户，采访调研。踩在被阳光晒得亮白的水泥路上，呼吸着乡间清新的空气，看着远方苍翠的群山，我们感受到了城市里少有的清新自然。村支书拉着刚路过扛着锄头的村民，爽朗地问道：“家里有人吗，农大的学生来调研了。”淳朴的村民热情地招待了队员们。

我们调研的第一户人家，主人是一位50岁左右的妇女，家里现在只有她孤单一人。两年前，她的丈夫因车祸去世，祸不单行的是，儿子也在一年前因为感情问题精神失常，已经花了十几万的医药费，现在在赤峰市医院旁边租了一间小屋。说到伤心处，女主人不禁潸然泪下。据了解，两年前的她家境还算殷实，家里靠养殖有点收入，在院子里，我们甚至还能看到废弃的鸡舍，许久未打理的院子杂草丛生，只有一间经常住的屋子摆着简单的生活用品。村支书告诉我们，村委会考虑到她的情况，已经将她和她的儿子入了低保，左邻右舍也会经常帮衬。做好调查问卷后，大家迈着沉重的步子与女主人道别，在村支书的带领下前往下一户农户家里。

第二户人家是一对将近七旬的老人，老爷爷得了脑血栓，老伴的身体也不太康健，二老有个嫁入别村的女儿，虽然经常回来看望他们，但也不能时时侍奉左右，生活颇有些孤苦伶仃。老人家里的平房是国家“危房改造”工程之后建的，经历了大半辈子风雨的老人没有地便也没有经济收入，所有的生活费都是靠国家的低保，生活极为不易。这样的老人在村子里不止一家，看着老人们花白的双鬓、浑浊的双眼和颤颤巍巍的身影，队员们心中充满苦涩与无奈。

拜别两位老人，我们的走访之行继续进行。穿街走巷，我们对这个村子有了更多的了解，对这里生活的乡亲也有了更多的感情。据村民说到，今年夏天赤峰的雨水很多，冲垮了村子里第三小队十几户人家赖以生存的一口井。那几天大家从井里打的水下面都有一层沙子，当地政府部门对此高度重视，第一时间投入人力物力抢修。从田间地头回家的村民们看到我们前去调研都很热情，总是好奇地问我们从哪里来，要做点什么。他们笑着和我们交代要好好学习方能成才，我们也热情地回应着他们的善意。民心淳朴、感情真挚，我们想，也许这就是此行最大的收获。

一双双饱含风霜雨雪后的辛酸与坚强的眼眸，一张张被晒红的挂着憨厚笑容的脸庞。与乡亲们寒暄过后，他们沉默的样子总能勾起队员们的阵阵心疼。四季轮转，也许对城市里的人来说不过是热了减衣冷了添袄，但对于这些靠天吃饭却不善言辞的乡亲们来说，却是日日要耕作的酷暑严寒，是一家老小的吃穿住行，是不得不面对的生存挑战。我们敬佩他们能在日日辛劳的生存环境中依旧保持着淳朴善良，也心疼于他们被生计所累，在贫瘠的乡村土壤上仍旧辛勤耕耘。

感谢这次社会实践，让我们走出自己小小的世界，走出因个人情感而有些许烦恼的小我，成就了一个心怀坦荡、心忧家国的大我。我们收获了很多书本无法带给我们的东西，也明白了我们每天被困于“象牙塔”中的短浅与闭塞，在舒适的校园顶着“大学生”“祖国未来栋梁”的称呼，却每天坐井观天，烦心事无非是青春期的躁动不安。不懂民生疾苦，不懂贫富差距，不知道在这个世界上还有那么多坚强可爱的灵魂等着我们的帮助。而此次深入乡土乡村，了解民情民意，让我们肩负起当代农科学子的使命和担当，这或许就是这次社会实践的意义。

## 科技惠农　改变命运之路

科技是第一生产力。我们此行的另一要务就是把“农天下”这一惠农的 APP 推广至各家各户。“农天下”APP 开发的初衷便是汇集最新的农业资讯、最全的农业产品、最广的农业动态和最精准的供求信息，农户可以用它随时随地查询各地食品、观光农业、花卉苗木、无害水果、特色养殖、生态休闲、人才招聘和行业资讯信息，无愧为利农惠农的好帮手。“如果农作物有什么病症，只要把病症部位的照片上传，就会有专家在线解答，及时有效地解决病症。”我们的队员热心地为张大伯讲解 APP 的使用，看着张大伯露出难以置信的惊讶神情，并不断感慨科技和时代的进步，我们也感到由衷的欣慰。一路上，我们同经过的村民、同行的村干部介绍农天下 APP 的详细使用方法，希望能够将科技的种子播撒入乡土大地，为基层民众的生产生活，为我们可爱的乡亲们尽自己的一份绵薄之力。

## 帮学支教　打开求知之窗

踏着黎明，伴随着憧憬与期待，我们开始了此行的另一项任务——帮学支教。支教不仅可以给贫困地区的孩子们带来知识，也给我们自己带来了许多意想不到的思考与收获。

队员们在与孩子们的交谈中发现，这里的孩子大多是留守儿童，常年和爷爷奶奶住在一起，需要在完成学业的同时帮着家里干一些力所能及的农活，甚至是照顾弟弟妹妹或是照看家里老人的生活起居。他们思念远在城市打工的父母，幼小的肩膀上承担起超出年龄的重任。他们虽有机会上学，但是学校教育无论如何也无法取代家庭里父母对孩子的培养和教育，他们敏感而让人心疼。

支教中队员们也发现，很多小朋友在一开始都表现得性格内向，不爱说话，而短暂的接触下来，又会发现其实他们内心丰富，只是不愿意讲出来。贫困地区缺少接触外界的渠道，孩子们对外面世界的认识少之又少，他们既充满着好奇和期许，又充满对未知的惶惑恐惧。支教团队的目的就是为孩子们打开一扇求知的窗，推开一道通往外面的门，“世界那么大，我想去看看”，希望他们能够带着这样的憧憬与愿望，更加努力学习，终有一天走出祖祖辈辈生活的地方，去往一个更加广阔多彩的世界。

## 潜心调研　精准扶贫道阻且长

一份份问卷，一声声问候，一个个脚印，每了解一户贫困家庭，我们的心情就沉重几分，听着他们陈述，只觉得他们将生活所有的苦涩和压抑都转化为沉默和苦笑。尽管生活在风景秀丽的自然风光中，他们却被生活所困，无心欣赏大好山河。当代农科学子踌躇满志，正是一展宏图，实现理想抱负的好时候。我们愿成为推动农业发展、为农村农民谋福利的中坚力量，潜心调研，砥砺成长。精准扶贫事业虽道阻且长，我们有信心让幸福洋溢在祖国大地的每个村落上。

实践队员合照　摄影人：闫翌桐

（撰稿人：申鸣　柴婴）

# 勠力同心　砥砺前行

## ——山西农业大学农学院 2017 年联合实践行动纪实录

**山西农业大学农学院全国农科学子联合实践团出征仪式合影　摄影人：杨昊**

当七月的骄阳肆意挥洒夏日的热情，当七月的骤雨伴着惊雷如期而至，当风吹麦浪沙沙作响，当蝉鸣蛙噪一片祥宁，山区的田间地头出现这样一群年轻人，他们奔波忙碌，他们意气风发，他们在这片热土上挥洒着属于自己的青春汗水……

2017 年 7 月，山西农业大学农学院积极响应“全国农学院协同发展联盟”

关于开展万名学子联合实践活动的号召，结合山西省扶贫办脱贫攻坚目标任务，由师生党员、本硕学生组成的43人实践团，分赴山西省运城平陆、吕梁中阳、晋中和顺和忻州繁峙4个国家级贫困县开展“走进乡土乡村，讲述扶贫故事”联合实践行动。在此期间，共完成调查问卷100余份，实地调研走访200个贫困户，并对50多名留守儿童开展支教结对帮扶活动。半个月来，我们心怀感恩走进贫困山区，为脱贫攻坚添砖加瓦，为实现中国梦贡献力量。

一直以来，习近平总书记心忧人民，最为关心的便是贫困地区的发展、贫困百姓的生活。党的十八大以来，从天寒地冻的太行山区，到荒凉偏僻的陇西荒原；从巍峨险峭的大山深处，到透风漏雨的棚户陋室，习总书记多次到我国最贫困、最落后的地区，察真情、看真贫。作为农科学子，我们更应以习总书记为榜样，了解更多真实的基层一线情况，采用“授人以鱼不如授人以渔”的积极扶持方法，认清思想转变对于扶贫工作的必要性。我们应以满腔热血投入脱贫攻坚战场，用饱满的精神为解决“三农”问题贡献自己的力量。

## 乡间清风　热忱生活

又是一个深夜，翻看着下乡生活留下的照片，思绪再次飘回那段日子。

忘不了漫山遍野挺拔的松杨；忘不了随风而动的悠悠香草；忘不了辽阔田垄间的迷人绿意；忘不了留守儿童的灿烂笑容；忘不了老人的慈祥面孔；更忘不了风雨中我们相互扶持、共同成长。

蓝天、白云、青山、绿水。美丽的自然，浓厚的文化，淳朴的人民，没有了大城市的灯红酒绿、车水马龙，却有别样的宁静与祥和，让忙碌的人暂停脚步，让疲惫的人享受生活。这为我们探寻农村的新发展提供了新思路。

在枣园村副主任的带领下，我们在枣园村村委会见到了第一书记常书记（化名），他向我们讲述了2015年刚来枣园村时的情形：“每走访一户，我都会落泪，村民们艰难地生活着，我心里有难以言喻的酸楚。开始我会用自己的钱帮助他们，但慢慢发现这不是长久之计。”为了让村民尽快脱贫致富，他开始找寻能够支撑枣园村主任久发展的产业。“枣园村地广人稀，土地是农民永远的财富。结合安沟村气候、海拔等因素，经过和专家们细致讨论后，我们决定在安沟村种植花椒。”但困难也是有的，村民们世代种植传统作物如小麦、玉米，对花椒没有任何接触，不轻易相信，这给常书记工作的开展带来很大的困难。但他没有放弃，带领着村里有能力、愿意干的人开始行动，组织大家去运城的夏县、芮城和陕西韩城学习技术。最终经过大家的努力，村民们的经济总值达到了历年的最高，这给了大家很大的信心，很多村民纷纷加入。到现在，安沟村已有 1 016 亩花椒种植地，带动了枣园村的产业发展，村民们的生活开始变得越来越好。

在调研的过程中，我们走访了村中 20 余户贫困家庭，了解他们的生活情况。虽然物资匮乏，但他们对生活充满了热情，并为之而努力奋斗，不断摸索前行的道路。留给队员们印象最深刻的是其中一户人家中两位老人的眼泪，“我的二儿子走了，80 多天以前，白发人送黑发人，我的天已经塌了。”“我这辈子不能像别人家的老头老太一样颐养天年了，我还有一个瞎眼儿子和一个瘫痪女儿需要照顾。”没有人可以体会到他们的无奈和绝望，他们渴望美好却拗不过现实，痛苦而坚强。

在教育关爱的活动中，我们幸运地遇到了一群天真烂漫的孩子，他们的接受能力很强，学习新事物很快，他们会用十二分的力气去做每件事情，努力地学习，乐观地生活。孩子们把家里蒸好的红薯或者是瞒着爸爸偷买的辣条拿来和我们分享。他们会在收到礼物时欢欣雀跃，会在队员们离开时不舍留恋。我们感动于孩子们蓬勃的朝气，对生活的一片热忱和对爱的向往，祝愿他们的人生之路顺意，越走越宽，越走越好！

## 风雨无阻　携手同行

走进许村，队员们被她的美丽所震撼。屋舍俨然，道路平整，紧靠着陡峭的山，烟雾朦胧，建筑物古色古香。

这里是牛郎织女传说的发源地，是“中国牛郎织女文化之乡”。因为神话故事的渲染，许村更是多了几分神秘浪漫的色彩。在许村，打造出了一个艺术公社，古老的街巷上，古朴的店铺、砖瓦房的老院，还有青石板街，把许村浸染得灵秀典雅。许多艺术家和游客慕名而来，于是，这里的农家乐便开了起来。由最初几家，变成了十几家，帮助许村人民一步步致富。

调研走访中，我们发现村里仍然存在着一些问题，不少还可以劳动的中年人，本该在田间劳作，却为了偷懒，靠补助和借钱生活，在村子里都没有属于自己的房子；而本该享受天伦之乐的老人，却因为没有子女，靠着村里的接济过着拮据的生活。当然也有人家勤勤恳恳的劳作，用双手创造着幸福的生活。有一户人家家里干净整洁，电器齐全，白色的地板砖和墙上孩子的奖状相呼应，展现着这个家庭的幸福美满。男主人热情地迎我们进门，从冰箱里拿出了洗好的桃子和自家果园里的苹果。我们教他如何使用农天下 APP，他也十分激动，努力学习以便尽快掌握。

从最初的慨叹、痛心，到如今的踏实、坚定，在目睹了无数艰辛无力的生活的剪影之后，我们更加深刻地理解了国家为什么要因地制宜制定扶贫政策。

长路漫漫，与君共赴；且思且行，昂首阔步。愿我们风雨无阻，携手为脱贫攻坚贡献自己的力量；也愿许村人民，能够充分利用现有的优势，用勤奋，一步一步实现全体富裕。

## 勤谨和缓　此间少年

胡适先生在台湾大学讲“治学方法”时曾引用过这样一个故事：宋时有一新进士请教老前辈做官的秘诀，老前辈告诉他四个字“勤谨和缓”。这四个字，被老前辈称为做官的秘诀，而胡适先生把它看作做人、做事的秘诀。

在当今和平安定的中国，我们无须在战场上用自己年轻的生命去续写五星红旗的故事，无须抛头颅、洒热血地面临战火纷飞、狼烟四起。但是我们仍有属于我们的“战场”，在脱贫攻坚战中，我们认识了这样一个心怀天下大爱的人，他便是胡适先生所说的勤谨和缓的此间少年。

风老师（化名），1981 年 8 月出生。2009 年 8 月，他考取车鸣峪村大学生村干部，2011 年 11 月当选为车鸣峪村村委委员，2012 年 11 月在车鸣峪党支部的培养下加入了中国共产党，2014 年 11 月当选为车鸣峪村党支部书记。从他身上，我们读到了“勤谨和缓”这四个字。

勤，就是不偷懒，不走捷径，踏踏实实地做事情。风老师以朴实、勤奋、热情的工作态度，赢得了村民的认可。2013 年市委高书记大力扶持食用菌项目，风老师被镇村领导干部一致推选，负责车鸣峪食用菌种植基地的管理工作。在平菇管理期间，他努力钻研平菇管理技术，看着出菇完毕已经废弃的菌棒，萌发了再利用的念头。在请示村委同意后，开始了平菇大田栽植试验，通过近 3 个月的摸索实践，成功总结出一套“废旧菌棒大田种植”模式，受到了市农委的高度重视，市委领导多次亲临现场指导工作，并给予了充分的肯定。2013 年 8 月，县政府拨付专项资金用于特色高端菌种—羊肚菌的技术研发，风老师再一次被推选为项目负责人。目前，羊肚菌的母种首代扩种已完成，菌种生长良好，同时将要进行下一步的原种培育。

谨，就是谨慎，不粗心，不苟且。风老师严格执行县政府出台的“八不进”和“两不愁三保障”原则，严格落实贫困户申请、入户调查、民主评议、公示公告程序。小组长们当时不接受，抱怨说：“跟上你连个贫困户也弄不上，要是原来的老支书、村主任，肯定能照顾。”一段时间后，其他有走关系嫌疑的村子矛盾凸显，他们才认识到风老师当时公平、公正、公开的决策是正确的，他在“人情社会”里，严谨地做着“黑包公”。

和，就是不要发脾气，要虚心，要和气。风老师常组织村民特别是返乡务工人员到牛场观摩，向村民宣讲养牛前景，介绍养牛经验，细算经济效益，逐渐改变了村里创业氛围不浓的状况。对于有一些有创业想法的村民，他主动上门，帮他们进行可行性分析，帮他们了解市场、学习技术、解决困难。他经常到田间地头了解农民最需要、最切身的想法和需求。几年下来，他没有和老百姓起过冲突，总是细心、耐心地引导，使老百姓慢慢接受他，接受新鲜事物。

缓，就是不要武断，不要轻易下定论。“精准扶贫”是一个漫长而艰难的过程，如果心中没有这个字支撑，恐怕很难走到最后。在与老百姓的沟通中，需要循序渐进；在工作推进中，需要耐住性子把每一个细节都落实到位；在反思总结自己的过程中，更是要平心静气。

风老师这样心怀百姓、心忧扶贫的村干部，以实际行动践行着自己的理想，与他的相处与交谈让队员们受益终生：对待自己的理想，对待自己的工作，对待精准扶贫事业，当勤谨和缓，奉一颗赤子之心，全百姓富裕生活！

## 故乡少年英雄

晋北的七月，天气晴朗，微风轻抚，天蓝得纯粹。绿得正好的大片田地，高矮相间的小山，妇孺老人围坐在巷子口，唠着家长里短。

在这里，郝家湾村“第一书记”丛老师（化名）向我们讲述了他扶贫工作的心得："从一个机关工作人员转化为农村基层干部，就要从调查摸底村风村情，走访每家每户开始，帮助村民办一些力所能及的事。只有做实事，做好事，才能走进村民心中，成为他们的好邻居、好朋友，真正融入村民当中。"

村里有一位68岁无妻无女并且患有脑梗的孤寡老人，一个人住在土窑中，被褥很久没有清洗，唯一的灶台上更是堆满杂物。院子里荒草丛生，无人打理。老人因为行动不便，吃饭、劳动都受到很大影响，了解到这个情况后，从老师首先将老人列为自己的帮扶对象，并在前村给老人准备了一间干净整洁的住所，老人最基本的吃住问题得到了妥善的处理。从老师就是这样通过做实事、做好事融入这个贫穷的山村里，走入村民的心中。

郝家湾村的卫生室条件简陋，临时占用村里小学一间面积不足20平方米的旧房，而且医疗诊治设备基本没有，村里人看一些日常小病都得去几千米外的乡卫生院，十分不便。从老师看在眼里，急在心上。他通过山西省卫生和计划生育委员会联系沟通，协调帮扶单位筹集资金34万余元，新建起郝家湾村卫生室，彻底改善了村里的医疗卫生设施。他还多次与村医程伟研究商量，除了进行打针、输液等常规诊疗外，充分发挥中医诊疗专长，开展了中医特色治疗，使村民看病更加便捷。

得知省卫计委促进贫困人口转移就业脱贫，组织实施"山西护工"培训就业计划的消息后，从老师鼓励符合条件的两位村民积极报名参加培训，希望通过他们的带动，让更多村民走出大山，改变家庭贫困状况。

不仅如此，从老师还为村中各方面的改变和发展付出了许多，针对村民家的具体情况，想方设法给予不同帮助，帮忙买米买面，购置药品和医疗机械；过"六一"儿童节，从老师还自掏腰包，为村里的留守儿童、家庭贫困儿童送去了书包、文具、书籍、体育用品等；他还制定村规民约，为村民树立正能量观念，带头树立榜样；建成了文化活动室，设置了公共浴室，设立了爱心超市……一桩桩、一件件切实为民的事情，无不体现着这位三十岁刚出头的"第一书记"的爱民情怀。"第一书记"的任期就要满两年了，分别的日子将近，看着村里翻天覆地的变化，从老师的心里百感交集。

好在一切都在往好的方向发展，脱贫这场攻坚战也打得漂亮。不论是"第一书记"，还是乡村老师，抑或是农业技术员，这片土地上总有这样一群人，代代传承，扎根于乡野，从年少到年老，从城市到乡村，无怨不悔。少年不惧岁月悠长，尝遍异乡酸甜苦辣，却还甘愿做大山乡村的长情守护者，从不退却。一方水土养一方人，上到领导者，下至村民们，骨子里都刻着特有的品性与风骨。他们迈着坚毅的步伐一步步带领全村脱贫，走向富裕。

夕阳燃烧多少场离别，但仍需迈步向前，踏遍万水千山，总有一处是故乡。我们总在奋力冲破命运的牢笼，去拥抱光鲜亮丽的生活，可我们有时却忘了生命的根源本是黄土。走出象牙塔，走进乡村，把自己的一腔热血化成乡土强有力的脉搏，记下眼前的风光，去做故乡少年的英雄。

路在前方，路更在脚下。再次追忆这段时光，我们深知，助力脱贫攻坚，青年的我们，仍需勠力同心，砥砺前行。

山西农业大学农学院高俊明教授为果农和同学们讲解核桃青果虫害　摄影人：李瑞

（撰稿人：刘奕瑶　弓雅希　赵庆玲　乔园园　聂宇帆　樊瑀）

# 你听　我说　七月正好

## ——天津农学院农学与资源环境学院 2017 年联合实践行动纪实录

农学与资源环境学院实践队全体成员合影　摄影人：伍文文

人的一生中总会经历很多的第一次，或许曾因为陌生而青涩，因为初次而懵懂，但每当蓦然回首时，那些属于第一次的往事总是最清晰。它们定格在记忆深处，经久不忘。这个故事开始于 2017 年的夏天，那是个阳光明媚，天朗气清的日子。实践团队的旗帜迎风招展，实践团队的队服蓝得清亮，实践团队的我们挥洒下青春的汗水，高唱一曲乡村实践之歌。

7 月 6 日，为积极响应党的十八大以来，党中央脱贫攻坚新部署的号召，深入贯彻落实全国农学院协同发展联盟“走进乡土乡村，助力精准扶贫”社会实践活动的精神，天津农学院农学与资源环境学院“讲述帮扶故事社会实践队”一行 22 人来到学校结对帮扶贫困村庄——宁河区鲁庄村，拉开了 2017 年暑假“走进乡土乡村，讲述扶贫故事”主题实践活动的帷幕。

## 迈好步 走好路

万事讲方法，完备的计划是取得成功的保障。我们此行计划对驻村帮扶干部、村干部、群众和困难家庭分别进行了访谈调研，并制定了调研方案。采用走访结合问卷的调查方式，通过采访村干部、学校有相关扶贫工作经历的教师，结合各年龄段村民对扶贫故事的讲述与实地调查，发现该村亮点及问题，并借助媒体宣传村庄的扶贫故事，在扩大村庄知名度的基础上，促进该村经济等各方面发展。同时实现经验共享，带动更多村庄发展。

小队分组后，依次对 8 户贫困家庭进行走访。随后在村委会附近展开环保科普宣传和扶贫问卷调查工作，并派出几名代表对驻村干部和本村干部进行访谈，从村干部角度了解该村近些年在经济、科技、教育、基础设施建设、医疗等方面发生的变化。学院老师还鼓励大家利用暑期回归家乡，遵循“增进联系、问题导向、精准帮扶、长期相助”的原则深入到所在村庄进行调查。小队后期对收集到的信息择优以图文形式发表于中青网和今日头条等网站，让更多人了解大家在三下乡中收集到的扶贫故事，使扶贫观念深入人心，让更多人为扶贫事业献力。

调研过程中，我校驻村帮扶干部向同学们讲述了四年帮扶工作的点点滴滴，有困难，也有收获；有汗水，也有喜悦。田健老师说，看到村里基础设施有所改善，村民生活越来越好，感觉自己这几年的付出很值得。马闯老师表示能依托帮扶工作的平台，将自己所学技术应用到生产实际帮农民致富，是很荣幸的事情。大家在与村干部、群众和困难家庭的访谈中，也深切地体会到了鲁庄村民对我校驻村干部的感激之情。

此外，我院讲述扶贫故事社会实践队还提前一周对我校驻蓟州区下仓村、南娄庄村帮扶组，食用菌科技扶贫帮扶组，土壤肥料科技扶贫帮扶组进行了访谈调研。前期的访谈资料为我们的调研开展奠定了扎实的基础，开阔了我们的思维和视野，丰富了我们的“三农”知识储备。

## 走村入户　我为你讲述

这天，天空很澄澈，云朵很温柔。池塘里的青蛙叫个不停，树叶在清风间摇曳，阳光没有了往日的炎热，多了些许轻柔，少了几分焦躁。临行的我们聚在一起，心里回想着在天津两年里看到的繁华与富饶，车水马龙间是现代化城市的喧嚣，我们难以想象这样的大城市周围还有着贫困的农村，那里的生活是怎样的呢？是不是也和别的农村一样，没有水没有电，到处都是连绵起伏的大山，孤苦伶仃的老人和渴望外面世界的小孩。

时间是倒在掌心的水，不管你摊开还是紧握，都会从指缝中流走。出发之日将近，我们既忐忑又期待，第一次去天津的农村，要怎样融入当地村民之中，让他们敞开心扉分享他们的故事？一路颠簸，我们这支小队终于到达目的地，下车后才发现，迎接我们的是朴实无华的面孔和碧蓝如洗的晴空下争相盛开的各种不知名野花，不安的心情顿时轻松了许多。

在村干部和老师的带领下，我们前去拜访孟爷爷（化名）的家。两间青色的砖瓦房，空气中弥漫着潮湿的味道。孟爷爷站在屋前，苍老的脸上勾勒着岁月的沧桑和生活的苦楚，尽管如此，孟爷爷在见到我们的时候仍极为热情、和蔼可亲，他带着我们走进了堂屋，屋内的布局很简单也很陈旧。

我们和孟爷爷攀谈起来，了解到他今年 70 多岁，平日和老伴、孙女住在一起。儿子和儿媳离婚了，原因是儿媳嫌他家穷，儿子一直在外打工很少回家，留下一个上四年级的孙女由老两口照顾。家里还有十多亩地，大部分种了玉米，他们年龄大了，干不了多少重活。听着爷爷的诉说，队员们的眼睛不禁湿润，我们不知道该用怎样的言语去鼓励安慰他，只能不停地聊着他的孙女，因为此时他们唯一的寄托就是那个天真无邪的小女孩。说起孙女时，爷爷脸上会不由自主露出笑容，不断夸赞孙女乖巧懂事，但又因无法给她带来优越的生活条件而深深愧疚。

去孟爷爷家的那天，刚好奶奶生病去了医院，爷爷说奶奶身体不好，总是在吃药，村上虽然有卫生院，但没有正规的医生，平时看病都要去十几里地以外。

小队成员拜访的另一户村民家，住着 80 多岁的王大爷（化名）。老人患有老年痴呆症，生活已不能自理，只能依靠儿子生活。还没进门，我们就看见门口有一堆破旧的渔网和一个小门房，再往院里走，我们见到了王大爷的儿子。他虽然穿着简朴但整洁干净，热情地把我们迎进了屋。他告诉我们，家里一儿一女都在上学，17 岁的女儿是家里的老大，正在上中专，儿子 13 岁，上初一。家里以务农为生，有几亩棉花地，有时也会打鱼维持生计。王大叔家里虽然经济状况不好，但他却很重视孩子教育。他说，小儿子学习还不错，希望小儿子将来也能去上大学，为家庭、村子和国家做贡献。当问到王大爷为什么不申请低保户时，他告诉我们，虽然家里条件不好，但是他自己还能劳动，低保名额应该让给更需要它的家庭。

回去的路上下着大雨，我们怀着沉重的心情，脑海里总浮现出老人沧桑的脸和孩子单纯的笑容。人生是一次长跑，跑着跑着总会有那么一段路，没有风景，没有掌声，没有人注视。而比起生活在贫困地区的孟爷爷和王大爷一家，我们已然幸福多了。我们将走村入户听到的故事用笔记录下来，希望能够唤起更多人对贫困山村贫困人民的关注，携众人之力为他们开拓脱贫之路，撑起一片蓝天。

## 扶贫鲁庄 今日不复昨日

在鲁庄调研的这段日子，我们对这个贫困村也有了更深入的了解。鲁庄是天津市“500 帮扶困难村”之一的村庄，也是我校已结对帮扶四年的困难村，村内孤寡老人居多，医疗教育各方面都很落后。村民们没有固定种植的作物以获得每年的基本收益，也没有卫生院、学校和休闲娱乐的地方。由于村庄偏僻，也从未有企业和工厂愿意入村合作，是扶贫攻坚路上的“硬骨头”。

村委会会议室是一个很小的房间，村主任解释道，村里本来没有会议室，这个会议室是四年内用扶贫资金建的，村里这才有了个像样的会议室。现在村里 19 名党员每月都在这里开会。

和村支部书记梦老师（化名）进行交谈后，我们了解到，由于村子以前很贫穷，几乎和外界没有联系。经过政府惠民政策帮扶和我校在技术、资金方面支持，大家生活水平有了明显提高，还成立了农民合作社。不少孩子开始上学，老百姓也渐渐能够看得起病，村里还安排老人们进行定期身体检查。此外，村里基础设施也得到了改善，有了专门的图书室，路边也重安了路灯，建设了独立的健身广场。扶贫先扶智，种植技术的引进也让村民们对作物种植有了更深的认识，为家家户户带来了稳定的收入。

而今，在扶贫政策和社会各界的努力下，鲁庄已不复昨日，虽然仍有不少贫困户过着贫寒的生活，离全民脱贫也有着不小的距离，但我们已经看到了可喜的进步，也相信在众志成城的努力下，这个贫穷山村定会走出阴霾，未来可期。

## 西南角落　聆听那曲的声音

二线城市扶贫成果斐然，但全国还有很多更加贫困偏远的地区，天津农学院的学子们对那里人民的生活也极为关注。为此，我们的一位藏族队员利用假期专程走访了藏族贫困户，将来自遥远西南角落的西藏那曲的故事带给我们。

那曲地区地广人稀，群众居住分散，自然环境恶劣，贫困人口不但比重大，而且分布广，大部分贫困人民都居住在地处偏僻、交通阻塞、灾害频发、资源匮乏的区域，全地区几乎每个乡镇、行政村都有贫困人口。据了解，那曲地区有11个贫困县、114个贫困乡（镇）、1 190个贫困村。

虽然那曲地区脱贫攻坚工作存在诸多困难，但在党中央、国务院的关心关怀下，在西藏自治区党委、政府的高度重视和正确领导下，在全国人民特别是浙江、辽宁两省和五大国有企业的无私支援、鼎力支持下，那曲地区党政军警民团结一心、共同奋斗，不断攻坚克难，用心用情用力在那曲地区展开了一场推进大扶贫的战略行动。

我们的藏族同学此次走访的是那曲县米如村。据村干部介绍，全村人口共有687人，其中贫困人口195人，占全村人口的30%。如今的米如村，扶贫方式从“输血式”变成了“造血式”，当地因地制宜地走适合本村的扶贫道路，政府主导“企业+合作社+牧户”模式，把原种基地建在那曲牧区，市场建在城市，努力做好扶贫工作。

在建档立卡贫困户中，我们的队员随机走访了一户人家，两年前他们家还不是贫困户，家庭条件在村里还算不错，但天有不测风云，她的丈夫被查出患有严重的肾功能衰竭，在那曲地区医院和拉萨军区医院住院。虽然有农村医保报销70%的医药费，但除了医药费外，家里还承担着长期住院的住院费，为了治病，宗央一家用光了全部积蓄，还欠了亲戚朋友一大笔钱。而不幸的是，她的丈夫还是永远地离开了她和孩子们。为了还债，她只能卖自己家的牦牛，他们就这样成了贫困户。

好在她家还有一些国家资助给她们的奶牛，牛奶会被专人上门收走，在县里的合作社统一加工出售，季末会根据村民上交的牛奶量分配工资，多劳多得，并对上交的牛奶量进行排名，前几名予以奖励。她说，虽然经历了这么大的挫折，但患难时更显真情，贫苦生活中她真正感受到了党中央的温暖，也更加坚定了跟党走的立场，她希望能够通过努力早日脱贫，给国家减轻压力，到 2020 年同全国其他贫困村民一道过上小康生活。

我们的队员还了解到，政府出台的一系列扶贫政策，如小额贷款鼓励牧民创业、给贫困户的孩子进行教育扶贫等，都让那曲百姓从中受益。那曲全地区和整个西藏都在加大力度精准扶贫，确保到 2020 年稳定实现贫困人口“三不愁”“三有”“三保障”，享有稳定的吃、穿、住、行、学、医、养保障，享有和谐的安居乐业环境，享有均衡的基本公共服务，享有较为完善的社会保障体系，享有充分的宗教信仰自由和宗教需求保障，享有较高的获得感和幸福指数。

天苍苍，野茫茫，西南之角，那曲贫凉，但这里从未被党中央，未被全国人民，未被天津农学院实践队的学子们所遗忘。精准扶贫责任重，我辈青年肩上扛，扶贫实践的脚步从未停止，愿那曲明天会更好！

## 携手共筑　实现全面脱贫中国梦

精准扶贫是全面建成小康社会、实现中华民族伟大“中国梦”的重要保障，体现了深刻的民生内涵。党的十八大以来，党中央、国务院把扶贫工作提高到了前所未有的高度，习总书记和李克强总理多次看扶贫、讲扶贫，亲自抓扶贫。党中央在提出“科学扶贫、精准扶贫”新要求的同时，指出“全面建成小康社会，最艰巨、最繁重的任务在农村，特别是在贫困地区。没有农村的小康，特别是没有贫困地区的小康，就没有全面建成小康社会”。

为此，我们必须牢固树立“看真贫、扶真贫、真扶贫”的理念，党员干部更要主动与困难群众“结穷亲”，想困难群众之所想、急困难群众之所急、忧困难群众之所忧，把全部精力投入到精准扶贫工作中来。做到扶贫精准到人、精准到户，达到“应保尽保、应帮尽帮、破除穷根”的目的和效果。

实践中，我们也明白，扶贫是一个漫长而艰巨的任务，不能奢望在短期内出现质的飞跃与改变。我们能做的就是坚定不移地把扶贫这项事业坚持下去，不言弃、不却步。听，脱贫攻坚的号角已经吹响，看，意气风发的学子正踌躇满志，我们愿携手并肩、砥砺奋斗，全面脱贫致富中国梦定将实现！

实践队前往贫困户进行走访　摄影人：伍文文

（撰稿人：郑纪午　梁鑫蕊）

# 撸起袖子加油干

## ——中国农业大学农学院 2017 年联合实践行动纪实录

**社会实践小队合照　摄影人：陈源泉**

党的十八届五中全会提出，2020 年要确保实现全面建成小康社会的奋斗目标，为进一步实现第二个百年奋斗目标、实现中华民族伟大复兴的中国梦奠定更为坚实的基础，中国农业大学农学院积极响应，连续第二年发起主题为“走进乡土乡村，助力精准扶贫”的联合实践行动，为消除贫困，改善民生奉献农科学子的一分力量。

“继往开来，深耕实践”，在今年的活动当中，中国农业大学农学院依托党支部“1-4-1 工作体系”及“党建带团建、党支部带团支部、党员带团员”的“三带”工作模式，创新性地组建了以学生党支部、团学组织为核心的 20 支社会实践小队，共计 200 余名师生参与到实践活动中来。一支支年轻的队伍从北京出发，纷纷奔赴全国 7 个省 9 个国家级贫困县，匍匐于乡土之间深入调研，扎根到田野之中深度访谈。此次行动，共计回收村级调研问卷 20 份，农户问卷 545 份，成果累累。在实践地的选择方面采取了立项投标的方式，以山西省灵丘县为主要调研地，同时选择了 2016 年实践当中具有代表性的地区开展跟踪调研。在与中国扶贫基金会深度合作中，开启“贫困高中生助学项目”及“顶梁柱大病救助计划”，经过实践队员在实践地的走访甄别，推荐 24 名受助对象，在师生的大力宣传和共同支持下，于“99 公益日”集资金 24 444. 09 元。以实际行动，助力精准扶贫。

2017 年是总书记提出精准扶贫的第四年，实践路上，我们看到了无数社会力量扎根扶贫事业，亲历了中央政策如何在乡村一步步成为现实。有的基层工作者每天起早贪黑地去调研，把农民的事当成自己的事。也有农民的儿子艰苦创业不怨苦不怨累，兢兢业业为农村发展办实事。正是无数个这样前行在扶贫一线的身影，孕育了阡陌乡野喜人的变化，挑起了扶贫工作的脊梁。在此谨以我们贫乏的文字，将他们的故事娓娓道来。

## 聚是一团火，散作满天星

永胜县位于云南省西北部海拔 2 300 米的地区，跨横断山脉和滇西北高原，县境内居住着 12 个世居民族。盛夏时分，天气却也不失凉爽，小队进入六德乡河腰村之前，调研工作便已经开始。为了更加了解六德乡河腰村的情况，我们第一站就前往了当地农业局召开的全体扶贫员培训大会，在开会过程中，我们结识了鹿三姐姐（化名）。

鹿三姐姐 2013 年从西北民族大学毕业，最先在昆明工作。两年后以公务员考试第一名的成绩进入永胜县农业局。当年永胜县逐步展开精准扶贫工作，她刚上任就被分配到了扶贫第一线，面对父母和丈夫都在外地，家庭与工作不能兼顾的抉择，她毅然选择了留下。

农业局负责六德乡三个村的扶贫工作，当地除了偏僻、缺水、土地贫瘠等自然条件限制，还有多民族聚居、生活习惯落后等社会因素制约，村民思想上缺乏对于脱贫的积极性，属于典型的深度贫困地区。鹿三姐姐刚抵达岗位时，六德便给了她一个下马威。当年进村上山只能沿着一条土路，在阴雨连绵的夏天出现山体滑坡、泥石流等情况是家常便饭。有一次开车进村，鹿三姐姐前边一辆同行的汽车因为路滑，直接导致刹车失灵，差一点就要冲向路边的悬崖，在关键时刻，幸好司机师傅及时扭转方向，撞向了内侧的岩石，这才避免了一场惨剧。

“第一次进村时就被落后的生活环境吓到了”鹿三姐姐回忆道，“村民住的大多为木头搭的叉叉房、石头房，既漏风又漏雨，大部分村民甚至从不洗澡，终日蓬头垢面，卫生习惯都比较差。”

基层工作本不易，扶贫事业更是困难重重。鹿三姐姐还为我们讲述了她在工作中的很多经历。刚参加工作的时候，有一次村里停电了，天色已晚，但农户的基础数据必须录完，他们一行人只好举着火把，借着抖动的火光，在路边的石头上做完了问卷调查。在给我们讲述的过程中，她几度哽咽，泪水中夹杂着心底对大山深处情真意切的悲悯和心疼。

“我和别的工作人员每个月都会到河腰小学给孩子们洗头和剪头发呢，孩子们平时很少走出大山，见到陌生人特别害羞，但是每个月见到她们，我们都非常开心，他们是这个村子的未来，更是乡村未来的希望。”鹿三姐姐坦言，由于当地民族是“直过民族”，生活传统还比较原始，加之地理环境的限制，属于深度贫困地区，开展扶贫工作确实非常不易，就改善卫生习惯这一项，工作队就想了无数办法，比如安装浴室和太阳能热水器，每个月给孩子们洗头发、剪头发，潜移默化地影响村民的卫生习惯。她深知，真正的脱贫不应仅仅依靠政府兜底的经济扶持，而更在村民思想和观念的转变，激发内在动力。于是，为了增强村民们脱贫的积极主动性，她们在发放各种幼猪、化肥、农药的同时，更辅以为村民提供去附近产业发展较好的富裕乡镇参观培训的机会。以“输血”带动“造血”，她相信随着扶贫工作的深入，在所有人都朝着未来去努力之下，美好未来一定能实现。

我们离开村子已经很久，但鹿三姐姐的故事却一直萦绕在我们心头，她和我们年纪相仿，在高强度的工作下选择了坚守。她是千千万万基层一线扶贫工作人员的缩影，也恰恰是他们，将理想与信念深埋心底，将青春挥洒在为乡亲们谋福祉、为社会创价值的道路上，全面建设小康社会的目标才距离我们愈发近了。

## 生年不满百　常怀千岁忧

一路向西，待满目山林，沟壑纵横，便知道已投入山西的怀抱。而这一次“走进乡土乡村，助力精准扶贫”的再度出发，目的地是山西大同市灵丘县上寨镇口头村。7月17日，日光似乎正应景，明媚而不灼人，这是我们来到口头村的第一天。为了解口头村情况、认识口头村扶贫现状，我们首先和口头村村主任进行了一场扶贫访谈，就在不大的村委会大厅里进行。

初见村主任，一个常笑、乐观踏实、责任感强烈的中年汉子，在他的积极配合下，访谈进行得很顺利，我们也从他口中得知了口头村的一些严峻情况，深感触动。

众所周知，扶贫最初步的就是让村民有稳定的收入，能够摆脱贫困，过上不愁温饱的生活。但村里扶贫工作的开展却远非顺风顺水，村主任和村干部为此每天殚精竭虑。村主任叹息道：“说来说去不过一个‘钱’字啊!”目前口头村发展最大的限制就是缺乏资金，以致许多项目无法顺利启动。据村主任介绍，口头村的农作物主要为玉米，但是即便玉米抗旱耐旱，生长过程中也还是需要大量浇灌。口头村并不缺乏水资源，事实上还有河流流经村庄，但是却缺少将水抽引到农田的水利设备和储水的专用蓄水池。这个问题得不到解决，就会导致抛荒500多亩农地，以及当农田遭遇干旱时严重减产的现象出现。谈及农民赖以生存的农作问题，明明是一个高大的汉子这时却显得极为无助：“村里拿不出修水利的两百多万，书记找不到扶持资金，社会救助资金不知在哪里，口头村的农业就这样不死不活，我这心里刀扎一样，农业不能发展，老百姓的收入就提高不了，贫困就会依然持续下去，归根到底不还是巧妇难为无米之炊吗?”

问及产业扶贫的进展，村主任介绍，目前口头村正在进行第一年的构树试点种植，但结果却是让人垂目深思的。究其原因，在于构树的存活率仅仅40%，连一半也难以保障。村主任无奈地叹息：“谁也不知道怎么干，什么情况也不了解。”提及此事，他的眼中流露出深深的愧疚与无助。镇里的领导本意是希望用产业扶贫的方式给村民一个稳定的收入，这份好意也真的是实打实的。但干部只是觉得构树这个项目好，能够做饲料，还可以建立起配套的饲料加工厂，提供扶贫岗位，但风险问题还是没能深入考虑，后续配套的技术服务也没有纳入考量，于是产业扶贫这条路上步履维艰，给村干部也带来了巨大挑战。

实践给了我们答案。我们在与村主任的交谈中，也分析建议道，因为大棚和种植存活率不高等原因，在产品的生产流通销售各个环节摸着石头过河，这样的项目除非运气好，否则很容易平白夭折，浪费扶贫资金以及大量人力。我们想，对于这种情况，干部可以请几位专家事先对项目地的条件进行分析，对所开展项目的风险做个评估，对市场需求进行调查，谋定而后动，专业性的东西交给专业人士来做，将科学的方法用于施政当中去，才能将扶贫工作做到实处。

最后，村主任还特意强调了精准扶贫识别的问题。他告诉我们，“贫困户的标准难以确定，什么样的是贫困户，什么样的不是，在落实当中的标准衡量总有争议。村民对贫困户的名单会有疑问，会产生凭什么我不是贫困户的想法。举个例子，贫困户的收入标准是规定了的，即便 2 300 元和 2 301 元并没有很大差别，但结果迥异，一个是贫困户，另一个则不是。”

精准扶贫政策实施的几年，也是基层工作不断遭遇张力的几年。在这次访谈中，村主任还提到了资源向贫困村倾斜方式不适合、扶贫企业工人不够熟练、扶贫兴办的企业连年亏损等问题，这些都集中反映了资金和调研的匮乏。这些问题的解决需要我们和口头村村民继续共同不懈探索。在深入基层、深入群众、投身“三农”事业、为人民谋福祉、为共同富裕目标奋斗的信念下，口头村小队成员终会带着知识与解决方案再次踏上这片黄土大地，和坚守在这里的扶贫工作者一同努力，将有限的力量贡献到无限的为人民服务中去。

## 心中有阳光　脚下有力量

山西大同市灵丘县上关村，是一个距离县城足足有 60 千米的偏远山村，这里生活着 200 余户人家。2017 年夏天，区域研究中心第一二党支部联合小队选择这里作为今后定点实践帮扶的对象。根据村主任的介绍，上关村以传统的种植和养羊作为主要产业，这两年村里有个年轻人，组织大伙建合作社种水稻，带动了一大批乡亲们脱了贫。

队员们顺着河滩一路走，远远望去一抹翠绿在山谷中格外扎眼，走近才发现这是一大片水稻田，周围点缀着的几口深井和两座新修的蓄水池，池底铺着防渗漏的塑料薄膜，看起来十分“现代化”。村主任口中所说的年轻人，就是这片稻田的主人——李富岗。

李大哥今年三十一岁，是当地政府的一名工作人员，在2015年创办了“富康有机农业合作社”，带着乡亲们一起种植优质稻米。两年来合作社越做越大，现在流转土地已经达到一百多亩。“上关地区自然资源非常好，一年有二百多天空气质量达到优秀水平，这也是目前全国少见的富锶地区，加上生长期昼夜温差很大，光照时间长，生产的水稻品质非常好”，李大哥说起自己的家乡，脸上满是自豪。

李大哥的家乡就在上关村，作为从村里走出去的大学生，建筑学专业毕业后，他怀着造福家乡的信念，回到当地政府部门工作。直到后来习总书记提出了精准扶贫的号召，他再也按捺不住，铆足了劲儿决定要亲手去扶贫一线做些实事出来，让乡亲们有实实在在的实惠。他了解到上关最早就有种植水稻的历史，由于黄土高原水土流失，后来渐渐转变为其他旱作作物，他从南到北对周边地区的水质进行了检测，最终发现了这片富锶宝地。

“大家不明白有机的概念，加上种植水稻费工费时，最初很多人都不理解我，县里也没有资金支持，但多亏家乡父老们信任，前期自己垫上一些钱，终于把合作社办了起来，流转了十几亩土地。”由于具有建筑设计专业的背景，李大哥还自行设计了包装，经营过程中的大多数困难，都是他通过这种方式摸索出来，慢慢解决的。

“第一年取得初步成功以后，我就把规模扩大到了100亩，上关村冬天极冷，大家一般就只种一季玉米，基本不赚钱，土地很多也撂荒了。现在大家把土地流转到我这里来，每年一亩地能有500元的固定收入。”李富岗回想起当年，露出自豪的笑容。合作社目前运营良好，采取雇佣劳动的方式请村民来做生产管理，不仅如此，农忙的时候还会增加人手，只要来的人有一定的劳动能力，他都会按照每天90元的标准给大家发工资，加上流转土地的收益，平均每户贫困户能增收一万多元。截至目前，合作社已经带动了本村29人、邻村13人实实在在地脱了贫。当问及成本时，他说：“等今年的产品卖出去，能勉强达到营收平衡，现在给大伙的工资定得很高，原因就是想让乡亲们受益，现在看着村里这些六七十岁的不能出去做工的老人，在家门口也能有额外的收入，我打心眼儿里开心”。

富康有机农业合作社仍然在向前发展，尝试扩展第三产业，以商业经营的方式提升这方青山绿水的附加值，传播中国传统的农耕文化，让乡村重新焕发生机。李大哥早年曾经做过武术替身演员，还在2008年青歌赛中获得了业余组的冠军，对举办各种活动早已驾轻就熟。回到上关村的两年来，他连续举办了插秧节、帐篷音乐节等特色活动，吸引了大批城市人带着孩子来到乡村。他说：“我们这里越来越多孩子上了大学，越来越多人进了城，农耕文化也逐渐淡化了，可这是民族的根，我认为现代青年应该了解她。”

合作社在国家政策的扶持下，利用了当地特殊的自然资源，实现了高附加值农产品的生产，与此同时有机农业作为劳动力密集型的生产模式，更极大地带动当地农户就近务工获取劳务收入，维护了农村家庭结构的稳定。再者，贫困户通过土地入股的方式参与到合作社，这种以乡村内原动力带动主动脱贫致富的方式是当下最有生命力的扶贫方法。

社会实践小队开展调研　摄影人：路之纤

“谁年轻的时候都会有这个梦想，让一片黄土在自己的手里变成绿洲。目前我这儿就一百亩地，说实话很小，但我每天看到这里，就好像看到了将来，特别开心。”实践行动已结束很久，我们也早已回到熟悉的校园，但李大哥的话在我们脑中却变得越来越清晰。

脚下有阳光，心中有力量。像李富岗这样经历过高等教育，愿意回乡带领乡亲走上富裕之路的年轻人正越来越多，而我们中的许多人或许在不久的将来，也会成为这支热血队伍中的一员。这个新时代是属于我们青年的时代，脱贫攻坚是属于我们农科学子的重任，我们将秉持“解民生之多艰”的校训，努力成长为“一懂两爱”的“三农”人才，投身家国建设，不负青春韶华！

（撰稿人：赵天晨　黄梅　谢小波　王珺　娄凯皓　李珊　杨海岩）

# 长路漫漫　携手前行

## ——中国农业大学园艺学院 2017 年联合实践行动纪实录

队员进行问卷调查　摄影人：中国农业大学赴巴中恩阳调研支队

每一次实践都意味着一次成长。短短几天时间，一群志同道合之人从相遇到相识到相知，成为同甘共苦的朋友。他们一起奔赴一个陌生的村落，一同书写一段助农扶贫的篇章。收获、思考、蜕变……10 个人，一个故事，在四川省巴中市恩阳区，留下了他们的足迹和关于青春成长的记忆。

## 初见恩阳

恩阳区隶属四川省巴中市，位于四川省东北部，古为巴蜀重镇。区内盛产水稻、小麦、玉米等10多种粮食作物和蚕丝、柑橘、烟叶、生姜等500种经济作物以及桔梗、沙参等200多种名贵中药材。恩阳区是国家级帮扶对象，经济水平落后，农业人口众多，精准扶贫是其重大战略任务，是守底线、走新路、奔小康的重要路径，是深入推进主基调、主战略的现实要求。恩阳脱贫攻坚工作任务艰巨，长路漫漫，需要有志之士携手共同推进。

为响应国家精准扶贫政策，树立农科学子“学农，爱农，为农服务”的理想抱负，中国农业大学园艺学院组建小队前往四川省巴中市恩阳区，深入基层，开展扶贫调研。

蜀地天空蔚蓝，小村庄静默在绿树和群山的环绕中，与夜晚霓虹闪烁的城市相比宛若两个世界。然而这里的生活却不如“桃花源”那般美好。进村的山路崎岖蜿蜒，村里的道路也泥泞不堪，多数是狭窄湿滑的泥路和碎石路。熟悉此地的村民尚能平稳行走，而来自外面的我们则是一不小心就会摔倒。磕磕绊绊中，我们到达这个贫困的小山村。恩阳属山地，交通多不便，农民前往镇上集市只有几千米，却往往要花费两个多小时，农产品也只能依靠人力畜力，以挑担的方式运出村子。当地民风淳朴，乡民热情好客，初见恩阳，便让我们感受到了来自这个边远乡村的质朴善良。

## 被遗落的老人

在深入农村走访调查中，队员们发现，如今巴中恩阳县的村民大都为六十岁以上的老年人，村中几乎没有青年和小孩，仅有的中年人就是当地村干部，他们为了家乡发展依然坚守在这片土地上。

老人们身体状况不尽相同，有的身染数疾，需要常年卧床，几乎连普通的家务活都难以完成；也有的年过古稀却依然身体康健，一个人就可以把三亩果园打理得井井有条。老人们尽管年岁已高但还是坚持务农，使得村里绝大多数耕地没有荒废。唯一遗憾的是，他们的儿女们都已外出工作，当问及“子女常回来看你们吗”的时候，双鬓花白的老人们眼角微垂，长叹了一口气：“他们在外头成家了，就不怎么回来了，他们也忙啊。”尽管有的老人的孩子也想把他们接到城市里一起生活，但他们熟悉了这片自己成长的土地，故土难离，不愿去一个陌生的环境开始陌生的生活。

谈及身体健康问题时，老人们说道：“小病靠自己，大病就要靠国家咯。”小病可以自己治疗，但是需要住院的疾病对于他们来说则很吃不消，只能依靠国家的支持。村里所有农户都参加了不同的医疗保险，但是医保也只能报销 60% 左右的费用，五六万元的医药费，国家补贴了 3 万元，剩下的 2 万元对于他们来说依然高昂难以支付。

从长远角度考虑，农村的空心化、老龄化这是一个严重的社会问题。一方面，老一辈农民正在逐渐老去，年轻人不愿务农，那么我们的土地将何以为继？另一方面，对城市满怀憧憬的年轻人带着子女离开家乡，只留下渐渐丧失劳动能力的父母，农村孤寡老人的赡养问题也极为严峻。村子似乎也伴随着老去，望着村里一家家孤苦伶仃的老人，队员们深深叹息。

## 莲藕致富经

调研中，我们在恩阳市柳林镇七颗石村发现了一本“莲藕致富经”。据七颗石村村主任赵大国介绍，自 2011 年起，莲藕市场需求突飞猛涨，在国家“十二五”规划和产业结构调整的大方针下，迎来巨大的市场投资机遇。柳林镇七颗石村紧紧抓住时代机遇，在 2013 年以生态农业为架构，着力打造了集观光、旅游、餐饮、娱乐为一体的莲藕基地。

在七颗石村，小队成员深入调研了莲藕产业的发展状况。据了解，恩阳新区成立后，七颗石村充分利用水资源丰富的优势，引进业主，成立坤鹏生态农业合作社。莲藕产业发展分三步走：一期工程除了公司投资建莲藕基地，还将由公司统一提供种子、化肥和种植技术，统一回收，3 年内计划栽种莲藕数万亩；二期工程主要是完善配套设施，修建星级农家乐，发展观光旅游业；三期工程是对莲藕进行深加工，建设生产线，生产藕粉、饮品、小吃等休闲食品。

借改革政策东风，走莲藕致富之路。2013 年村里引进合作社以后，将土地流转给了业主，村民或被聘为管理人员，或在园区伙食团打工，工作有了着落，生活有了保障。村干部们提及此事，倍感自豪地告诉我们“村里农民收入增长，生活变得红火起来，这极大地调动了大家的积极性，返乡人口比例也逐年提高”。此外，七颗石村采用了“公司 + 合作社 + 基地 + 农户”的新模式，引资启动七颗石村千亩莲藕种植基地建设项目。自打莲藕基地建成后，漂亮的花圃式绿化带、银杏观光大道以及环线路、步游道、观景亭等在政府的安排下也相继完成。“集体 + 农户”的联合经营模式更将村民们拧成一股绳，全力奔小康。

在七颗石村的实践时光中，小队成员受到了来自全村乡民的热情招待，更尝到了当地颇具特色的“满荷全席”，清香的莲子粥、细腻的莲子粉、焦酥的藕片夹肉……莲叶、莲子、莲藕纷纷入菜，让小队成员大开眼界。此外，在基地的7家农家乐内，小队成员还品尝到了当地绿色有机的特色美食，如银杏产品、巴山土鸡和有机水果。

秧歌、腰鼓、坝坝舞……也让小队成员感受到村里浓厚的文化氛围。镇人民政府近几年开始举办“荷花节”，莲藕采摘前后是七颗石村的旅游旺季，古诗云“接天莲叶无穷碧，映日荷花别样红”，来自各地的游客们纷至沓来，或赏荷观花闻香识夏，或深入莲叶丛间，亲自体验采摘莲花、莲藕的乐趣，村里一派热闹景象。

正如村民们所说，“产业兴了、景色美了、旅游火了、腰包鼓了，村里发展的产业选准了方向，老百姓发家致富的梦想终于可以变成现实了。”小队在七颗石村看到了与恩阳市整体萧条的经济大背景下截然不同的欣欣向荣。

## 七颗石村的启示

同在恩阳，七颗石村成功的经验让小队成员备受启发。一个原本贫困的山区，在一年时光的洗涤下焕然一新，成了周边地区闻名的示范榜样。小队成员遍访当地游客、村民和村干部，探索这个村子致富背后的秘密。

在与当地游客的交谈中，小队成员了解到，是七颗石村的综合实力吸引了众多游客前来，从生态绿色农业到田园风光，从消费水平到交通便利，这些都是七颗石村旅游事业发达的原因。追本溯源，小队成员通过分析发现，便捷的道路交通是其成功的前提条件。“要想富，先修路”，2013 年两条高速公路建成后，切实解决了当地交通问题。七颗石村成功的背后，是政府进行土地流转、吸引合作社、利用传播媒介宣传、申报“环境优美示范村”、组织规划设计的结果。当地以特色产业为支柱，立足资源条件和资源禀赋，发展莲藕产业，按照“产业园区化、园区城镇化”要求，因地制宜、错位发展，走“专而精”的发展路子，采取“企业 + 基地 + 协会 + 农户”模式，以农业产业化为基础，以园区建设为载体，大力培育银杏、有机农业、乡村旅游三大特色主导产业。据此也带动了村里服务业、餐饮业、旅游业的综合发展。

实践小队在七颗石村的启示下，结合调研情况提出了恩阳扶贫脱贫道路的诸多建议。比如设立扶贫专用资金，建立扶贫信贷。再如加强基础设施投入，落实农村危房改建项目。小队成员也认识到农村教育对扶贫工作的重要性，扶贫先扶智，建议通过设立贫困助学金，让村里的孩子们有学可上，有书可读，教育提高的不仅是他们的知识技能与综合素质，更是走向更广阔世界的可能，是建设家乡、助飞扶贫事业的希望。七颗石村的成功经验更让小队成员意识到产业扶贫的重要性，当地政府需要秉承“高端切入、顶层设计”的理念，深入调研乡情，通盘进行城镇总体规划，找准方向，打造具有品牌效应的特色产业。

**队员合影 摄影人：中国农业大学赴巴中恩阳调研支队**

全情投入的时光总是短暂，用心付出的经历总是难忘。虽然只有短短几天，但小队成员们却受益匪浅。有的队员说："这次社会实践活动让我们这些生活在都市象牙塔中的大学生们，走入了一个新鲜陌生的世界。那里或许贫寒潦倒，却有着热情质朴的乡民；那里或许闭塞落后，却从未放弃发展致富的希望。在深入基层，同村民、村干部同吃同住同交谈的过程中，思想碰撞出了新的火花，而我们更学到了书本上永远学不到的最宝贵的知识，这是我们受用一生的财富。"

"从群众中来，到群众中去"，我们领悟到了唯有把个人的命运同社会、同国家、同人民的命运联系起来，才是青年成长成才的正确之路。心系家国，心忧三农，我们明白了作为一名农科学子所应肩负的责任与使命。脱贫攻坚的号角已经吹响，精准扶贫的战鼓热烈激昂。未来长路艰难漫漫，让我们携手前行，共筑辉煌！

（撰稿人：何杨柳　吴凤琴　向芷璇　陈荻雅　孙伟）

## 下乡扶贫之路　青年实践征途

——中国农业大学植物保护学院2017年联合实践行动纪实录

**队员与当地村主任、村支书合影　摄影人：艾鑫**

我们有一个愿望——让家乡的人民老有所养，壮有所用，幼有所长，农业实现现代化，生活富足红火火。

从我们穿上队服的那一瞬间，我们就清楚地知道自己的责任。

调研虽有疲惫苦涩，但每当回想起那段难忘的时光，我们由衷地感到快乐和自豪，因为我们是在尽自己的绵薄之力为需要帮助的人服务！

——中国农业大学植物保护学院实践队

## 走访调研，扶贫支农

“五山四分田，半水半草原。”在哈尔滨市中部有一座秀美的小山村，它是国家级生态建设示范区、全国绿色食品原料标准化生产基地、粮食高产示范县和中国亚麻纺织历史名城，也是国家扶贫开发工作重点县、国家一类革命老区县——延寿县。延寿县面积3 149千米$^2$，耕地面积164万亩，辖5镇4乡1个省级工业园区，总人口27万。人文历史悠久，自然资源丰饶，矿产资源丰富，生态环境良好。四面群山环绕，腹地是蚂蜒河和亮珠河两大流域形成的冲积平原，土地肥沃，森林覆盖率高达46.7%。

在7月中旬的一天，早上7点钟的阳光还不算炙热，天已明，风将好，小队集结完毕前往延河镇。到达之后，队员受到了来自镇政府工作人员的热情接待。延河村村主任向小队成员介绍了延河村种植业发展情况、村民经济收入和生活状况等，并解答了队员们关于村里种植结构、村民生活水平的问题。随后，队员们开始调研工作，挨家挨户走访村民。

在调研中我们发现，当地粮食作物种植模式以春玉米和水稻为主，几乎70%的农户同时种植这两种作物。农户种植面积少则十几亩，多至300多亩。走访两个村的过程中，我们发现几乎每家每户都至少有一台拖拉机和一个背负式喷雾器。延河村相对贫困，村户家里大多只有一台背负式手动喷雾器；而横山村则相对富裕，农业机械化程度较高，家里除背负式电动喷雾器外，部分农户还有旋耕机、打秧机等耕作机械。

当地种植业的投入主要由四部分构成：物质投入、劳力投入、农机投入、金融投入。其中，物质投入包括种子、化肥、农药、用水等，占比极大。在访谈中，队员们了解到，从2016年的产量和收购单价结合来看，玉米每斤只能卖0.3元左右，大部分农户不仅没有挣到钱，反而亏本了；而水稻每斤能卖出1.7元，收益相比玉米高得多，所以有部分农户开始改为租赁水田种植水稻。

小队共走访了32户农户，了解了当地主要病虫草害与农民防控技术现状，回收有效问卷共30份。我们发现，除了优质种子的使用，化肥和农药在提高粮食产量上也发挥重要作用，也在一定程度上提高了农业生产的效率、节省劳力投入。尽管如此，我们在调研中也发现部分农户不当使用农药化肥的现象令人忧心。有农户坦诚地告诉队员，“在用过农药和化肥的土地里生产的粮食，我们一般都拿去外售，自家吃的我们都不打农药咧”。而甚至有的种植大户农药和化肥的施用量竟是说明书上要求计量的两三倍，这种超标使用农药化肥的做法不仅不能增产，更会对环境、对人体健康造成不可挽回的伤害。

虽然大部分农户都明白，过量使用农药化肥会带来生态问题，也有不少农户叹息地讲到，“以前生长在清澈河水里的鱼虾现在几乎销声匿迹了”。但贫穷已经压得他们喘不过气来，又哪还有多余的心思思考更长远的问题。听到他们坚定地表示，“想要增产不使用农药化肥几乎是不可能的”，队员们觉得既无奈又心疼。

## 以吾赤诚，换汝真心

深入农村调研，和农户们交流沟通完成问卷并不容易，我们面临的第一个困难就是说服农户参与调研。万事开头难，刚开始，小队走访过程并不顺利，村民们不相信陌生的队员们，更别说积极配合调查，介绍自家情况。面对村民们的拒绝和眼中的提防与抗拒，年轻的我们初尝了被排斥的委屈与苦涩，面面相觑，无可奈何。但是，我们从未想过放弃。一次又一次的尝试中我们总结出了经验，比如调研时不能照本宣科，抱着只为完成问卷填写任务的态度和农户交流，而要在家长里短的聊天中拉近彼此的距离。又比如要学会耐心倾听村民们带着口音的唠叨，急民所急，发自内心地体恤他们的难处，帮助找到解决问题的办法。

于是，调研中我们用赤诚之心换来了更多农户的坦诚相待，真心信赖，也了解更多贫困户的真实故事。在调研时，一个农户给我们留下了深刻的印象。这户人家儿子身体残疾，家里还有两位七十余岁身体孱弱的老人，尤其是老爷爷，疾病缠身，每年的医疗费用都要两三万元。因为经济负担重，家里已经有好几年没购置过新物件了，穿的衣服总是缝缝补补又一年。老爷爷告诉我们，家里唯一的经济来源就是已婚大儿子给的为数不多的赡养费。看着他苍老的面容和被生活压弯的脊梁，我们暗暗握紧拳头，感受到了自己作为农科学子，作为实践队员的重担。

经过一下午的走访，我们真实感受到了当地农民的生活百态，对农业生产的田间实际管理细节也有了更多真实了解。当天走访结束时，三个小组共完成了十份问卷，每一份问卷背后都是一个长长的故事，或温暖亲切，或悲伤心酸。经过第一天的入村走访，队员们也积累了不少基层调研的经验，收拾好心情，第二天整装再出发。

然而，天公不作美的是，当天晚上便淅淅沥沥地下起了小雨。第二天一早，队员们就这样背着行囊冒着雨，前往横山村。横山村与延河村毗邻，村书记知道我们要走访的消息，早早地就来到镇里接我们。在车上，我们得知前不久村里也来过其他高校的实践小队，果然这一天的走访顺利很多，村民们也更加善谈。

雨后横山村的小道非常泥泞，队员们深一脚浅一脚地赶往农户家中。当天我们共走访了十几个农户，他们大都态度和善，与他们的交谈也让队员们真真切切感受到了勤劳的耕耘者身上朴实无华的品质和农民特有的踏实干劲儿。除了阴雨连绵的天气和善良好客的村民，记忆深刻的还有当天的午餐。在村口小卖部门前，我们一行人不拘小节地蹲坐着，一边听着雨声，一边吃着香喷喷的泡面，一边讲述上午走访的所见所闻，偶尔被发生的糗事逗得开怀大笑，倒也不失为一件惬意乐事。

下午，小队三个组一同来到村后的周德军老人的家中。老人是最后一个受访者，在横山村属于种植大户，家里人和他一起承担田里的农活。老人热情好客，讲起话来思路也很清晰。他住的房屋周边就是自家的农田，队员们在老人热情地邀请下进到玉米地里，和他聊起近年种地的情况，细说生活的点点滴滴。

回顾这两天的实践经历，每一次走访下来，我们对劳动者的感情就加深一分，他们敞开心扉将自己的成功失败、喜忧哀乐说与我们听，也真切地希望、殷切地期盼着我们能帮助他们改变生活的窘况。作为农大学子，这更激发了我们对自身专业知识储备的思考，对自己应承担的社会责任的思考，对理想抱负的思考，对“三农”问题的思考。

**献计献策，砥砺前行**

在调研中我们深入田间地头了解作物生产，我们走进家户门扉倾听乡民心声。我们了解到农户对于国家种粮政策也有自己的看法和建议，大部分农户希望国家能进一步加大种粮补贴力度，对于农业种植户进行农业保险的投保，减少以种植业为主要收入来源的农户的风险。部分年轻村民还希望政府可以提供更详细的植保、气象等信息，让农户能够对自然灾害防患于未然。

我们也发现了当地村民接受新事物能力较强，他们充满好奇心与学习欲，愿意接受新农药、新药械等植保新技术防治病虫草害，也愿意参加植保技术培训。由此，当地政府或可以定期开展农药、化肥应用的相关讲座，邀请农业专家定期开展培训，满足农户在农业知识上的需求；也可以尝试进行绿色农业，先组织部分农户在小范围试点，效果显著再全村推广，给村民们带来更多收益。

“路漫漫其修远兮，吾将上下而求索。”这次社会实践的经历，让我们在与国家级贫困县人民同吃同住中，了解他们的基本生活状态，也仿佛感同身受了国家扶贫政策为贫困县带来的改变。作为中国农业大学的学生，一名新时代的农科学子，我们的力量虽然绵薄，但能做的却有很多。在课堂中提升自己的知识储备，在课堂外用行动服务三农。无论身在何处，“解民生之多艰”的校训都铭记于心间，愿以一颗赤诚为国为民之心，谱写一曲精准扶贫大爱之歌！

队员李思维对当地村民进行问卷调查　摄影人：艾鑫

（撰稿人：呼倩　张迪）

# 东北片区

这是一场远离城市的实践，亦是一次深入乡野的变革。

农村与城市的冲突，农村人与城市人的碰撞，“70后”与“90后”的分歧，都是我们所不能忽视的。于是，越来越多的青年人根植于本土和实践，去找寻贫困的根源和行之有效的解决方法，让学术，不再空洞。

“道有夷险，履之者知”，我们从来不轻视行动的力量。

# 弘扬党员精神　发挥技术优势
# 精准对接需求　助力扶贫攻坚

## ——东北农业大学农学院“走进乡土乡村，讲述扶贫故事”2017 年联合实践行动纪实录

东北农业大学农学院实践团出征仪式　摄影人：霍晨光

### 写在前面的话

为学习践行全国农科学子联合实践行动精神，开展“走进乡土乡村，讲述扶贫故事”主题实践活动，东北农业大学农学院实践团结合自身实际、利用暑期，

在学院党委书记衣春生，院长邹德堂，党委副书记于向国，副院长武小霞、樊东，各系党支部书记的带领下，组织学院农学系、植保系、种子系、植科系四个党支部师生到林甸、望奎、拜泉实地考察调研，开展一系列的主题实践活动。专家、学生志愿者走进乡村，了解当地实际情况，探寻当地实际困难，解决种植方面的技术问题。充分发扬学院党员精神、服务意识，发挥专业技术优势，为提高农民种植技术、增加农民收入、提供调研数据、解决扶贫需求、助力扶贫攻坚做出了积极的贡献。

## 走进林甸　走近村干部　记录扶贫故事　传播扶贫精神

7 月 7 日早，露珠还裹挟着昨夜的微凉，东北农业大学农学院实践团已经在学院党委书记衣春生、院长邹德堂的带领下驱车奔赴了农田环绕的林甸镇，实践团内的农学院种子系党支部教师以及 6 名学生志愿者满怀期待，准备开展接下来的扶贫工作。

下午骄阳似火，实践团在经过了几个小时的车程颠簸后，终于抵达林甸镇工农村东农豆 252 大豆新品种种植区，开始实地考察。东农豆 252 是种子系教授陈庆山培育的大豆新品种，种植该品种大豆相比于其他大豆每亩能够增收 100 斤，意味着农民每亩地就能多出 200 元的收入，这对于贫困的林甸县人来说是非常可观的。专家实地考察了当地大豆的种植密度、株高、开花、分枝、虫害等田间情况，以便更好地培训当地农户学习田间管理技术。农户王林是一位屯长，也是一名中共党员，去年在村支书带领下试种了 50 亩东农豆 252。曾经种植玉米的他，今年每亩收成所获得的收入增加了 1 倍，这是他在种植之前难以想象的。获得了如此惊人的收益，王林今年再接再厉一口气承包了 300 亩田地继续种植大豆，周边的农户也受到鼓舞，跟他一起连片种植了 1 000 亩大豆。谈到大豆的种植、病虫害的防治，王林兴奋地说：“有不懂的就问，施什么肥，用什么药，有没有病害，什么时候用灭草剂，都可以打电话问农大的陈老师。”

8 日上午，在林甸镇镇长、工农村党支部书记的陪同下，实践团一行继续热火朝天地开展着扶贫工作，连续走访调研林甸镇工农村、朝阳村，四季青镇宏丰村社区村民委员会，团内的 6 名学生志愿者兵分三路，每村分别走访了 25 户贫困户，并了解他们的家庭状况。

工农村党支部书记介绍说，林甸镇工农村是城郊村，总共有626户、2 201人，建档立卡85户、131人，人均可耕作土地少，仅2.5亩，种植技术落后，种植结构单一。对于扶贫工作，他说："扶贫工作不是救济，贫困户要是没有造血功能，我认为怎么都脱不了贫！除了宣传政策、努力帮扶，对于思想上脱贫，我们这些党员干部就是以自身作则，带头实干，引导农户们脱贫致富。"2016年，他大胆尝试，带领村干部、党员试种100亩东农豆252新品种。他说："秋收后一看，从大豆产量、含油到蛋白含量都非常好，在去年那么旱的情况下，我们亩产均供达到420斤左右。在今年气候条件好的情况下，亩产能达到500斤。"他算了一笔账：种植东农豆252，哪怕每亩地均供400斤，加上补贴，一亩地的产值是800～900元，除去成本，老百姓能得到每亩300～400元的利润。比起种玉米等作物，农民的收入能提高近一倍。2017年，在工农村的辐射效应影响下，整个林甸镇种植东农豆252的面积已经达到10 000亩。

在宏丰村，实践团见到了省人大驻村扶贫工作队队长，她陪同实践团考察了当地800亩汉麻和大豆间作田。据了解，2016年宏丰村种植汉麻1 270亩，采取合同前置、以销定产的方式，亩效益940元左右，这令百姓种植汉麻的热情高涨，成立了"林甸县宏丰村汉麻种植农民专业合作社"。2017年，种植面积达到2 700亩，带动110户农户致富，预计收益在250万元左右。在这种情况下"保麻争豆"优化产业结构措施就被提了出来，该措施就是指种植汉麻的同时兼顾麻下经济，采取套作、间作等方式综合利用土地，利用麻间空地种植杂粮杂豆等其他经济作物，可综合利用的土地有9 000亩左右。这种种植方式可以预防虫害，减少用药成本，通过收黄豆、收麻籽、收麻秆、得豆补的方式促进农民增收、降低玉米的种植面积、加快种植结构调整。

此外，农学院专家在了解了当地种植情况后，对农户提出的问题进行了解答。荣丽颖说："看到工农村种植东农豆252的效益不错，也特别希望能尽快促成东北农业大学与当地的合作，为当地扶贫提供技术支持。"

## 走进望奎　情系大豆　授之以鱼　不如授之以渔

7月9日上午，由农学院植科系党支部教师，6名学生志愿者组成的实践团在党委书记衣春生、院长邹德堂、副院长武小霞的带领下，抵达望奎县的莲花镇。随后在镇党委书记梁晓东等的陪同下，实践团考察了当地东农豆 253 试验示范田，查看了大豆分枝、叶片、根系、种植密度等情况。在考察 3 000 亩示范田期间，实践团看到，即便近日冰雹和大风袭击了农田，但由于东农豆具有较好的抗逆性，作物的长势依然良好。

东农豆 253 是学院教授陈庆山培育的大豆新品种。陈庆山介绍说该品种秆强抗倒伏，抗病，节短荚密，百粒重 25 克左右，即便在大面积种植的情况下，蛋白质含量依旧能达到 43%左右，油分含量达到 20%左右，需有效积温 2 300 度以上，生育期 113～118 天，适宜我省第三积温带种植。在大面积种植的情况下，大豆产量达到 500 斤/亩，蛋白质，油分和糖等主要营养物质含量丰富且均衡，打出豆浆色泽奶黄，味道甜香，口感极佳，符合大豆加工企业、种植者以及消费者等多方位需求。望奎县今年共试验种植该品种大豆近 40 000 亩，在可观收益下，当地的精准扶贫工作也有望获得较大进步。望奎县莲花镇党委书记说："去年我们这试种了 1 300 亩东农豆 253，在一个种植周期 130 多天中咱们农大的专家来过十多次，看我们有什么问题就沟通解决。"在谈到去年试种东农豆的产量时，他兴奋地说出了一串数字："这个豆子产量高是它的一个优势，相对于其他大豆一亩地得高出来差不多 200 斤。去年平均 450 斤一亩地，一亩地 2 块 2，这就是 900 多块钱啊，一亩地大概能挣 400 多块钱。去年的产量 400 多斤也不是最高值，如果农户按规范种植，加上风调雨顺，东农豆 253 的最高亩产能达到 560～570 斤。"

当地农户小王（化名）也在座谈会上交流了自己种植东农豆的感受：之前他只是种植玉米，今年他了解到新品种可以增收，作为火箭镇厢白三村的村主任，他带领村内的十多户村民试种东农豆 500 亩，其中有两户还是贫困户。种植伊始，村里的老人都说，当地是盐碱地，这样的土壤情况不适合种植大豆，每亩产量只能有 200 多斤，赚不了钱，东农豆规范种植密度也比其他品种低，承包实验田的农户心里都有没底，小王说："这些承包户相信我，跟着我一起种，而我相信科学，相信农大的专家。"在政府和技术人员的鼓励下，小王严格按照规范种植，目前看到大豆长势喜人，村里人也纷纷到他的田地里考察。他说："承包户的疑虑打消了，预计该实验田收入一定会超过玉米，来年再推广就不成问题。"

## 走进拜泉　精研模范　合作共赢　走出脱贫新路

7 月 11 日上午，东北农业大学农学院党委书记衣春生、院长邹德堂、副书记于向国、农学系党支部教师和 7 名农学系学生志愿者组成实践团，抵达齐齐哈尔市拜泉县国富镇。在当地政府工作人员的陪同下，实践团考察了当地扶贫重点支柱产业情况，对当地种植业结构状况等进行了深入了解。

实践团考察了当地的自治村建设、农村合作社发展情况，以及黑木耳特色产业发展情况。在德润食用菌厂，考察团了解到了该厂总经理、齐齐哈尔市劳动模范、第四届全国道德模范提名奖获得者良老师（化名），回报家乡、带领当地百姓脱贫致富的故事。

“受人滴水之恩，当涌泉相报”，这是良老师后半生的追求和奋斗目标。在“文革”期间他被下放到自治村时，得到了村民的关爱和照顾。而后事业有成的他，始终把回报父老乡亲记在心上。自 2007 年以来，他先后投资了 1.3 亿元组建了占地 10 万米$^2$、12 栋 6 层、居住面积 4.4 万米$^2$ 的住宅楼；建设了商服楼 4 栋、幼儿园卫生所各一处、群众休闲广场 10 000 米$^2$，各种服务设施齐全的拜泉县“德润社区”，让老区人民过上了梦寐以求的、“像在城里一样”的生活。

为了给德润社区可持续发展提供坚强有力的经济支撑，从 2010 年开始，良老师先后投资 1.5 亿元组建了千头黄肉牛养殖场；经营耕作土地 1.2 万亩的拜泉县自治现代农业农机专业合作社；年加工玉米 10 万 t 的金润粮食物流公司和千亩养鱼场，实现了村域经济多元化。全村经济总收入由初期的 349 万元，增加到现在的 3 600 万元。农民人均纯收入由原来的 1 200 元，增加到现在的 12 350 元。

为了实现项目早施工、早投产、早见效的目标。2015 年初，良老师投资 2 亿元开始了食用菌厂的建设。包含日产 6 万袋菌包的生产线和 200 栋木耳吊袋大棚的生产示范园区项目于 2016 年 4 月正式投产运营。食用菌厂投产的当年就实现纯收入 740 万元，带领了当地 257 户 761 名贫困户实现了脱贫。2017 年再次投资 1.2 亿元，组建的食用菌大棚加工生产线日产菌包 1.2 万袋，食用菌物流公司、食用菌加工工厂和研究所建设也正式开工。

目前，良老师正在全身心地投入到项目扩建之中，建设工地、备料现场……到处可以看到他忙碌的身影。经有关专家预测，项目全部达产达效后，食用菌厂每年可生产菌包1亿袋，销售收入达1.8亿元，实现利润5 000万元，同时，食用菌深加工项目所生产的医药胶囊，可增加年产值2 000万元，每年处理废料2万吨，可做成肥料还田改良土质，发展有机农作物，工厂可以提供就业岗位200个，养殖户可达2 000户，带动周边3 000人从事黑木耳产业，可辐射带动全县4 000户20 000人脱贫。

## 走进望奎　土豆为媒　献策产业布局　增强造血能力

7月13日上午，东北农业大学农学院退休教授、中国作物学会马铃薯专业委员会秘书长陈伊里，农学院党委副书记于向国，我校教师、国家马铃薯产业技术体系岗位科学家石瑛，植保系党支部教师以及6名学生志愿者组成的实践团抵达望奎县。据农学院马铃薯专家石瑛介绍，“十三五”时期，学校以国家马铃薯产业体系扶贫任务为契机，与龙薯联社合作推广种植学校育成的马铃薯新品种东农311、东农310。这两个品种具有较好的抗旱、抗晚疫病、抗退化、产量高等特点，“一亩地产量可达两吨半以上，优质，口感好。东农310可以生产马铃薯淀粉和全粉，东农311用作鲜薯食用”，石瑛如是说。据了解，今年学校总共为各省市展示示范提供马铃薯种薯两万多斤。学校专家们为服务地方经济、开展学术交流、进行试验示范，每年从春播到秋收都要至少有3个月在外地奔波。

在东郊乡正白前二村，实践团见到了两位种植东农311的农户，一位是白前二村的村主任，他是当地的马铃薯种植大户，有着14年种植马铃薯的经验。2015年他与东北农业大学建立合作，通过石瑛老师得到了东农311马铃薯新品种，并在东农专家的指导下开始试种。“有什么不懂的地方，我就打电话给石老师。这个品种抗病能力强，可以少打几遍药，每亩能减少成本30元左右。比起传统品种，产量一垧地比以前高出5 000斤到10 000斤，每亩能增收400元左右”，他热情地介绍说。目前他的马铃薯销售到福建、厦门、山东、吉林、辽宁等地。他认为这个品种的马铃薯市场预期很好，但还需要一个市场认可的过程。“比如说荷兰七号马铃薯，目前市场非常认可，因为它是长圆形的，比较容易打皮，吃起来口感也不错。东农311是扁椭圆形的，你说它好吃，老百姓没吃过，不一定认可，这需要一个过程。”作为村主任，他不但自己把地种好，还带动了村里的贫困户一起脱贫致富。贫困户种的作物缺乏销路，他就利用自己的渠道帮忙卖。他说："我认为很多家庭贫困的主要原因是动力不足，不愿意努力，我当年只有 15 亩地，挣到钱之后我继续投资，后来的种植面积就越来越大，对于贫困户我觉得最重要的是鼓励和带动他们，让他们看到生活的希望。"

另一位种植东农 311 的农户是小王（化名），他是村里有名的贫困户。在他的陪同下，实践团来到贫困户小王家的田地。小王在他的带动下，种植了 5 亩东农 311，他说这个品种抗旱抗病能力都很强，近期干旱少雨，但是即便没打过药，马铃薯依然长势良好。实践团发现小王种植的东农 311 垄距并不规范，规范垄距为 80 厘米，而他的垄距只有 65 厘米，这样会影响马铃薯匍匐茎发育，导致产量降低，对此专家们对小王进行了现场指导。石瑛说："文化程度是导致贫困的重要原因，一些农户耕地面积并不少，但是他们对新知识、新科技不了解、不钻研，种地的收益差，导致相对贫困。贫困户往往思想保守，害怕改变，对新品种积极性不高。让大户带动贫困户，当看到效益，加上免费提供种子和技术，一些贫困户就会尝试改变，这种扶贫模式往往能收到较好的效果。"

我校农学院 72 岁高龄的退休教授、中国作物学会马铃薯专业委员会秘书长陈伊里先生也随队进行着考察。他指出，马铃薯在国家扶贫、产业结构调整过程中是非常重要的作物，尤其是一些偏远山区和落后地区，山多水多地少，耕地面积非常有限，这样的环境马铃薯都可以生长。马铃薯的应用面也比较广，选择了好的品种就可以创收，能创收就能致富，所以有很多地方都把种植马铃薯作为致富的手段。在谈到黑龙江省马铃薯产业的发展时，陈伊里指出，黑龙江早熟马铃薯大部分都是做种薯，中晚熟的品种大部分是带动加工业，但是马铃薯大部分价格不稳，原料薯价格往往比种薯价格都高，种薯卖不上价，这些方面需要与政府调控。"现在很多农民喜欢跟风，觉得种什么好就都去种，很快市场容量不足导致亏本，然后农民又跟风种别的。哪些地方应该收产多少，哪个地方生产加工薯、原料薯应该有统筹的安排，这样黑龙江的种薯产业、原料薯产业、加工薯产业链才能活起来"，陈伊里说。在谈到新品种对产业结构调整和脱贫攻坚的作用时，他又强调："产品的优良特性是第一位的，好的品种可以少用化肥少用农药，抗逆性强，生产潜力大，生产投入少，投入少效益就高嘛。要重视把新品种转化成生产力，新产品的特性都是和需求挂钩的，要依靠企业的力量扩大新品种的推广面积。农民脱贫致富需要农户自身拥有造血能力，给他们良种加良法是行之有效的手段。”

作为联合实践行动东北片区负责人，农学院院长邹德堂指出：对于扶贫攻坚工作，从响应国家号召到学习扶贫政策，从研究扶贫手段到聚力扶贫一线，农学院的学者、专家、志愿者要在脱贫攻坚和全面建成小康社会的关键阶段发挥重要作用，要发挥党员表率、技术过硬、服务细致的优势，实地探访贫困户最迫切的需求，将好的技术、优良的品种、深入的志愿服务带给他们，让农民切身感受到科技的力量以及高等学府的服务精神，同时培养农科学子对“三农”的情感及责任担当。

邹德堂强调：一项新的技术、新的品种很难在短期内推广普及，那是因为人们的传统观念和市场对接受新鲜事物需要一个过程。作为科研工作者和志愿者要有耐心、有决心、有信心推广优秀的技术和品种、做好调研工作。他希望社会各界、各级政府也积极参与到新技术的成果产业化和产业结构调整上来，凝聚力量打好扶贫攻坚战。“物质的贫困并不可怕，思想意识的贫困才最可怕。增强贫困

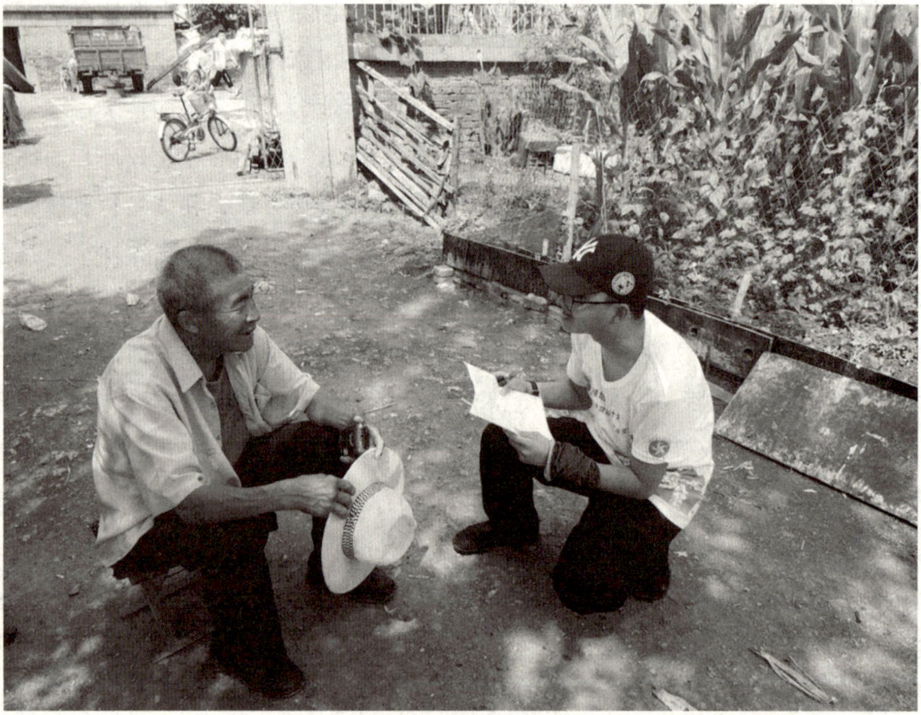

**实践团学生采访当地老人　摄影人：霍晨光**

家庭的造血能力是脱贫攻坚工作的重点和难点。”

实践团的师生们在躬行实践中以身作则，充分发挥了党员的先锋模范作用。在未来，也将继续带头投身到国家建设、科技发展、服务社会的工作中去。同时号召并带领身边的科技工作者、志愿者们深入贫困一线，助力精准扶贫工作，为全面建成小康社会添砖加瓦。

（撰稿人：霍晨光　张鑫琳）

# 探访立功村第一书记　扶危济困　赤诚为民

## ——黑龙江八一农垦大学农学院2017年联合实践行动纪实录

黑龙江八一农垦大学农学院实践团队成员走访贫困户　摄影人：王鑫

在前往巴彦县天增镇立功村之前，实践团队的成员们内心或多或少都存在着一些疑问：这是一个怎样的地方？会遇到一群怎样的人？他们去了能为立功村的扶贫工作做些什么？又能收获些什么……带着对未来工作的忐忑和期待以及农学学子对支援农村、扶助贫困、发展农业工作的那份坚定和执着，14名实践团队成员终于在7月5日这一天踏上了开往立功村的列车，开启了2017年暑期的实践之行。

## 初识驻村第一书记

实践团队的成员一到立功村就迫不及待地与村领导进行了一次沟通见面会。在会上，成员们发现了立功村的与众不同，原来这里除了原有的“两委”班子成员，还有一位驻村书记。在村委会主任的介绍中队员们了解到，这位驻村书记是哈尔滨市委选派到天增镇立功村的驻村第一书记，如今已工作了近两个年头。自驻村以来，他始终把群众的安危冷暖放在心头，把建强基层组织、推进精准扶贫、发展产业项目、改善民生福祉作为己任，以实干聚人心，以发展促和谐，受到了立功村村民的一致好评。立功村在他的带领下，成为黑龙江省驻村帮扶工作的榜样，经常有同行来此参观并借鉴成功的帮扶经验。

在与第一书记的交谈中实践中队员们了解到，立功村是革命老区，也是省级贫困村，是 2002 年撤乡并村时由原来的立功村、太阳村及勇敢村 3 个村合并而成的。立功村耕地面积有 38 000 亩，以玉米、大豆、小杂粮生产为主。村内基础设施差，没有立村企业，村集体经济外债近 150 万元，严重制约了立功村的经济发展。

经过简单的休整，实践队员开始了为期半个月的实践生活，为了响应 2017 年全国农科学子联合实践行动“走进乡土乡村，讲述扶贫故事”工作的号召，实践成员也将本次实践的扶贫重点放到立功村的贫困户身上。经过查阅建档立卡档案，在第一书记的带领下，实践队员走访了村里有代表性的贫困户，并挨家挨户进行调研。

## 走出一条新路

每到一户人家，不用村民介绍，第一书记都能详细地为大家介绍农户的家庭状况，用贫困村民小王（化名）的话说，“第一书记对于我家的情况快要比我自己还清楚了，为了帮助我脱贫致富，第一书记都快踏破了我家的门槛”。在走访调研的过程中，队员们能感觉到村民们对第一书记的那份认可与爱戴，也真切地感受到了第一书记心中的那份博大情怀，他将扶贫工作看作自己生活中最重要的事，更难能可贵的是，他不仅对立功村的百姓关爱有加，更引领村民走向脱贫致富的新道路。驻村期间，他走遍全村访问贫困户，寻贫因、挖穷根，结合村情提出“建产业、强组织、亮新村”的工作思路，在推进产业发展的同时也带动了群众致富增收，探索出了一条符合立功村实际发展的新路。而实践团队的成员们也通过深入的走访和调研，不断整理立功村的贫困数据，确定合适的资助人群和合理的资助方案。

通过调研，实践队员发现，立功村的经济状况不容乐观。村内资源匮乏、生产方式落后、种植方式略显传统、种植结构较为单一。此外，道路交通不便、人口综合素质偏低、文化水平不高、发展意识不强等都是扶贫工作的困难所在。如何结合实际、开拓发展思路、开创脱贫道路是打赢脱贫攻坚战的重要因素。通过近两年的摸索，第一书记确定了以产业项目带动村子脱贫的方针，建立了“输血改造血”的促动机制，将村内现有的 11 个合作社进行整合，组建成立了仁服源农业种植联合合作社，吸纳村民 100 多人入社，其中贫困户 39 人。农民自筹入股资金近 80 万元。并启动了小榨油及红豆、芸豆杂粮生产加工项目。同时还成立了畜禽养殖合作社，采取盈利分红的方式带动村民脱贫致富。2016 年养殖本地绿色鸡、绿色鹅 1 000 只，依托商务局营销网络平台进行销售，为村民增加人均收入近 300 元。为了应对国家取消玉米临储政策，第一书记积极引导村民调整种植结构，并组织带领“两委”成员、种养大户走出县门，先后到哈尔滨市双城区岗子峪米业股份公司、齐齐哈尔市依安县富民商贸有限公司、海峰商贸有限公司等参观学习，使村民开阔眼界，增长见闻。2016 年，在村“两委”成员的引领下，全村大豆种植面积高达万亩，超过全村耕地面积的 30%，杂粮经济作物种植面积达 500 亩。如今村里的粮油加工企业正在如火如荼地建设中。实践队员们也结合自己的专业对调整种植结构提出了可行性方案，并建立了立功村与黑龙江八一农垦大学农学院的联系纽带，对于今后农作物的品种改良，增产、增收等方面问题，农学院的张明聪老师也提出了明确的改进方案。

## 急民所急　忧民所忧

第一书记跟实践队员们介绍，在立功村有这样一句顺口溜，“走在立功村，晴天一身土，雨天一脚泥，要想进家门，抖掉土和泥。”在过去，村里道路交通不畅，村民对此常有怨言，迫切地希望当地政府能将村子的土路好好修整一番。俗话说：“要想富，先修路”，第一书记对于村内的这种情况看在眼里，急在心里，他暗下决心把解开群众心里的症结作为开展工作的第一板斧。经过一个多月的努力与争取，他筹措筑路资金 20 万元，修垫沙石 22.4 千米。修路期间，岳母生病住院，妻子希望他回去看望，可处于施工的关键期，他只能怀着对家人的愧疚，带领村民连续奋战 23 天，最终路修通了，民心也畅了。2016 年的中秋节，一个万家团圆欢聚一堂的节日，村民们却自发来到第一书记的家里，拿出自家的陈年老酒，感谢他为村里做出的牺牲与贡献，也感谢他能带领大家在脱贫致富的道路上不断前进。在饭桌上，第一书记与村民畅谈着未来的发展方向，欢声笑语从未间断，大家一起度过了一个意义非凡的团圆节。第一书记他热爱农村，把村民当作亲人，热心帮助困难群众，自任职第一书记以来，在他的带领下，立功村呈现出欣欣向荣的发展局面。

在“第一书记”的岗位上，他努力践行“一切依靠群众、一切为了群众”的思想理念，切实帮助群众解决他们在生产生活中遇到的实际困难。第一书记常说：“组织这样信任我，派我到村工作，我不会辜负组织的信任，领导的嘱托，我将一如既往，牢记使命，履职尽责，争取为立功村的百姓多谋福祉。”这句话在实践团队成员们心中留下了深刻印象。“温柔不谄媚，严厉无官威”，在与实践队成员们的相处过程中，他把每一个学生都当作自己的孩子一样去对待，怕他们不适应农村的环境，时时刻刻都关心他们的状况，只有这样一个认真负责的人，才能给一方百姓带去摆脱贫困的信心与希望。

## 教育承载立功村的希望

“再穷不能穷教育，再苦不能苦孩子”，扶贫先扶智是第一书记驻村以来的工作重点。因此，当实践团队来到立功村的时候，他希望通过外来的新鲜血液为立功村带来新的活力，让一直都在村子里的孩子们也能够接触到外界的事物，感受到世界的丰富多彩。立功村的勇敢小学是 15 个自然屯里唯一的一个小学，很多学生需要步行很久才能到达学校，学校因年久失修也存在着各种隐患。坑坑洼洼的黑板，龟裂的墙面，操场上长满了杂草，唯一的一个滑梯也因为年久失修被老师明令禁止攀爬，教室里甚至没有电灯。即使是在这样艰苦的条件下，孩子们的眼睛却依旧是明亮的，像是撒满星星的夜空，透露出对知识的渴求。根据学校的张校长介绍，之前学校的基础设施比现在还简陋，但第一书记来到立功村后，先后为学校更换了新桌椅和新窗户，这一切都被勇敢小学的师生们看在眼里。

在支教过程中，实践团的成员们发现，有些孩子得不到父母情感上的鼓励和关心，性格有点孤僻，不喜欢开口和支教团的成员们交流。小刘成是三年级的学生，他原本家境很好，家里的房子是村子里最好的，可是父亲的一场大病不仅花光了家里的所有积蓄，还让父亲丧失了劳动能力，而母亲也在父亲出事后不久就悄悄地离开了这个家，从那以后小刘成就再也没见过母亲。面对家庭情况特殊的孩子，实践团的成员们积极地引导、关心与鼓励他们，他们也渐渐地和成员们打成一片。在整个支教过程中第一书记全程陪同，并与实践团队的成员们就留守儿童的教育问题进行了深刻探讨，同时向实践团成员们表达了对村里孩子们的殷切希望，希望他们能够茁壮成长，通过知识来改变命运。此次的支教活动也让成员们意识到了作为当代大学生的社会责任感。团队成员张丹洋说："一直没想到离我们这么近的地方还存在着这么多需要被关爱和呵护的孩子们，明年还要再来。"

为了让爱心帮扶不是昙花一现，实践团队的成员们带来了一份志愿者名单，让孩子们可以从中挑选出一名在校大学生与之建立"一对一"帮扶关系，在以后的学习和生活中可以通过电话或短信的方式来寻求帮助，实践团队成员会定期向学院汇报帮扶进展。与此同时，团队的成员们还为孩子们带来了各种学习用品、体育物资以及心愿卡，孩子们可以把自己的心愿写到心愿卡上，实践团将面向社会寻求爱心帮扶。现在所有的孩子们均与在校大学生建立了联系，并且每一位孩子亲笔写下的小心愿也都得到了实现。

"金杯银杯不如老百姓的口碑，金奖银奖不如老百姓的夸奖。"第一书记在各级党组织特别是选派单位市商务局党组织的大力支持下，扎根基层，埋头苦干，他用自己的实际行动践行了一名共产党员的责任与担当，获得了当地党组织的肯定，也赢得了老百姓的拥护。

在立功村，在第一书记的帮助下，实践团的成员们度过了一段难忘而又充实的实践生活。经过半个月的努力，实践团队走访了 35 家贫困户，还为一个因病返贫的家庭和一名品学兼优的学生申请了 2 000 元的资助，为留守儿童及贫困家庭募集了价值近 10 000 元的物资，为立功村农业发展提供了 5 条可行性建议，并建立了农学院与立功村在支农、支教、扶贫方面的长期联系。此次实践活动受到中国青年网、巴彦县电视台、大庆网等近 10 家媒体的报道，引起了社会的广泛关注。

立功村在第一书记的带领下，渐渐走上扶贫致富的正轨，他用赤诚、实干和奉献的决心，践行着自己的誓言。把汗水洒向大地，把实惠留给百姓，努力让富民强村的硕果惠及全村的每户家庭，而他不是一个人在战斗。无数像第一书记一样的基层工作者，植根于祖国黄土大地，奉上满腔热血，献上一颗为民真心，共同谱就脱贫攻坚战定将取得胜利的篇章！我们坚信，美好未来就在不远的前方！

**八一农垦大学农学院实践团队与立功村领导合影 摄影人：王鑫**

（撰稿人：李启涛）

# 青春三下乡　助力建三江

## ——黑龙江大学农业资源与环境学院 2017 年联合实践行动纪实录

黑龙江大学科技支农团合影　摄影人：黑龙江大学科技支农团

### 初见

盛夏时节，由黑龙江大学农业资源与环境学院师生组成的科技支农团可来到了建三江七星农场。短短数日，我们便爱上了这个地方。水稻抽穗，大豆结荚。薄云遮烈日，湖山泛云雾。从广袤的田地到农户家中，从管理区、作业站到各型企业、销售门店，走访、调研、问卷、学习，大家都有着一个期望，即以己之力，支农、兴农、扶贫、振兴。

2017 年 7 月 11 日傍晚，随着站台的一声哨响，队员们乘坐的绿皮火车向建三江出发。一群人带着满腔的热血，坚定的意志，力图将所学的万卷书，书写在这三江大地上。

这是我们黑龙江大学科技支农团首次参加全国农科学子联合实践行动，未知与挑战，反而让我们信心百倍，斗志昂扬。坐一整夜的硬座，是摆在我们面前的第一项挑战。车上人员繁杂，拥挤不堪，盛夏的闷热，让队员们难以安睡，大家在交谈中熬到了第二天拂晓。

在建三江短暂的休整后，我们便立即开始了深入群众的近距离调研，采用问卷等形式，对农户、管理区及相关企业进行了调研、讨论和沟通。尽管预先做了充足的功课，也有丰富经验的导师指导，但对稚气未褪、实践经验又不足的我们来说，与当地村民开展调研与交流还是有一定的挑战性。

## 相识、相知

调研伊始，热情的村民，便给了我们极大的鼓励。“孩子你们为什么来这？”“你们以后去哪里工作？”等这些问题迅速拉近了我们与村民的距离，他们对建三江七星农场的介绍，让我们对七星农场农业生产现状有了初步的认识。

随后，我们便在带队教师高健老师的带领下，走村入户，进行调研。我们走进农户家中，了解家里的基本情况，关心村民们的经济收入、主要支出以及对现存问题的意见和建议。当恰巧遇到黑龙江大学学生的家庭时，还向他们介绍了学生的在校学习生活情况以及学校对家庭经济困难学生的资助政策，帮助答疑解惑。

实践期间，我们一行人前往黑龙江省建三江国家农业科技园区进行参观学习。该农业科技园区主要从事农产品的新品引进、研究及推广工作，以技术改进改良作物性状等。园区负责人向我们介绍了数种园区培育的改良品种，如花期长达半年的蝴蝶兰、巨大的水果黄瓜、滴灌草莓及樱桃番茄等，并介绍了三江环绕、七河贯通、地势平坦、土质肥沃、资源丰富的地域特征，以及有“东方第一稻”之誉的本地特色优良品种——寒地水稻。

大家对科技园区的实验农田、农作物大棚进行参观、考察，运用专业知识辨别作物中出现的病虫害与杂草，并与工作人员交流种植方式与注意事项，观察灌溉水渠与作物分部。我们对种植农田中的土壤和灌溉水渠中的灌溉用水进行取样留存，以便回到学校后可以进行检测，对当地的环境情况做出分析，以期依此预测当地农作物的生长情况与生产中可能出现的一些问题，提出了科学合理的意见，切实做到科技扶贫。

实践之旅的最后一天，我们在幼儿园开展了支教活动。我们一行人来到了建三江聪颖幼儿园，为大班和中班孩子们精心准备了一堂生动、形象、活泼、有趣的安全常识教育课。中班和大班的孩子年龄较长思维意识较为清晰，有一定的自我保护意识利于接受知识，并学以致用，所以团队将以团体活动的形式帮助小朋友们增长和树立安全意识。同学们将交通安全、人身安全、生活安全、防火安全等一一耐心地结合动画和图书讲给孩子们，现场互动氛围很活跃。

## 憧憬

农村稳则天下安，农业兴则基础牢，农民富则国家盛。建三江之旅让大家对此的认知进一步深化。在走访乡镇村级的调研中，无论领导干部还是普通民众，

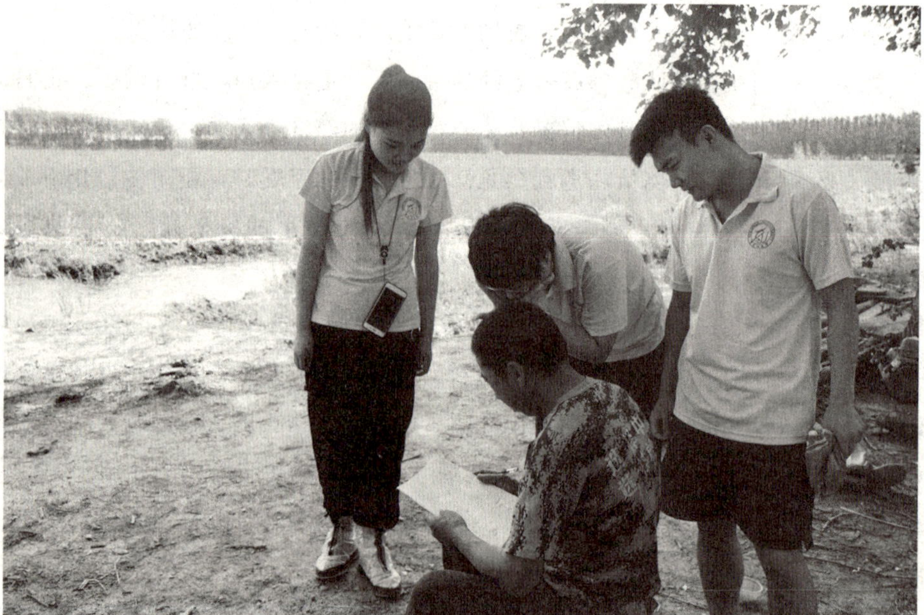

田间问卷调查　摄影人：黑龙江大学科技支农团

对于科技兴邦、努力建设社会主义新农村的信念都是坚定而充满斗志。与传统意义上的“面朝黄土背朝天”不同，现代化科技的加入使得农民的劳作更便捷、更多层次。与此同时走近田间地头，将日常书本所学、老师所讲具象化，用实践检验真理，使知识扎根于心，让我们认识国家对农村、农民、农业的关心与支持，对于如何发展农业农村现代化、如何实现城乡融合、如何推进乡村治理这三个问题，有了更加深刻的思考。此次活动不但是我们提升自我的良好途径，而且增加了团队之间的感情和默契，学习之余能够遨游于山水之间，修身与修心并进，这也让我们在实践结束之时，便已憧憬 2018 年的实践之行了！

（撰稿人：高健）

# 听　露水河镇的故事

## ——吉林大学植物科学学院2017年联合实践行动纪实录

**吉林大学植物科学学院植物保护专业“寻虫查农”主题三下乡活动**
**摄影人：2015级植物保护班级**

2017年7月，吉林大学植物科学学院2015级植物保护专业的全体师生历时整整6个小时，从长春市出发，一路辗转到达白山市抚松县下管辖的露水河镇，进行为期五天的“乡土扶贫”主题实践活动。师生们在天还未亮时就踏上了征程，大巴车沿着绵延数十里的山路驱驰，道路颠簸而崎岖，师生们却并没有因此有过半点抱怨，因为他们知道，这一次，任重道远，需砥砺前行。

## 走进乡土

吉林大学植保系的师生们在午后抵达露水河镇，稍稍休整后便立刻赶往下属的清水河子村开展相关的扶贫工作。

“村子里的扶贫工作可是块硬骨头，我们村委会都犯愁好多年了，现在总算把你们给盼来了……”在村门口迎接的村支书，一见到师生一行人便快步上前，迫不及待地向他们介绍村里的基本情况。

环顾村子四周，这里群山钟灵，绿水毓秀。山上植被繁茂，大树参天。清澈见底的河水里鱼虾往来翕忽，袅袅雾气弥散，勾勒出一派祥和安静。随行的同学们看到周围这优美的环境，心底发出一声声赞叹。但一想到这样得天独厚的自然环境优势没有得到好好利用，实在是太可惜了。于是，他们更加明确了此行的任务，也坚定了心中的信念：一定要尽己所能，全力以赴带领村民们充分挖掘、发挥、利用环境资源优势并科学、合理地提出发展当地经济的建议，让村民们摘下“贫困户”的帽子。

在简单地介绍村里的基本情况后，村支书带领师生们走进了一户村民的家里，去实地了解村民的生活状况。这户人家姓金，家中共四口人，夫妻二人以务农为生，偶尔会在村里做点零散工来补贴家用。大女儿自己在镇上念初中，小儿子则在村里小学上二年级。

简易的砖瓦平房里散着幽暗的灯光，为数不多的陈旧家电，老旧破败的家具……房子里的每一处细节都在向来客展示着这个家庭的贫苦。老金对师生们说道：“现在家里很是困难，一方面我本身就身体不太好，小病缠身，一直要吃药。早些年又因为一次意外伤到了腰，没办法像其他人那样去镇上打工，只能简单地做点农活，家里的收入几乎全靠孩子母亲。而现在两个孩子慢慢长大，学费、生活费之类需要的花销也越来越多，家庭负担越来越重，情况愈发地困难了。”

听完老金的话，师生们陷入了许久的沉寂之中。生活的重担如此直接而又残酷地压在这个小小的农村家庭上，每个人都想要奋力地改变却又无能为力。恰逢此时小儿子刚和母亲从地里忙完农活回来，一声稚嫩、清亮的童声划破沉寂。小儿子黝黑的脸蛋上沾了许多的泥土，衣服上也满是泥土的痕迹。不高的个子，小身板看起来却十分壮实，气喘吁吁的他正眨巴着眼睛，打量着师生众人。他刚放下农具，便被热心的女同学们围绕起来，有的用纸巾帮他擦拭脸上和衣服上的泥巴，有的则掏出衣兜里的糖果试图去逗他欢喜。

他的出现，让屋子里充满了欢声笑语，师生们都被他天真、善良的性格所感染。这个孩子就像被泥土所掩盖的小金块，散发着隐隐的金色光芒。这光芒，为阴暗而又简陋的屋子带来一股生机，也是这个陷入困境的家庭对未来的殷勤期望。

## 下田帮扶

第二天，吉林大学植物保护系主任刘老师提议同学们先去村民家的大田里看看，在帮助村民的同时，还能增加自己的农作实践经验，借此了解更多的农业病理学知识。久在城市氛围中长大的大学生们，平时很少，甚至没有机会接触这样的工作。现在有这样的场所与体验的机会，一个个好奇满满，摩拳擦掌，干劲十足。班级团支书主动组织女生，分为三个小队，分别负责清理田间杂物，统计病害调查情况以及协助村民们采摘玉米。

阳光透过枣树在地上映下斑驳的印记，随着从山谷中吹来的阵阵微风若隐若现。鸟鸣，叶声，清风，此刻的午间，最为怡人。在苞米堆旁边围坐的女同学们，正卖力地将苞米一颗颗地掰下来。手中那转动的苞米棒，伴随着窸窸窣窣的声音，掉落下一颗颗金灿灿的、饱满诱人的玉米粒。那去年挥洒而下的汗水与辛勤付出的心血，收获成这一片片的金黄，以及对来年丰收场景的盼头。沾满了黑土的农具木头握把上明显而深刻的裂纹，无时无刻不在向世人展现着它的岁月沧桑。闲散的鸡群，静卧的大黄狗，枝头上细碎闲语的翠鸟，一切看起来是多么的安详宁静。可生活是残酷的，因为种种原因，这样祥和的环境下，却深藏着一个个农村家庭无人体会的苦楚与无力。

在通往田间的小路上，传来阵阵的笑声。老金家的小儿子走在由班长组织的农活小队的最前面，正威风凛凛地带着队员们走向自家的田地。那挂在脸上的璀璨笑容，丝毫没有褪去的迹象。他很是享受这种领头的成就感，而且显然他已经和这群朝气蓬勃的大学生们相处得很要好了，正不断地讲述他在校园里的所见所闻和“英勇事迹”。

来到田间的同学们发现，田地里特别凌乱，并没有按照科学的方法去耕作农田，密度很大，而且种植之后也没有施行合理的栽培管理。收获之后剩留的秸秆等农业垃圾就随意地丢在了田埂旁。地间的沟垄上，旁边的草丛里，全是用过的废弃农药塑料瓶。

再看农作物，大田边缘的玉米——每一株、每一片叶子上都散布梭形的病斑。结合其病斑的颜色、大小，师生们都一致认为这是典型的玉米大斑病的症状。而玉米近地面的叶鞘和茎秆上，布满了黑色的小颗粒，叶鞘也开始变黑腐烂，看来玉米纹枯病和大斑病已经侵袭了整块田地。前来查看的师生们都为这一番景象而叹息不已，如此杂乱无序的玉米田，又怎能有好的经济收益呢?

话不多说，学生们立刻开始动手清理堆放在田间旁的植株病残体，用锄头等农具铲除丛生的杂草以及叶鞘和茎秆。与此同时，农业病理学张教授也开始向同行而来的村民小刘介绍玉米抗病品种的选用、农药的准确使用时间及用量、田间科学的栽培管理等专业知识。小刘专心致志地听着，遇上比较重要的部分还会掏出手机将张教授的话原声录下，有不清楚的地方也会反反复复地请教张教授，直到全部搞懂为止。

植保系师生的到来为露水河镇这一湾平静的湖水荡起层层涟漪，像一股清新之风，带来新的思想、新的知识、新的技术。愿此能在村落的田地中播种下智慧的种子，待来年开花结果，成就一片脱贫致富的欣欣向荣之势。

## 科学致富

在之后几天的活动中，植保系师生们同镇上随行而来的政府扶贫办工作人员、驻村书记曲书记、驻村服务队胡队长等就村民们生活上的种种困难，以及之后的脱贫致富道路进行了探讨。仔细而又耐心地向几个特别贫困的家庭介绍了农村医保、农业津贴、九年义务教育等国家惠民政策，大大小小，详细到依照哪一份材料或文件，到哪个地方去申请办理，怎么办理，都一一为村民们介绍。之后，植保系主任刘老师等又急匆匆地赶往村委会去给村民们开一场农业知识宣讲会。会场内人群熙熙攘攘，人头攒动，就连窗外也站满了人，大家只为听上一场由专业教授开办的农业知识讲座，学点专业知识，让自家的日子过得好一点，富一点。宣讲会上，刘主任从科学种植、合理水肥管理、高效益的经济作物选种等几个方面向村民们介绍了农业知识。大家伙听得分外认真，许多人都在用纸笔记下重要的内容，遇上不明白的地方，也会举手提问，他们对农业知识展现了十足的好奇。

宣讲会持续了将近两个小时，其间，基本没有村民离场，也一直都很安静，没有闲言碎语。会议结束后，随行的学生们还给村民们进行一对一的知识讲解，争取让每位村民都能了解到今天会议上所介绍的内容及知识。

通过几天的实践，结合自身实践思考，第一次下乡的同学们都体会到了科学农业、现代农业的重要性，政府的扶持更是重中之重。要加强党建工作，用党建推动脱贫攻坚，让老百姓切身享受到扶贫攻坚的好政策；要除旧换新，加强技术培训，带动了就近就业、搞活村庄经济；要以文化理念革新催生脱贫观念，将扶贫、扶志与扶智相结合，通过这样的下乡扶贫活动，为我国农村脱贫、科学脱贫贡献力量。

最后一次帮助村民们整理完庭院，大家简单地收拾下便踏上返程的大巴。村民们纷纷到村门口送别，部分村民还带了一些自家产的大枣、苹果、梨等农产品送给师生们。老金家的小儿子也站在路边，依依不舍地和哥哥姐姐们挥手告别。

大巴车渐行渐远，同学们透过车窗回眺这个待了五天的村子，不舍之情油然而生。村民们世世代代生活在这片土地上，心上早已镌刻上特属于这个地方的烙印。他们热爱这片土地，隽永而又无私的爱让他们心甘情愿为之倾洒自己的汗水及心血。然而外面瞬息万变的世界和永不停歇的时代更迭，让他们闭塞的村庄变得落后，生活也愈发的艰辛、困难。他们渴望改变，渴求幸福的生活。但不幸的是，环境给予了他们生活的绝望，却没有赋予他们改变的能力，能做的，仅有无声的呐喊。这个村子，是这个地区的一个小小的典例，却也是整个中国乡村普遍现状的缩影。正是交通的阻塞、生态环境的制约、教育科技的落后、人才的缺乏等因素，造就了中国的贫困户。

师生们此趟的行程，时间只有短短的五天，可意义却非凡。回程中的师生们，除了离别时的感伤，更多的是经历了这几日的所见所闻之后，心中难以平息的万般思绪。大家心中都怀揣着一颗颗如初升的晨阳一样、为广大中国乡村贫困户服务的赤诚之心，他们相信纵使现在中国还没有实现全面小康，部分人民还在为简单的生计而奔波劳累，但大家有信心，也有理由相信，在国家政策的大力支持之下，在情系贫困人口的广大政府工作人员的全力奋斗之下，在全校师生、社会人士的鼎力帮助之下，中国的贫困户终会有全面脱离贫困，过上幸福小康生活的一天，我们伟大的脱贫攻坚事业也终会取得辉煌胜利！

**吉林大学植物科学学院植物保护专业“寻虫查农”主题三下乡活动合影**
**摄影人：2015 级植物保护班级**

（撰稿人：刘旖璇）

# 好田　好故事

## ——吉林农业大学农学院 2017 年联合实践行动纪实录

**吉林农业大学精准扶贫团队合影　摄影人：周洋 胡力琰**

如今精准扶贫工作在我国各个省市正如火如荼地进行着，精准扶贫已不再是传统意义上扶贫的范围和内容，而是要变“输血”为“造血”，由之前单纯的物质帮助转换为生存技能的培养；由以前直接保障生存权向保障经济自由权过渡；由生存权保障兜底逐渐过渡和转化。为庆祝中国共产党成立 96 周年，深入学习习近平总书记重要讲话精神，吉林农业大学农学院积极响应全国农科学子联合实践行动号召，以“走进乡土乡村，助力精准扶贫”为主题组建了对好田村精准扶贫调研实践团。

## 精准扶贫，我们在路上

2017 年 7 月 21 日，怀着激动的心情全体实践团成员踏上了前往好田村的大巴。经历了漫长路途，下午 7 点到达本次精准扶贫实践地点——白城洮南市那金镇好田村，好田村位于吉林省的西北角，虽然村名叫好田，但是有“名”无实，村里的田地收成并不乐观。土地是农民的根，孕育着一方乡土一方人，而无沃土可以导致村内有许多人家很难摘掉“贫困户”的帽子，日子总是贫苦无助。

到达目的地后，远处是高高的山，所处之地也都是高高低低的山包丘陵，各种一块一块儿的田里种着不同的植物，玉米是最多的，还有一片儿、一块儿不知是什么树，偶尔还有几个冷棚，和地形一样错综复杂。就连我们的住处，也是在一座小山的半山腰，在屋子里就可以看到不远处的村庄的轮廓。大巴艰难的开到了山坡上，大家互帮互助将所带行李搬到屋子里住下。晚上，大家熟悉了这个驻地后，领队为我们安排了接下来实践过程中的工作任务，组长给调查问卷组人员开会，详细说明调查内容和注意事项。舟车劳顿，本应睡得很香的一个晚上，却难以入睡。

## 精准扶贫，我们有力量

7 月 28 日，实践团队来到好田村村委会，当地脱贫攻坚队队长朱女士对我们的到来进行了短暂的欢迎后，诚邀我们一起参加脱贫攻坚会议。在此次会议中，我们了解到了好田村发展的大致情况，也看到了目前政府所施行的一些脱贫政策。7 月底到 8 月初正是好田村进行脱贫考核的重要时间段，我们受邀参与到他们的脱贫工作中来。在协助村内各组负责人整理资料时，我们大致对于该村的经济有了一定的了解。该村每户的人均收入基本已经达到当地政府所要求的脱贫标准，但该村农户现已大多不从事农业生产，农户绝大多数的收入来源于外出打工。除此之外，该村的医保卡已经全面普及，给农户的健康带来了有力的保障。当整理完资料返回居住地之后，团队成员把好田村各组的农户资料汇总，并进行讨论。此次讨论过后，我们决定再以问卷调查的形式，更深入地调查好田村的基本情况，以便为我们的实践提供更多的信息。根据调查结果，我们初步得出结论：好田村已经初步脱离贫困水平，但精壮劳动力多在外地打工，人口流失严重。当地土地资源大多流转至合作社，且缺乏务农人员。经团队成员们多次深入好田村考察并了解到，2016 年，我校在好田村建设玉木耳大棚 4 栋，总面积 1 600 米$^2$，部分专业学生利用实习实践的机会投入到当地的生产生活中，给好田的村民提供技术服务，共计产出玉木耳干品 1.2 万斤，销售收入 60 万元。项目所得净利润除了用作木耳项目启动资金外，其他部分作为红利发放给贫困户，实现贫困户全覆盖，累计发放 13.6 万元。

## 精准扶贫，我们有想法

在 7 月 29 日，我们小组跟随脱贫攻坚队的成员到达各组的公共区域，开展了清扫活动。随后，我们分组后联系就近农户，和农户进行了简单的交流。在交流中，我们发现该村农户之所以把目光从农业生产上移开，是因为有些农户对当前的现代农业持观望态度，甚至有些老农户依然坚持传统农业生产，微小的收益和生活上的压力迫使他们放弃了农业生产。在 7 月 30 日至 8 月 1 日，我们携带调查问卷，深入村中进行入户走访调查。我们调查了全村户主的基本情况、农户基本情况、以及农户的生产经营情况。我们将调查所得到的信息，之前在协助脱贫攻坚队时整理的农户资料进行比对，确认无误后，完成了我们的社会实践调查问卷。在完成了调查问卷之后，我们又与当地村民进行了深入的交谈，了解到村民家中的现状，以及农产民种植的一些基本情况，也了解到他们对于玉木耳种植的一些想法及存在的疑惑等。在此次走访中，我们深入了解到，如今在学校的帮助下，好田村硬件设施提高了不少，最重要的是玉木耳产业在这里生根发芽。好田村的老村部院里建了玉木耳的整条生产线，南边是生产菌包的地方，西边是生产木耳和晾晒的地方，北边是包装，这样顺时针转半圈就能达到 40%左右的利润。“玉木耳项目是吉林农业大学李玉院士团队提供技术支持的，除此之外农业大学提供的吉林白鹅也为村里增加了收入。”得到实惠的村民感激地说。

## 精准扶贫，我们有希望

在社会实践开展过程中，为响应中央关于实现“中国梦”的号召，实践团队还开展了关爱留守儿童系列活动。实践团以“喜迎十九大 · 青春建新功”为主题，通过开展丰富多彩的文娱课程，给当地留守儿童的暑期生活增添一抹亮色。我们也根据自己所学的知识，发挥农学专业的特长，教孩子们认识植物标本，让他们亲手绘画，感受植物世界的美丽缤纷。低年级的学生总是充满了好奇心，也非常的聪明、有创造力。他们会把标本贴在窗子上让阳光透进来，仔细观察植物的形态特征；在制作种子贴画的过程中，孩子们绘画喜欢的图案后，再用中意的种子贴上去，做成一幅幅精美的工艺品。而高年级的孩子们则以团训形式来加强他们团队合作意识，给自己小组取名、喊口号、唱团歌、戴团徽。还有绘制小花盆，我们让他们每个人在小组的小花盆上绘画植物，并且栽种上喜欢的植物，放在教室里观赏。

## 精准扶贫，我们永不止步

“雄关漫道真如铁，而今迈步从头越。”暑期社会实践活动也在 8 月的即将到来中接近尾声，清晨的田间格外的宁静，回想起这段时光的点滴，我们在村里的

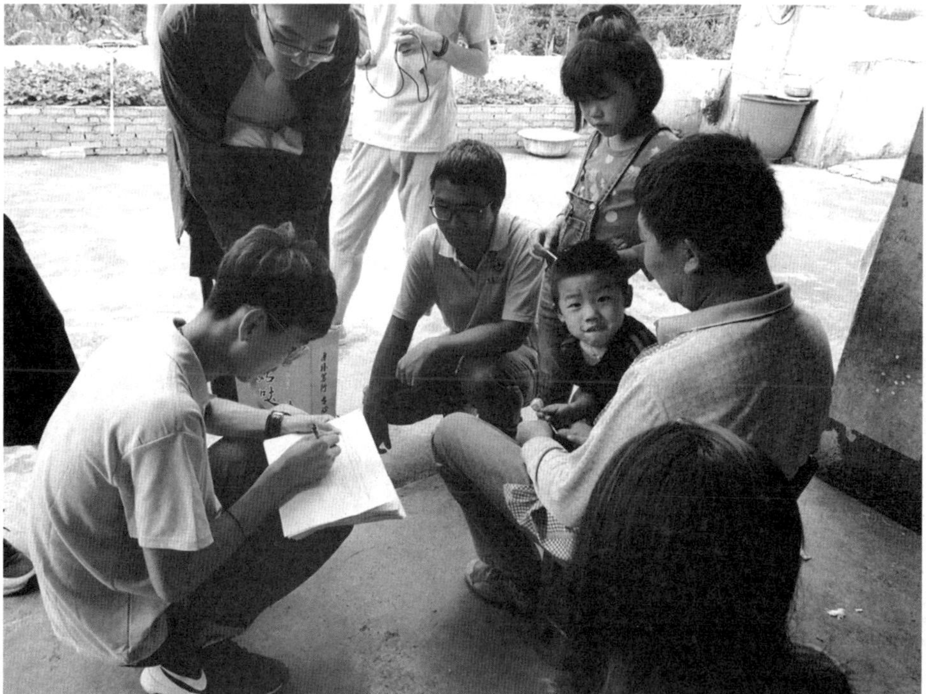

关爱留守儿童活动留念　摄影人：周洋　胡力琰

生活也要画上句号了，感谢这段珍贵的实践经历，它让我们创造了青春的价值，找到了奋斗的方向。通过此次实践活动，也让我们这些学农的同学们体会到了技术支农、技术抚农的重要性。接下来我们会更多地走出校园，面向基层，服务基层，尝试用自己的视角捕捉贫困农村发展的症结，在实践活动进行中提高自己的综合能力，为将来更成熟迅速地融入社会、投入“三农”事业打好基础。走进乡土乡村，助力精准扶贫，我们的脚步永不停歇。

（撰稿人：梁佳煦　马立坤）

# 扶贫更是一种情怀

## ——沈阳农业大学农学院2017年联合实践行动纪实录

沈阳农业大学首发实践小队　摄影人：何大卫

有这样一群人，他们扎根农业，在美好的年华里刻苦学习农科知识；有这样一群人，他们心系农村，在青春的岁月里认真钻研田间试验；有这样一群人，他们梦牵农民，在静谧的时光里坚定踏上助力乡村精准扶贫之路；有这样一群人，他们有一个共同的名字叫农科学子，有一个共同的称谓叫“我们”，背起行囊，心怀希望，带着相同的愿望与憧憬，奔向那些需要我们的远方。

时隔一年，2016年联合实践行动的场景仍历历在目。在秉承2016年全国联合实践行动的号召，在辽宁学联高度认可、各地政府大力配合、省市道德模范代表和学院老师悉心指导、各大媒体着力协助下，沈阳农业大学农学院调研团历时43天，分7条支线分别赴辽宁省10个县城和内蒙古自治区，同步开展农村扶贫现状调查、农业科技普及和创新扶贫支教活动。其间，我们共调研了30个行政村和143个自然村，实地走访400余户，完成调研问卷200余份。调研走访全程了解农户脱贫现状及愿望，聚焦农村贫困问题，收集并分享了大量专业扶贫案例，针对各村脱贫状况进行调研分析，从而有针对性地解决贫困问题，为扶贫事业注入有力的强心剂。在短短一个月的时间里，我们带着青春的气息，满怀感恩的心愿走进贫困地区，奉献点滴力量，将这份情怀洒满辽沈大地。

为了更好地开展2017年联合实践行动，弘扬“走进乡土乡村，助力精准扶贫，讲述扶贫故事”的志愿精神，引导我们青年学生发挥专业优势，组织科技支农、教育关爱志愿服务活动。我院以“聚焦农村发展现状，践行‘两学一做’”为题，以“实践拉近距离，责任筑就理想”为指针，以夯实学生专业思想为目标，广开渠道，创新思维，组建了2017年全国农科学子联合实践沈农调研团。带动更多农科学子关注“三农”问题，懂农业，爱农村，爱农民，坚定献身祖国农业现代化的理想。七月骄阳的热浪下，我们用热情抒写了那一个个名为青春的故事。

踏上旅途，窗外的风光迥异别致，循着蜿蜒的阡陌，千里沃土，重峦叠嶂，我们好似乘着祖国复兴的千里马日夜不停地奔腾，又似伴着时代前进的时钟争夺分秒地滴答。和着国泰民安的节拍，我们从沈阳农业大学农学院出发，大城小镇，由市及县，从县至村，直到辽宁的每个角落，如同从心脏延伸出的血管，流淌充盈着一股股洋溢青春朝气的热血。

习近平对我们青年学子寄予了厚望，“中国梦是历史的、现实的，也是未来的；是我们这一代的，更是青年一代的。中华民族伟大复兴的中国梦终将在一代代青年的接力奋斗中变为现实。”“农，天下之本，务莫大焉。”农业、农村、农民问题是关系国计民生的根本性问题，要实现伟大的中国梦，首先要解决好“三农”问题。不去实践，就难懂生活的辛劳；不去参与，就不解真实的社会。与车水马龙、鳞次栉比的城市相比，农村在基础设施建设与物质文化生活上都远远落后。我们实践队的很多队员都是生于城市长于城市的“城里人”，对于农村缺乏认识和了解。但是我们也深知作为农科学子，怎能不食人间烟火，不知民间疾苦？

颠簸的路程不能阻挡我们的脚步，倾泻的暴雨不能折断我们的双翼，泥泞的道路不能泞陷我们的双脚。现在，我们正在向着梦想出发。深入农村、亲近农民、亲近土地，这一点对于每一个农科学子尤为深刻和重要，学院开展的暑期实践宣讲会上被激发的一腔热血仍在心中汩汩流动。我们用心学习、领会习近平总书记精准扶贫系列讲话精神，用双脚丈量贫困地区的现状，用双眼观察地方政府扶贫的举措与反响，用双手奉献点滴力量。只有真正心系三农问题，扎根于土地，才能让“精准扶贫”不再仅仅是一种宣言，而升华为一种态度、一种信仰、一种情怀。农民需要我们、农村需要我们、农业需要我们，沈阳农业大学农学院的学子就应该一马当先，站出来，为祖国出力，到最需要我们的地方去。

## 产业扶贫是根本

“故人具鸡黍，邀我至田家。绿树村边合，青山郭外斜。”这就是我们第一次到辽宁省本溪市草河掌村市的真实感受。四面环山，雨雾缭绕；树木葱郁，鸟语花香；房屋零星，民风淳朴。大地孕育的儿女也如风景一般美好，他们都有着黝黑的肤色、健壮的身体、真诚的笑容、淳朴的品质。兴许是心情激动，又兴许是人文感染，总觉着这里的一切都是美好的。

淅沥小雨过后，在七色彩虹桥下，我们遇见了这位坚强的赵兰妈妈（化名），很投缘地话起了家常。这个低保户家庭因为丈夫的离开更加贫寒，孤儿寡母生活飘摇，懂事的儿子是兰妈妈唯一的精神支柱。扶贫干部了解情况后及时向政府反映，在政府的帮助下，兰妈妈建起了鱼池。养殖的虹鳟鱼和金鳟鱼是本村的特色农产品，收入大大减轻了生活压力。后因未知原因造成鱼的品质下降，销路受阻。帮扶人将情况反馈给政府部门，检查部门的干部很快过来取样调查并进行分析。我们的调研团队也十分重视这一情况，回到学校后寻求相关专业老师的帮助，尽力为这个家庭寻找一些水产养殖方面的资源和技术指导，帮兰妈妈解决一些实际问题。当我们询问还有哪些困难时，这位妈妈满带笑意地拉住那位扶贫干部胳膊说：“不用了，这些年我有问题了就找她，很快就能帮我解决，她不嫌我们母子俩麻烦，一次又一次地帮我们，真的很感谢有这样的干部让我们依靠。”听到这里，我们明白了，扶贫不仅仅是一种事业，更是人与人间最简单的情分，当这种情分发酵为一种情怀，天地至善。

天高云淡、水草丰美、鱼肥稻香、人杰地灵是大冷镇的名片。这里拥有着大清沟、小青沟、二库、盘山楼四座水库，开发了具有“天下奇沟”美称的大清沟旅游区和盘山楼旅游区，带动着乡镇的经济发展。为打造优质大米生产地，在扶贫干部的推动下，全镇2万亩水田全部采用自流水灌溉，所产的优质大米被国家认定为“绿色食品”，远销北京、乌鲁木齐等大中城市，有效提高了农户平均收入水平，让农民在科技的进步中获益，了解当地农业经营模式的创新方向，并将最新的农业产品宣传起来，让他们感受到科技进步的成果。

此外，本镇大力发展果蔬业，盘山楼千亩果园盛产的苹果梨、南国梨因其味美甘甜而获省级金奖，很多商家慕名前来购买，大大提高了本镇农民的种植信心和收入。一提到农村、农业和农民，不少人脑海中浮现的是“面朝黄土背朝天”的场景。其实这只是传统农业的“标准像”，而现代农业是以高资本投入为基础，以工业化生产手段和先进科学技术为支撑，用科学的理念来管理农业形态。与传统农业相比现代农业可谓“脱胎换骨”。在这样的时代背景下，更加呼唤有知识、有文化的年轻人投身三农。在扶贫干部张恒（化名）的带领下，我们专门参观了水田灌溉设施以及苹果梨和南果梨基地，整齐划一的农田种植、现代化的农田技术让身为农科学子的我们倍感自豪。采访他关于坚持扶贫的原因时，他开心地对我们说：“农民脸上洋溢的笑容是对我们工作最好的回馈，也是我坚持的唯一原因。”

行走在平坦的柏油马路上，看着村落两旁新盖的平房，望着田间写有特色农产品的插牌，真切地感受着东官营镇海丰村喜人的产业扶贫成果。305国道和北保铁路在本村通过，因而交通十分便利。扶贫干部李鑫（化名）利用带领农村合作社发展的多年经验，全力推动本村特色产业发展。他带领扶贫团队，投资卫生室、整改破旧房屋、修建运输公路，改变了贫困户住房差与出行难的问题，为产业扶贫铺路。之后李鑫同志深入推进“1+4”产业扶贫和“442”生态产业扶贫。据了解，2016年海丰村共有78户贫困户加入扶贫养殖合作社，发展养殖业产业项目，合作社返利资金通过“一卡通”的新形式发放到贫困户手中，共发放返利资金3.36万元。巨龙公司在海丰村利用流转土地种植高粱、大豆等农产品作物，有劳动能力的贫困户和一般农户以务工的形式参与，既增加了农村就业率，又增加了农民收益。年末，巨龙公司为有流转土地的贫困户每户分红 1000 元，同时分红给村里 5 万元，作为村级集体经济收入。除此之外，扶贫团队还定期去贫困户家关心生活，宣传政策，协调解决生产生活中的实际问题，使他们鼓起生活的勇气，增强脱贫的信心。扶贫干部团队任劳任怨地服务着他们，农业生产知识一点一滴地浇灌着他们，功夫不负有心人，农民们的腰包鼓起来了，头脑“富”起来了。

时代是思想之母，实践是理论之源。脱贫攻坚空喊口号不行、盲目蛮干不行、胸中无数更不行。“一屋不扫何以扫天下”，对于想从事本专业工作的学生来说专业知识就是万事的根本。实践中我们到基地、下农村，过程中感受到自身专业知识的匮乏，第一次近距离了解全机械化智能化生产的发展模式，看到了一个传统农业外崭新的领域。产业扶贫引导和支持所有有劳动能力的人，依靠自己的双手去创造美好生活。“宜农则农、宜牧则牧、宜商则商、宜游则游”是产业扶贫的准则。通过分析我们能够了解到，产业扶贫是精准扶贫战略顺利完成的根本，是精准扶贫和基础扶贫的有效途径。

## 精准扶贫是关键

“全面建成小康社会，最艰巨最繁重的任务在农村，特别是贫困地区。没有农村的小康，特别是没有贫困地区的小康，就没有全面建成小康社会。”习近平总书记告诉我们要增强做好扶贫开发工作的责任感和使命感，找到“贫根”，对症下药，紧抓六个精准，即扶贫对象精准、项目安排精准、资金使用精准、措施到户精准、因村派人精准、脱贫成效精准。同时我们任何时候都不能忽视农业、忘记农民、淡漠农村，这是国家意志。作为一名有理想的青年，作为一名农业大学的学生，我们更应该响应国家号召，有责任、有担当、有作为，用自己热情似火的青春年华驻守农村，用自己挥汗如雨的实干精神助推这份情怀，用自己与时俱进的创新精神带动农民发展。

北邻内蒙古自治区，位于辽宁省西北部的哈四村，蓝天碧草愉悦心情，清新空气沁人心脾。“以前住的是土房，每到下雨天外边下着大雨，屋里下着小雨，现在好了，政府出钱，给盖了新房子。”走访的贫困户荣清（化名）大爷对我们说。危房改造的惠民政策让生活拮据的他们一家住上了宽敞明亮的大房子，妻子患有精神疾病，上有年旬八十八的老母要照顾，下有年幼的女儿要抚养，生活的重力压弯了他的腰。家里的收入全靠他一个人，而主要的经济来源就是耕地，近几年来该地区大旱，庄稼的收成很是微薄，难以维持家庭的正常开销。在扶贫干部以及政府的各项扶贫政策的支持帮助下，荣大爷开展畜禽养殖。从前期的培训、资金的收集、品种的筛选、喂养的场地以及后期的销售，帮扶人级级把关，顺利帮助荣大爷脱贫。一对一精准帮扶更有实效性，满足了贫困户对美好生活的需求，有效提高了农户脱贫率。

时光荏苒，不知童年时的土坯小屋是否还在，想看看老家门前的小杨树长高了多少。载着岁月的小舟，我们来到了喀喇沁镇高杖子村。在调研成员幼时的记忆里，这里的土地很贫瘠，作物收成很不好；这里的交通不便利，发展很落后。走在熟悉而陌生的道路上，不变的是，邻居家的老爷爷身体依然健朗，笑容依旧亲切。雨水的冲刷让土坯房破败不堪，为了居住安全，帮扶干部小杨（化名）同志帮助老人修建了砖瓦平房。考虑到身体状况和农业收入，老爷爷听从小杨叔叔的建议，自己养起了小毛驴。据了解，村里会定期培训养殖技术，帮助他们生态化养殖。村民们会互相交流养殖经验，两三年饲养下来，每户家庭的经济收入明显提高。大力发展生态农业，村里的生态环境也因此得到了改善，提高了人民青山绿水就是金山银山的意识，可谓是一举两得。

穿梭于羊肠小道间，裤管上不知何时扎着许多久久不愿离去的苍耳，这是农村送给我们的礼物。小道转折点正赶上帮扶人走访农户，我们一同走近他们，聆听另一个美丽故事。“大娘，腿好点没有啊？”一句温暖的话敲开了大门。身体硬朗的老奶奶出来迎接我们，笑容憨态可掬，但脸上爬满了皱纹，头顶布满了银发，原来已有 95 岁高龄。因儿媳疾病缠身，仍需照顾其起居生活，这就导致家中唯一的劳动力无法外出打工，而农产品销售价格不好致使家中收入紧张。聊天中了解到，帮扶人一方面帮助寻找提高质量的农业技术和农作物品种；另一方面联系销售渠道，拓宽销售市场，加之政府补贴大大减轻了家庭的医疗压力。相信在政府脱贫战略的支持下，老人们完全脱贫之路即将抵达终点。我们相约，在老人 100 岁时再来看望她。那时的我们会继续为扶贫事业贡献力量，那时的他们生活已经达到小康水平。

一万个贫困户可能就有一万个致贫原因，一方水土难养一方人。扶贫道路上不能落下一个贫困家庭，丢下一个贫困群众。空谈漫灌，都是不可取的。打赢脱贫攻坚战，关键在于因户精准施策，精确到贫困户，解决精确的贫困问题。“物有甘苦，尝之者识；道有夷险，履之者知”。投身“三农”凭的不仅仅是一时的激情，更需要长久坚持与付出，让这份情怀落地生根。

## 基础扶贫是基石

“努力使全体人民学有所教、劳有所得、病有所医、老有所养、住有所居。”温家宝总理的讲话中足以体现医疗和居住等基础保障对民生改善的重要性。较城市而言，农村交通不便、空巢老人居多、基础设施薄弱、医疗水平较低、教育水平不高、人才流失严重。没有医疗教育和居住保障的农村，没有健康体魄和安全住所的农民，只会是贫上加贫。调研期间，我们在乡间一路走来的汗水与苦涩都已经变为内心的喜悦和美好的记忆，青春就像一颗种子，已经在这片土地上生根发芽，未来的我们将会怀着这份赤诚的心为这片土地注入新的营养，成就不一样的乡村！

我们一行人来到了地处偏远山区的凌源市魁胜店村，这里的人口流动较少，衔接城乡的道路只有一条，也只有一趟客车来往。搭着专线客车，一路颠簸，望着窗外美丽的风景，思绪缓缓飞入了远处大山。一路上我们并未看到大型医院，也没有看见小学和初中。在村民的热情带领下，穿过一条乡间小路，我们来到了扶贫干部张广（化名）的家中。朴实的他正在农家小院里喂牛，看到我们很是开心。我们采访他关于本村脱贫问题时，他说：“80 年代村中没有大型的医疗机构，合格的卫生员数量较少，医疗设施不完善，农户看病难，没有保障，很多农民小病不治，大病扛着，造成很多慢性疾病和突发性疾病发病率增高，治愈率较低。我是看在眼里，急在心里呀！为了贫困户的医疗保障，我尽全力帮助他们。”

远处砖瓦平房的主人是一对年逾 70 的老夫妻，他们就是张广同志的帮扶群众之一。据了解，老夫妻 40 多岁的儿子幼时生病，因医治不及时伤及智力，现在生活都不能自理，家里的主要经济来源就是务农，被列为低保户。好在政府及时发放医疗等补助，且在张广同志的帮助下，家中的经济压力得到减轻。现在本村的基本医疗设施完善，更解决了农户看病难的大难题。

百年大计，教育为本。在与帮扶人入户走访过程中，我们深刻体会到科教兴国战略实施的重要性，真切感受到农户对教育的渴望。来到热情的梁文（化名）阿姨家中，她亲切地跟我们聊天，夸赞国家的惠民政策，聊教育话家常。她说，一年前家中遭遇重大变故，孩子们被迫辍学在家做农活。闲暇时间，孩子们依旧在复习之前的课程，每每看到此景，作为母亲都十分自责。穷啥不能穷教育，穷啥不能穷孩子，她最大的愿望就是让孩子们好好读书。如今在镇政府和村负责人员的帮助下，孩子们在国家教育补助和助学贷款资助下顺利在大学就读。不仅愿望很快实现了，房屋还进行了重建改造。几个月的时间，摇摇欲坠的土坯房摇身一变成为了坚实安全的水泥房。静谧的阳光透过玻璃映射在阿姨的脸上，笑容更加暖人。离别时，阿姨不忘叮嘱我们发奋学习，为农业现代化的实现认真读书。

门前的篱笆小田里种着各种蔬菜，绿的、红的、紫的，飘扬的阵阵音乐声吸引着我们。走近一看，一位老爷爷正在用自制的民族乐器随性地弹奏着音乐，老奶奶在旁悠闲地收拾着小院子。这是一家满族老夫妇，热情地邀请我们进屋做客。刚进门，明净的房屋、整洁的家具映入眼帘，与房屋背后破陋的危房形成鲜明的对比。坐在凉凉的炕头上，像回到了天真烂漫的童年。我们聊起了 2016 年的生活，谈起脱贫状况和扶贫干部的走访，大爷大娘眼中满含泪水，激动地说："政府想着我们呐，去年政府帮助改造的这个房子为我们老两口遮风挡雨，孩子们常年不回来，政府就是我们的亲人。"听到这里，我们一行人动容，纷纷安慰老两口，询问还有啥脱贫愿望。奶奶说，2016 年她太幸福了，现在最大的愿望就是希望我们明年再来做客。离别在即，不舍这农家小院，不舍这悠扬音乐，更不舍这质朴老人。

脱贫攻坚战略的实施如同修建房屋，地基不牢固，房屋就会有安全问题。如果基础扶贫工作开展得不扎实，脱贫房屋就会消耗更多的物力和人力来修护。一步到位，增进民生福祉，保证贫困户有更多获得感。

从村民的温暖话语中，我们听出了对扶贫干部的信任，看到了坚持专项扶贫和产业扶贫的喜人成果，了解了脱贫愿望以及对政府和扶贫组织的期望。从扶贫干部的体贴行动中，我们看到了人民干部的责任与担当，看到了打赢扶贫攻坚战的光明，看到了美丽中国梦实现的未来。干部与农户的交往，让沈农学子切身感受了鱼水之情、不是亲人胜似亲人的感动。这样的扶贫干部才是国家和人民所需要的，他们用点滴行动坚持实施脱贫攻坚战略，用感人情怀支持着“三农”发展。

古人云：“食为人天，农为正本。”毛泽东同志说：“农业生产是我们经济工作的第一位。”可见，农业生产在实现国家强盛、民族兴旺和人民幸福的中国梦过程中的重要地位。行是知之始，知是行之成。2017 年全国农科学子联合实践沈农调研团流传这样一句话：“每件事情都是在我心里觉得我应该去这么做，而且这么做我特别地开心，不管是什么情况，我都接受。”30 天的来回奔波，13 天的沉淀整理。没有抱怨，没有放弃，有的只有坚持和前进。调研成员吃苦耐劳，勇于担当，充分发扬了农学学子精神，用实际行动践行了“求真务实，力耕济世”的院训。运动鞋上的黄土泥巴是大地的味道，衣服上晶莹的雨滴是天空的味道，偶落口袋的青翠叶子是树林的味道。我们从不轻视行动的力量，只要用心去做，定能不负所望。深入农村、走近村民，真切地了解了农户生活现状，更多的是精神食粮的收获，我们意识到脱贫攻坚战略实施对农村农民的重要性，我们立志发挥两学一做精神，助力精准扶贫，为扶贫事业贡献自己的一点点力，为建设美丽乡村、美丽中国散发自己的一点点热。

“各美其美，美人之美，美美与共，天下大同。”共产主义是我们追求的最高理想和信念。贫困问题一日不解决，“三农”问题就得不到彻底解决，全面建成小康社会的总目标就无法实现，美丽乡村的建设就无法完成。情绪总会被一些意料之外的人和事所感染，思考和感悟也总是油然而生，情怀和羁绊也来源于此，生命的底色大概就是泥土的颜色吧！走进乡村，希望你裤管上挂满泥土，心中一腔壮志，调动自己所有的感官去感受一片乡土，一方人情，行走在国家和人民最需要的地方。走出农大，希望你铭记肩上的责任，身上的重担，从容独立地面对社会，踏踏实实地付诸行动，要像泥土般厚重坦荡，而不似尘埃般高蹈轻浮。奉献自我，此时此刻，就在这里，就在当下！

沈阳农业大学实践团入户调研　摄影人：何大卫

（撰稿人：郭瑞　郭炳茹）

# 华东片区

在中国，有一处，生命、文明在这里绵延不息，贫困、苦难在这里暗自滋生，这里，名为农村，神秘又沉默。

响应着精准扶贫的召唤，带着对泥土的记忆，他们选择了逆向而行，涉足千里，踏上了这片热土，试图了解真实的乡土乡野。

道阻且长，属于青年人的青春实践舞台已然拉开帷幕。

# 青春建功新农村　实践放飞中国梦

## ——安徽农业大学农学院 2017 年联合实践行动纪实录

**出征仪式　摄影人：仇飞**

2017 年 7 月，安徽农业大学为响应全国农科学子联合实践行动的号召，秉持大别山道路精神，拉开了农学院暑期社会实践的帷幕。此次社会实践以“喜迎十九大，青春建功新农村”为主题，旨在响应国家政策、落实相关基础建设，培养真正“懂农业、爱农村、爱农民”的农学学子，在生动实践中放飞青春激扬的伟大中国梦。

经过层层选拔，最终有一支校级重点团队、三支校级团队及五支院级团队成功立项。团队成员们怀揣着服务三农的理想信念，奔赴安徽省各地开展为期半月的暑期社会实践活动。

## 星星之火 可以燎原

2017 年 7 月 13 日，安徽农业大学青年农场主班青联壹品团队成员走访了长丰县青峰岭有机富硒蔬果合作社。

不同于大部分毕业以后进入大城市谋求发展的年轻人，合作社社长张伟（化名）带着对泥土的记忆，选择了逆向而行——回到自己生长的农村做一名“新农人”。从最初的承包鱼塘，到此后依托鱼塘、利用大棚种植草莓，张伟一步一个脚印，走上发展休闲农业的道路，此间辛苦不足为外人所道。

张伟的理想不仅仅是自己一人富起来，而是心怀大爱，想要带领村民共同致富。2011 年，他发起了合肥青峰岭有机富硒果蔬专业合作社，带领村民们进行有机果蔬种植。2012 年，青峰岭村草莓种植户达 30 余户、种植面积达 100 余亩，总营销额 200 万元，合作社户均增收近 2 万元。但张伟没有就此停下，他踌躇满志地带领村民不断发展、壮大合作社，让它成了村里的致富平台。目前，合作社共有社员 132 个，其中 32 个是贫困户，他们有些跟着张伟一起种植果蔬，有些通过打工拿着固定薪水。

在各级政府的支持下，合作社创业过程中遇到的土地、资金及技术问题都得以顺利解决。2011—2012 年，长丰县扶贫办提供资金 70 万元，支持合作社基础设施建设；合肥市供销社也联系专家进驻合作社，建立示范基地，提供技术支持。随后，张伟还想搭建“互联网 + 农户”平台，让更多有劳动力的村民和合作社合作，由合作社进行前期投入、技术指导和产品销售，农户只需要参与生产。他说：“这样既可以减少农民的风险，又可以增加农民收入。怎样让返乡回来的村民有事做、有稳定收入，这些事我们一直在思考，有的想法现在已经在践行了。”

一个人的力量虽然有限，但星星之火，可以燎原。中国正处在实现社会主义现代化的伟大进程中，作为国民经济基础的农业也在其中。为实现农业现代化，实现精准脱贫、乡村振兴，上千个、上万个像张伟一般的新农人扎根农村，创业改革，前赴后继地向着这个理想目标而奋斗。我们的力量虽渺小，也愿投身于其中，披星戴月，挥洒汗水，立志为农。

安徽农业大学实践团队始终坚持认为，“三下乡”的主体是志愿服务，团队要以自身为桥梁，成为连接地方资源与学校创业团队的枢纽。为此，学校大力支持学生组织开展文化、科技、卫生“三下乡”活动，让青年学生能够积极服务于社会主义美好乡村建设，提升大学生综合素质，培养有诚信、有自信、有责任、有能力的“四有”安农人。通过“走基层、访典型、树信念”的主题活动，鼓励大学生结合自己所学服务农村、投身农村建设，通过“三下乡”暑期实践活动了解国情，增强大学生的社会责任感和使命感，树立远大志向，坚定理想信念，对“农村、农业、农民”有赤忱之心，在学成之后能投身到农村建设中去，为我国扶贫事业添砖加瓦。

走访调查、发展农业需要恒心，能持之以恒地扎根农村调研；需要信心，能坚定不移地迎接资金、技术的挑战；需要“野心”，能不畏失败地尝试新型技术、管理营销模式的革新。在张伟创业故事的启发下，未来我们也将继续探索志愿服务与创新创业有机融合的下乡与服务模式，拒绝只听听看看，不动动做做，真正将实实在在的好处带给地方。

## 党与人民　同心同行

2017 年的暑假，安徽农业大学的实践团成员们奔赴各地，了解当地农业生产情况与扶贫脱贫政策，实践成果遍地开花。

2017 年 8 月 10 日，安徽农业大学青年农场主班青联壹品团队前往明光市。此行在了解当地相关情况的基础上，以安徽农业大学为依托，进行批量种植玉米的实验，利用轮耕种植模式提高土地利用率、增加农民收入。明光当地坚持走生态绿色道路，种养结合。将羊粪作为有机肥施入玉米地，提高土壤肥力的同时产出绿色天然农作物，而玉米秸秆搅碎可以作为羊群的食物，资源循环利用、生态环保，农户也可以降低成本、增加收入。

在走访调查中，团队成员了解到当地政府在政策及技术资源上对残疾人士的支持与帮助。当地建立了残疾人创业就业组织，积极解决残疾人士的就业困难，并给予残疾人士最好的创业资源，为他们免费提供技术支持、对接学校科研团队及各大销售平台，实现从生产到销售一条链上的全面支持，让他们看到希望和阳光，有信心面对生活，为社会做贡献。完善的社会体制体现了人性化社会体制改革，像这样的实例远不止于此。

2017 年 7 月 16 日，赴颍上县暑期实践团队来到了颍上县韩郢村。韩郢村为了强村富民，推进社会主义新农村建设、构建和谐农村，实施“一村一品”制度，大力发展莲藕种植基地——颍上县八里河恒利莲藕种植家庭农场。该农场带动了 37 户贫困户就业，通过评估带资入股分红帮助 20 户贫困户脱贫，通过家庭农场辐射带动 10 户贫困户进行种植、养殖，增加收入。此外，尤湖村的牡丹种植也刚刚起步，是当地的扶贫基地，每年会为贫困户提供一定的工作岗位。

校级重点团队农学院团队赴皖北试验站，走访调研了宿州市灰古镇两个村的贫困户。通过调研，团队成员了解到当地政府有一套较为完善的解决贫困户脱贫的政策：主要以政府做担保，贫困户在银行贷款 3 万～5 万元，入股一些大型农业企业，每年每个企业保底分红 3 000 元，这样就基本实现了脱贫。同时，很多普通农户家中的土地都基本流转出去，承包给了种粮大户或者农业企业，自己每年收每亩 900～1 200 元的土地流转费用。此外，当地政府也高度关注年轻劳动力离家务工造成的留守儿童、孤寡老人等社会现象，加大政策扶持力度，积极引导农民工返乡创业。

赴泗县暑期实践团的队员们在走访调研中，了解到一些年轻人在政府政策支持下返乡创业的故事。泗县黄圩镇三关村泗县瑞龙养殖专业合作社的负责人原本是上海一家证券公司的高层，2015 年获悉家乡政府鼓励回乡创业的消息后，毅然辞去高薪的工作，离开繁华的上海，带着积蓄投身到家乡的经济建设中。据了解，目前该厂共养殖肉用黄牛 150 余头，规模较小但管理到位，牛舍干净整洁，还配有沼气池。负责人告诉队员，如今合作社主要存在两个问题：一是饲料主要为小麦秸秆，且存在存储不到位、部分秸秆变质等问题，对此，“三下乡”带队指导老师——安徽农业大学的董召荣教授提出了自己的意见和看法，即利用当地农业产业生产特点发展青贮玉米作为饲料；二是该养牛场缺乏专业的饲养人才，针对这个问题，当地农委目前在积极协助解决。

“人民对美好生活的向往，就是我们的奋斗目标。”党与人民，同心同行。当代大学生和青年党员要担负起时代的责任，而作为农业类高校的大学生，我们更要吹响脱贫攻坚的号角，尽自己的努力完善农村基础设施建设，增加农民收入，建设更美好的社会主义新农村。

## 关注留守 以爱为伴

随着农村经济社会的发展以及城镇化的提速升级，留守儿童、留守老人越来越多，现状不容乐观。

对留守儿童而言，由于在成长过程中缺乏父母的陪伴与关爱，他们大多敏感而脆弱，或多或少伴有身心健康等问题。而长期家庭教育的缺失，又导致一些孩子冲动、暴力，难以形成良好的生活习惯，甚至道德品行。很多留守儿童还会因为家中劳动力的短缺，而承担起家庭的重担，家务活、农活落到他们幼小的肩膀，无暇顾及学习、休息。此外，留守儿童的安全问题也不容忽视。一些留守儿童因为父母不在身边经常会受到同学、邻居的欺负，车祸、溺水事件也时有发生，有些地方甚至出现了性侵等恶性案件。

在安徽省阜南县于集乡，“三下乡”团队的队员们利用课间时间，与留守的小朋友们沟通交流，且通过监护人的协助，完成了 24 个孩子的问卷调查。问卷就生活状况、心理状况、与监护人的联系、与家长的联系五个方面对他们进行了较为细致的调查。

这些孩子大多有 1～2 个姊妹兄弟，且年龄相差不大，都跟家中老人生活在一起。通过调查，我们发现孩子们和老人缺乏有效沟通，一方面孩子由于代沟、叛逆等原因不愿意与家人沟通；另一方面老人由于自身的能力所限，在学习和生活上也不能给予孩子合适的建议与指导。

在与留守儿童的接触中，我们发现有些孩子自我意识过强，尽管做错了但仍下意识地坚持自己的想法和做法；而有些孩子非常内向，习惯于沉浸在自己的世界里，但经过一段时间的相处，他们也会对外界敞开心扉。此外，当地的留守儿童们大部分常年待在家中，只有极少部分接触过外面的世界。他们觉得学习枯燥而单一，久而久之会对学习产生抗拒心理，逐渐出现厌学、逃学等不良行为。我们认为，如果他们能够接触到新鲜而有趣的学习方式，对学习的热爱会在一定程度上有所提高。孩子是祖国的花朵，他们理应在美好的年华里多接触有趣的事情，日后方能绽放得更加绚烂。

当问及孩子们的理想时，他们竟有一半回答说不知道甚至从未想过。这个年纪的小朋友本该有着天马行空的想象力，对未来充满有趣而美好的幻想，而非这样的迷茫、空洞。他们的回答让我们感到出乎意料的同时又觉得在情理之中。尽管他们没有想过未来，但他们中的有些人喜欢看书、画画，也许这些兴趣爱好未来能为他们指引方向。

在与当地留守儿童的监护人的谈话过程中，我们了解到他们并不能对孩子的教育提供很多有效帮助，能做的只是督促孩子们学习。我们也能体会到他们对不能给予后辈良好的教育环境而感到无奈与失落的心情。

阜南县作为国家级重点贫困县，经济水平落后使得其很多安全设施低于国家平均水平，比如缺乏安全护栏的马路、错杂交错的沟渠，这些在很大程度上威胁到了当地留守儿童的安全。而留守儿童面临的问题还有很多，影响他们未来发展的因素也有很多。但这些问题归根结底是由当地落后的经济水平所致。阜南县政府近几年加大对扶贫和创业的支持力度，农村劳动力也在逐渐回归，当地政府应继续保持好势头，将政策切实落实到户。

对于村里的留守老人、孤寡老人，我们的实践团在实践中也多有拜访。7 月 17 日“三下乡”团队来到了颍上县赵郢村进行问卷调查，了解颍上县还未脱贫的原因。在走访结束后，团队中的一个队员分享道：“我们所拜访的赵爷爷一家条件很艰苦，他和老伴两个人相依为命，住在近乎家徒四壁的土屋子里，但好在村里的大学生村官经常带着东西去看望他们，关心他们的生活起居和困难困境，把他们当成自己的父母一样。”其他队员们也都就自己的所见所闻进行了交流，其中不乏让大家觉得不幸又心酸的案例。一个姓赵的爷爷，儿子、女儿、老伴儿都已经去世了，孤身一人靠着低保、贫困户补贴度日，每天都是吃馒头和自己种的一点蔬菜。队员们看到这些老人贫困、孤单的生活，都感到难过又力不从心。带队老师鼓励大家，只有努力学习文化知识，提高自身能力，才有资本去帮助他人。在同情村民们境遇的同时，我们更要坚定服务“三农”的理想信念，不断在磨砺中提高服务“三农”的本领。

古有“少年强，则国强”，今有“青年兴，则国家兴”。时代号召着一批又一批安农人在践行“四有”安农人的基础上，努力成为一名“四有”大学生，关心贫困留守儿童，关心留守孤寡老人，以爱的名义倾听他们的故事，唤起更多的关注和陪伴，这是我们乃至全社会都在坚守的使命。

## 脚踏实地 仰望星空

随着三下乡社会实践活动的展开，让我们当代大学生更深入地了解我国农业现状、社会现状，为以后走上社会、服务社会、奉献社会做好准备。而本着“受教育、长才干、做贡献”的思想参与其中，身体力行，我们也从实践中收获了知识和感悟。与当地农民交流，深入一线了解民情；与当地农委部门有关人员交流，了解当地农技推广、农业政策、扶贫力度；与三下乡带队的指导老师交流，思考如何将在课堂上的所学所悟真正变成服务“三农”的工具；与同学交流沟通，坚定信念，树立人生目标。

刚刚闭幕的党的十九大报告中指出，要培养造就一支懂农业、爱农村、爱农民的“三农”工作队伍。在新的历史征程中，农学院的同学们将前仆后继，勇往直前地投入到三下乡社会实践中去、投身到“三农”队伍建设中去，以青春建功新农村，以实践放飞中国梦。

**走访农户 摄影人：宋超**

（撰稿人：仇飞 任楚婷 陆少奇）

# 扶贫路上奔走的记录者与思考者

## ——福建农林大学作物科学学院 2017 年联合实践行动纪实录

队员正在向李师傅询问合作社的情况　摄影人：仇登瀛

2017 年 4 月，福建农林大学作物科学学院开始筹备新一轮的全国农科学子联盟实践行动。赴周宁实践队“CLAY”小队是学院 8 支参加全国农科学子联盟实践行动的实践小队之一，由 7 名作物科学学院学生组成，在季彪俊老师的带领下，围绕“走进乡土乡村，讲述扶贫故事”主题展开实践活动。从调研产业扶贫问卷的设计、农业政策宣讲会的策划、与当地负责人的对接，到校级的安全、宣传培训和出征仪式，大家互相协助，开会讨论，井然有序地完成每项工作。

7 月 8 日，7 个“小黄人”相约在福建农林大学门口集合出发，天朗气清，大家脸上的笑容也如阳光般灿烂。在 5 个小时的车程后，我们来到了此次调研的目的地——闽东亚高原周宁。恰逢正午艳阳高照，迎面拂来一缕清风吹散了原本的炎热和疲倦，大家不禁感叹周宁舒适的气候。就这样我们为期 6 天的暑期实践调研开始了。

## 赤心如炬，李师傅的合作社情结

一双解放鞋，一条大众化运动中裤，一件被泥土沾染成暗灰色的蓝色衬衫，配上一副单薄的眼镜，这就是第一次见面时李岳师傅（化名）给我们留下的印象。他看起来个子不高，但充满干劲；像是大学生，做事却成熟老练；身板瘦弱，但却是 260 亩山地的守护人。2012 年还在做销售的李师傅，通过偶然的机会了解到了合作社，那时他心中就埋下了一粒种子——能不能将豪阳村几百亩的荒地利用起来，创办合作社，带动村民一起致富？

终于，在三年的精心呵护下，这颗种子发芽了——李师傅联合豪阳村 100 多户农户创立了合作社。他说："建社初期，需要有大块的土地作为实验基地，不得不向村民租借土地，但有些村民思想保守，不愿意将土地租借出去。通过一户户走访、一次次示范，在几位合作社'元老'苦口婆心地劝说下，才有了最初的 120 亩实验基地。"从 120 亩到现在的 260 亩，越来越多的农户主动加入合作社，这主要源于合作社提供的三大保障：第一，社会保障，合作社为社员提供五险一金，传达最新的帮扶政策；第二，技术保障，社员可以接受免费的技术指导与培训；第三，收入保障，社员享有优惠的农资供应价格和交易量返利，合作社对接供求关系，保证社员有稳定且较高的收入。李师傅说："在葡萄种植过程中，经常会碰到大规模病害，社员们会一起开会，做好防治工作。"

早晨，乡间的溪流声是最动听的闹钟。李师傅走上梯田去照顾他的"孩子"。放眼望去，满山绿意盎然。绿叶摇曳间点点金光闪烁，那金色的叶片便是黄金芽茶树的嫩叶。此时的茶苗还小，尚不及杂草高。李师傅介绍道，山上桃树种植面积有 70 亩，种类有红白凤、黄桃、红桃，而这些"小矮子"则是黄金芽茶树，它的种植面积将近 150 亩，10 000 株黄金芽在这里生长。当天的任务是中耕除草，大家戴上手套，一只手小心地拨开茶苗，另一只手拽住周边杂草，用力一拉就露出黑黄的土壤。面朝黄土背朝天，大家的双手一刻不停，额头早已布满汗水。原本绿色的地面上渐渐多了几道长长的口子，只有幼小的茶苗整齐地排列其上。除草过程中，队员们发现了许多农业昆虫学课程上学到的害虫，其中尤以蝼蛄最多，它们会在洞顶拱起一堆虚土或短的隧道，使幼苗的根部架空，导致幼苗枯死。农谚常说："不怕蝼蛄咬，就怕蝼蛄跑。"

休息的时候，李师傅拿来了新摘的红白凤桃子，大家在田间席地而坐，欢欢喜喜地啃着桃，吹着山风，舒适又惬意。李师傅向实践队员介绍道，黄金芽茶叶在市面上极其稀有，售价也达到了每斤 1 000 多元，它是茶树群体种的自然变异株，经扦插繁育而成，春、夏、秋三季新梢呈金黄色，其黄色程度随光照强弱而变化，光照减弱后转绿色。高山之上，为黄金芽积累营养提供了充足的光照，土壤中的大量有益元素也在茶树中累积，因此，这里的黄金芽经济价值很高。

通过上午的劳动，队员们也发现了村里劳动力不足的问题。他们带着问题来到了附近的村庄进行调研。在走访当地村民的过程中，实践队员了解到，劳动力不足的原因主要有两个：第一，劳动力流失，据了解纯池镇萌源村流失了将近80%的劳动人口，村里许多青壮年为了更高的收入选择离乡打工，村里很多家庭只剩下妇女、儿童和老人；第二，基地位置偏远，交通不便，政策扶持与技术帮扶力度针对性还不够强。李师傅反映，基地经济方面贷款经常遇到问题，此外，许多农业工作者对合作社的概念较模糊，基本还从事单一的农业种植。当地的农业发展亟须龙头合作社通过"合作社 + 公司"的模式，发挥身在基层了解当地情况、有技术又有销售渠道的优势，把技术带给农户的同时，带领农民增收致富。

在李师傅的带领下，实践队员还参观了纯池镇绿农种养殖合作社高山晚熟葡萄大棚。翠绿的葡萄在将近 100 亩的葡萄棚里生长，青色葡萄叶下饱满的果实摇摇欲坠。高山晚熟葡萄上市时间晚，且果穗长、果粒大、果粉厚、果肉与果皮易分离，果肉嫩滑，口感天然浓郁、鲜美多汁、味甜适口。"中秋时节，乌黑的葡萄香甜 Q 弹，伸手摘下一颗，放进嘴里，轻轻咬破薄薄的表皮，清甜的汁水就充盈在唇齿之间，清甜爽口，是初秋特有的记忆。"听着李师傅的描述，大家禁不住咽了咽口水。

作为农科学子，我们也将自己在课堂上所学到的知识与技术与农户们分享。正巧碰上了施基肥的日子，于是我们一边劳作，一边与合作社社员交流合作社发展与建设的意见，合作社里的人都说："小李那时候一直劝大家一起创办合作社，有些人家里的田荒了多年就答应了，也有些人不愿意把土地交上去。好在合作社的成绩是有目共睹的，越来越多的人加入进来。”当然，合作社的成立过程也伴随着许多艰辛：创立初期村民的不信任、资金流转不足、生产技术落后、没有优良植株品种等。面对这些问题，他们都勇往直前、逐一克服，才有了今天这连绵的大棚。当谈到未来的规划时，李师傅说：“林下经济是我们下一步的计划，可以利用高山的地形气候，放养驯化的野鸡。同时我们也打算创办具有当地特色的农家乐。”

社员们热情地与实践队员交谈，提及合作社的未来时，脸上都洋溢着灿烂的笑容。他们说道：“几年前，这里还是小土楼，现在呀，我们都住上了小洋房!”大家伙的日子过得越来越好了，这是合作社员一起努力的结果。合作社社员十足的干劲，再加上合作社的科学管理，这才有了现在绿农种养殖合作社的大丰收。我们相信合作社的明天会更好!

### 守望相助，纯池镇的扶贫故事

“发展农业特色产业，打赢脱贫攻坚战”，这是实践队员来到纯池镇后看到的标语。据统计，高山晚熟葡萄的推广帮助纯池镇300余户村民致富，这进一步体现了当地政府在产业扶贫上的力度之大、方向之准。在季彪俊老师的带领下，队员们与周宁县纯池镇镇长李霞进行了座谈。座谈会上，李霞逐一解答了实践队队员关于产业结构、劳动力资源、教育和扶贫政策上的疑问。

纯池镇位于平均海拔1 000米的地区，山路蜿蜒，交通不便，基础设施还有待完善。由于缺少吸引游客的龙头景点，旅游业发展受限，少有旅行团愿意来周宁旅游，目前大多数游客都是自驾前来。高山气候温度较低，日照较强，昼夜温差大，作物糖分积累多，品质好，适宜发展林地经济。目前该镇的主要产业为特色农业，包括高山晚熟葡萄、小径笋、锥栗和正在试种的猕猴桃和桃子。但纯池镇物流配置与农产品深加工不够完善，大部分农产品还是采取批发商采购的形式。

当地农业有三大支柱：高山晚熟葡萄、小径笋和锥栗树。高山晚熟葡萄在中秋时成熟，每亩产量在13 000～15 000斤之间，但需要科学先进的管理方法：在葡萄的收获周期中需要施一次基肥，并在开花和果实成熟阶段追肥，另外，葡萄在多雨季节易感病，需要进行病害防治。对此，政府选择引导“一公司＋一合作社＋一村”的模式，统一管理村里的闲田，合理利用劳动力，并为农户提供稳定的销售渠道。小径笋只在每年初春时节在山中生长，是当地著名的特产，且有一定的保健功能，经常供不应求，但在山中采收小径笋只能人工采收，并且对体力要求较高。锥栗树种植管理简单，适应能力强，而且有大量的山地种植面积，只需在春季种下，管理简单，但由于锥栗的成熟周期较长，因此收益较少，适合在外打工的村民。

李镇长告诉我们，几年前镇里的青壮年都外出打工，现在许多都选择回来帮忙，因为纯池镇高山晚熟葡萄种植的收益是直观可见的。此外，据镇长李霞介绍：“纯池镇教育基金会拨 40 万元人民币用于改善镇里教学环境，教学资源更有优势，年轻人也更愿意回来安家。”通过交谈，实践队员对“产业脱贫必须经历脚踏实地、挥洒汗水的艰辛，克服改弦易辙的困难，才能打赢脱贫攻坚持久战”这句话有了更深刻的体会，也更加坚定了新农人需要更多经历和经验来完善自己的决心和信心，立志要在一次又一次的锻炼中成长，承担农村社会发展的重任。

下午，实践队员与周宁县纯池镇扶贫办刘主任进行了座谈，交流了当天实践活动的主要目的及任务。在得知团队想回访建档立卡贫困户时，刘主任表示欢迎，他与禾溪村联系对接，全力配合小队调研。带队老师和队员们在与村支书许书记做简单的交谈后，调查回访了村里 10 户脱贫户，了解了他们的经济状况与困难，以及当地扶贫政策及脱贫产业和经济收入变化。

尽管语言不通，需要村支书的翻译才能和村民们交流，但队员们仍能在言谈中感受到村民们的喜悦和对未来生活的期待。其中的一户贫困户，女儿今年正好上大学，在扶贫办的帮助下，学费的问题已经解决了，她说：“政府在我家孩子的学费、生活费上给了很多资助，包括国家助学金 4 000 元，生源地贷款 8 000 元，并补足国家励志奖学金，每个月还会往她的饭卡里打钱。”扶贫办刘主任向实践队队员介绍了扶贫政策：“两不愁，三保障”。即不愁吃、住，教育、医疗和就业保障，这些具体的措施都记录在纯池镇精准扶贫手册上。另外，政府积极引导、宣传、带动当地龙头企业，鼓励村民加入合作社。就葡萄种植而言，有了本金，第一年就可以收回苗成本，第二年收回包括葡萄架搭建的所有成本，第三年就可以实现纯收入，在三年内还清贷款，此外，政府每年会邀请外地专家教授针对施肥、开花、病虫害等不同方面，为村民开展七八次技术培训。从2013—2017年短短4年里，纯池镇葡萄种植面积从40亩扩大到1 600亩。村民们看到种植葡萄能提高收入，纷纷加入，葡萄种植合作社越做越大。有些村民因此获益而直接脱贫，这与政府的引导和产业扶贫政策是分不开的。农户们都干劲十足，他们相信只要找到合适的产业，家里有一定的劳动力，脱贫不是问题。高山巨峰葡萄就是一个很好的例子：政府引导、企业投资、技术扶持、农民增收，其中，万豪种养合作社和罗家仙种养合作社还被评为精准扶贫示范社。

刘主任还给我们讲述了他在响应“精准扶贫”工作中探访贫困户的点点滴滴。有一户贫困户母亲患有宫颈癌，父亲去年刚查出肺癌，而两个小孩，一个三年级一个四年级，说到这里，主任顿了顿，说：“大多数贫困户在引导和帮扶下，凭借他们努力地工作，都能顺利脱贫，而不能脱贫的村民大多数是因为疾病，收入大都用在治病上，也没有稳定的工资收入，我们能做的就是简化帮扶手续，多去探访他们，为他们减轻负担，让他们感受到温暖和关怀。”

## 寻践彼岸，全域旅游的新思路

一弯清水静静流淌，见证禾溪村千年沧桑。踏着曲折的山路，队员们来到了周宁县纯池镇禾溪村，寻访“世外桃源”禾溪古村落。村头茶园款款、梯田层层，村尾青山绵延。在县科技局傅局长的带领下，实践队员与村书记进行了座谈，村书记向队员们介绍了禾溪的基本概况和产业发展情况，并带领实践队员参观了整个古村落。

民国时建立的小学书香满溢，古民居人祥和宁静，人与自然和谐共生，民国时期的故事辗转流传……所有的这些交织在一起，成就了独一无二的禾溪古村落。眼前这个美丽的山村就是中国许多古村落的代表，时至今日，尚能保留的农耕文明弥足珍贵。禾溪古村落意在打造“活的”博物馆，一方面立足长远，在对古村落文化价值的挖掘中保持其历史性与整体性；另一方面也以新农村建设为契机，在留住一方水土、一方人、一方文化的同时，改善交通环境，发展特色农业产业，为禾溪村源源不断地注入新活力。

于是，全域旅游成了禾溪古村落发展的新思路。全域旅游指的是实现区域资源的有机整合、产业融合发展、社会共建共享，以旅游业带动和促进经济社会协调发展的区域协调发展的新思路。作为全域旅游的一个有机组成，通过消除城乡二元结构，实现城乡一体化，全面推动禾溪当地的产业建设和经济的提升是禾溪未来发展的目标。

全域旅游新思想的注入将禾溪人世代居住的土屋变成了风景，变成了文化。土屋成了风景文化，这是禾溪村民们做梦也不曾想到的。由于地处僻壤，缺少石料，500多年前禾溪先民们来到这里时，为了生存只好就地取材，把松散、柔软的黄泥土凝聚起来，用木夯一夯一夯地、一层一层地筑起坚固的墙体，而后上梁、盖瓦，成了土屋。祖祖辈辈的山里人看惯了土屋，住惯了土屋，哪里想到今天在山外人眼里，土屋却成了一道亮丽的风景。看腻了水泥森林建筑的城里人一进村就惊叫起来："美，就是美，土味足，古韵深，原汁原味的生态！"村里人似乎感觉不到这土房子有多么美，只是觉得这满山遍野的黄土就是好，它长出的五谷养活了世代在这里生活的人，它筑起的房屋墙体牢固，住在里面心里踏实。

## 励志前行，扶贫助农的新征程

通过6天的实践活动，实践队队员带着思考、带着感动、带着收获准备返

**离开合作社时队员们合影留念　摄影人：季彪俊**

程，不同于来时的激动，一路上大家都特别安静。蓦然回首，一路走来，大家有感于农业在扶贫助农之路上起到的重大作用，有感于基层扶贫工作的艰辛不易，更有感于作为农科学子身上沉甸甸的责任。扶贫助农是一项伟大而艰巨的历史任务，在这条路上有太多人为之拼搏奋斗。实践队师生荣幸于自己能够成为扶贫助农队伍中的一员，能够见证、参与并推动这个伟大的历史进程。在此过程中，我们也深深地意识到个人力量的微不足道。但我们坚定地相信，在党和全国人民凝心聚力的共同努力下，无数个个体微薄的力量终会汇聚成磅礴的力量，推动着历史的车轮朝脱贫的目标稳稳前行。

（撰稿人：仇登瀛　黄宇晴　林彬彬）

# 翻山越岭　来与你并肩作战

## ——南京农业大学农学院 2017 年联合实践行动纪实录

**“青春喜迎十九大”百张笑脸合辑　摄影人：李锥**

为庆祝中国共产党成立 96 周年，喜迎党的十九大胜利召开，南京农业大学农学院积极响应全国农科学子联合实践行动号召，以“走进乡土乡村，助力精准扶贫”为主题组建了“产业化支农”精准扶贫调研团，从古都南京出发，在国家级贫困县贵州省麻江县展开了为期 10 天的实践活动。

## 青春建功　共话扶贫

7月13日，实践团队受邀参加了在麻江县政务服务中心举办的“南京农业大学教授服务团走进麻江”启动仪式。调研团成员结合会议精神邀请农学院水稻栽培专家李刚华教授于贤昌镇政府会议室举办了锌硒米栽培技术培训会。会后，实践团队在丁艳锋校长带领下，前往麻江县锌硒米优质高产示范基地进行实地考察，查看了从我校引进的18个水稻品种在当地的生长情况及抗性、育性，并向农户了解了水稻田间种植的实际情况。

其间，一位说着流利普通话的80后小伙一直陪伴在我们身边，悉心指导实践工作。他是由中共中央组织部派遣到麻江县贤昌镇高枧村挂职的“第一书记”石老师（化名）。“我觉得脱贫关键在产业，根源在教育。没有产业就无所谓脱贫，而没有教育则无人才可用。”谈到脱贫问题，驻村2年的他已经有了自己独到的见解。在短短2年时间里，这位“第一书记”对当地村民的情况已经了如指掌，走哪条路、拜访哪户、查看哪种产业，每当他轻车熟路地为我们规划实践路线时，我们总是惊叹于他的工作能力。就在人们纷纷逃离农村、争相挤进城市怀抱的时候，新婚燕尔的他选择背向而驰，肩负农学人的责任，跋涉千里踏上了高枧村的热土。在他眼里，村民亦是自己的亲人。

在他的鼎力协助下，实践团队结合实地考察的情况分赴贤昌镇、杏山镇等4个乡镇，就锌硒米产业发展、政府扶贫工作现状等问题进行走访调研，足迹遍及了高枧村、新场村等10余个村庄，总计完成有效问卷200余份。经过一番对锌硒米种植情况的全面了解后，实践团队与政府取得联系，针对锌硒米产业发展的限制因素展开座谈会。座谈会上，实践队员们对多个城镇的锌硒米产业发展现状进行了客观比较，总结出影响锌硒米产业发展的主要原因，并提出了利用“互联网+”理念进行锌硒米品牌培育和产品营销的建议。实践队员借鉴“蓝梦谷”的蓝莓产业发展模式及贤昌镇的菊花产业发展模式，提出了麻江县锌硒米产业脱贫的建议，帮助设计美化了麻江锌硒米品牌LOGO及礼盒包装，同时帮助村民建立并完善了麻江锌硒米微信公众号“锌小希”，开设了锌硒米销售微店，以期用“互联网+”的思维丰富品牌内涵，拓宽锌硒米销售渠道。

## 不忘初心 躬行使命

初到高枧村，石老师已经意识到了自己的使命重大。为了更有针对性地开展脱贫攻坚工作，他深入田间陇上对当下村里的产业进行了全面调研。当他发现村里此前倚重的红蒜种植已经开始出现产品退化、提纯难度大、产量低等问题，而生猪养殖也存在粪便处理和破坏环境等弊病时，如何走出一条适合高枧村发展的脱贫路，成了日夜困扰石老师的问题。就在他苦思冥想的时候，“发展菊花种植产业”的想法跃入脑中。石老师之所以选择菊花，是因为他认为可以依托母校南京农业大学世界菊花基因库强大的资源和技术保障，与夏同龢状元文化产业园相辅相成，形成旅游合力。怀着满心的憧憬，石老师立刻启程到贵州省内多个菊花养殖基地进行考察学习，并最终确立了以菊花为产业的脱贫道路。

6月，菊花专家和第一批菊花苗正式“入驻”菊花谷。石老师顶着炎炎烈日，组织村民完成了第一批花苗的种植，他事必躬亲，一段时间下来脖子晒脱了一层皮，也因此得了个“煤炭黑”的外号。然而，菊花产业的脱贫之路刚刚开始，创业之艰，筚路蓝缕。在种植过程中，因为启动资金少，整个菊花谷灌溉设施只有一根水管，并且经常停水。村民对菊花种植技术又完全不了解，年轻人大都出去打工了，花农阿姨的平均年龄已超过60岁。土地板结、灌溉困难、杂草疯长、病虫害频发、花期提前……一系列问题摆在面前，更让石老师真切感受到了产业发展道路之艰辛。但是每每想到村民们对于脱贫的渴望和对发展经济的热情，他便觉得浑身充满干劲，无畏艰辛，迎难而上。就是在这种无钱、无人、村里琐事又纷繁复杂的情况下，石老师和村干部带领30多位阿姨、婆婆们坚持着这条创业之路。20亩地，42个品种，浇水、摘顶、上盆、繁苗、嫁接，他都亲力亲为，手把手教。有一天，下雨路滑，石老师从2米多高的田坎滑下去，右腿刮破了一块皮，鲜血直流，他爬上去接着干；还有一次，烘烤菊花的钢筛子掉下来，石老师伸手去接，结果细钢丝直接扎到了手指头里。为了种花，他晒脱了皮，磨破了鞋，腿上被茅草割出的伤口一茬又一茬，这些都没能阻止他为村里的菊花产业奔走的步伐。

8月下旬，石老师比往常都要忙碌，因为村里的20余亩菊花竞相开放，对护理的要求也更高了。他几乎天天都在地里组织村民摘顶侧芽、除草除虫、松土施肥、移栽、搬运、上盆，还要联系销路……那几个月，石老师和村干部一起管理菊花谷，销售菊花，连中秋节、国庆节都在菊花谷里忙碌着。

回忆起创业初期的辛酸与困难，石老师坚定地说："第一书记就应身赴一线、以身作则，用实际行动去感染、带动周围的人。"石老师的汗水让农村的土地迸发出脱贫的"原力"，仅半年时间，菊花、菊花茶两种产品的销售就给村里带来10余万元的直接收入，通过拉动旅游消费又给当地村民带来了不少间接收入。在他看来，脱贫致富的关键在产业，相比复制发展模式，他觉得更应该复制那种踏实苦干的精神，自己作为基层群众的带头人，更是要主动担当起这一份沉甸甸的责任。

## 汇爱之行 勠力同心

在社会实践开展过程中，为响应中央关于实现"中国梦"的号召，实践团队还开展了关爱留守儿童系列活动。实践团以"喜迎十九大·青春建新功"为主题，于贤昌镇高枧村小学举办了2017年暑期"青春·希望"夏令营。通过开展丰富多彩的文娱课程，给当地留守儿童的暑期生活增添一抹亮色，并在活动中激励孩子们走出大山，追寻自己的梦想。此外，实践团一行还在石老师的带领下，走访了当地的贫困户，为他们送去水果等慰问品，同时也就贫困户的生活状况、作物收成情况以及扶贫政策落实情况等进行了详细了解。

山区贫困面大，留守老人和儿童多。这些老老少少既难保证生活上的温饱，在感情上也缺少关爱。高枧村翁通组的罗明群今年已有89岁高龄，家里4口人，2个儿子和儿媳都是聋哑人且有智力障碍，全家几乎没有劳动力，只有罗明群老人能够正常交流，一家人的生活极为拮据。面对这样的境况，石老师义不容辞地站出来，与老人一家结成帮扶对子。专门为她家里购置了电饭锅、电磁炉等常用电器和生活用品，还联合村民为其募集了爱心捐款。石老师知道自己的能力有限，但希望自己的所作所为能够感染身边的人，也温暖需要帮助的村民们的心。"有的时候我们做的这些事情并不是说一下子把他家里条件改变得有多好了，只是希望通过我们的爱心，让他能感觉到温暖，让他们的生命里多一些快乐。"石老师说。

在驻村的这段时间，不少贫困户得到了石老师及社会各界爱心人士的资助，他也与村民们结下了深厚的感情。石老师的付出高枧村村民都看在眼中，记在心里。一位村民还唱起了她为石老师创作的一首山歌："大田栽秧行对行，我在田坝栽花秧，感谢书记来指导，还有支书来帮忙，栽得花秧朵对朵，种得花香行对行，今年天气也不好，三天两头在泼水，全靠大家来帮忙，八月中秋打谷子，九月菊花满坝香，各级领导都来望，菊花基地闹洋洋，赶傍村干部得福享，千古留名传四方。”

时光荏苒，为期10天的实践活动转眼已接近尾声。实践过程中，团队成员相继完成了麻江县锌硒米LOGO设计及礼盒包装的升级，建立并完善了锌硒米微信平台“锌小希”及微店平台，并将于后期形成麻江地区锌硒米产业发展中长期规划报告，为麻江县的脱贫攻坚贡献一分力所能及的力量！感谢驻村第一书记石老师的无私帮助，他身体力行地教会我们“没有比脚更长的路，没有比人更高的山”。感谢这段珍贵的实践经历，它让我们创造了青春的价值，找到了奋斗的方向。作为农科学子的我们，愿与无数石老师书记一般的有志之士并肩作战，跨越山岭、跨越贫穷，让贵州麻江的脱贫攻坚工作多一分希望！

**丁艳锋校长和石老师与实践队员们在一起　摄影人：张传维**

（撰稿人：宗旨　庄宇萌　姚敏磊）

# 精准扶贫结深情　凝心聚力促发展

## ——青岛农业大学农学院 2017 年联合实践行动纪实录

**全员合照　摄影人：鲁晨晖**

2017 年 7 月的一个清晨，天上下着淅淅沥沥的小雨，西七里河还在夏梦中沉睡。在这朦胧微雨中，青岛农业大学农学院的社会实践队队员们已经整装待发，即将奔赴山东省枣庄市山亭区徐庄镇西七里河村，开展为期一周的实践调研。本次调研，青岛农业大学农学院遵循传统，组建了一支以“聚焦农村发展现状，助力齐鲁精准扶贫”为主题目标的枣庄实践团，旨在深入了解农村发展现状，聚焦贫困农户脱贫过程中存在的问题，激发当代学子服务“三农”的热情和社会责任感。

实践活动主要从以下六个方面展开：调研农村现状，找准扶贫基石；聚焦栽培技术，抓住扶贫重点；引领村民思想，拓宽扶贫路径；关注乡村教育，升华扶贫主题；加强物质帮扶，落实扶贫行动；倾听脱贫故事，深化扶贫内涵。实践团成员通过走访慰问贫困户，向村民宣传国家扶贫政策、举行爱心义诊，了解政府扶贫工作开展情况，并对下一步脱贫攻坚工作提出建议和意见，用“心”走基层，把“爱”带下乡。

作为农科院校农学院的学子，关注农业发展、关心农村建设、关怀农民生活已被作为座右铭镌刻在我们心底。我们知道，全面建成小康社会的进程离不开“三农”，更离不开身处扶贫脱贫第一线的工作者们孜孜不倦的付出。习近平总书记指出，“中国要强，农业必须强；中国要美，农村必须美；中国要富，农民必须富。”在迈向现代化的进程中，农村不能掉队；在同心共筑中国梦的进程中，不能没有数亿农民梦想的构筑。青岛农大学子牢记使命，将这一伟大目标熔铸于自己的青春，用知识和汗水诠释我们对“三农”的奉献。

知道和了解是两码事，有的事情只有亲身经历过才能体会，只有亲眼看见才能相信。枣庄实践只有短短七天，实践队员们却与当地百姓产生了浓厚的感情。每当回想起课堂上孩子们绽放出的天真灿烂的笑脸，回想起田间地头上农民兄弟露出的质朴欣慰的笑容，我们都感到心中涌动出一种热切的渴望，渴望自己能做更多。我们仿佛听到了来自农村乡亲们亲切的召唤，正如歌词所唱：“同在一片天空下成长，在同一片天空下曾一起歌唱，曾经共有同一个幻想，把这个世界变成美好的天堂……”幻想和梦想之间只差一个行动，改变农村，我们在路上……

## 倾听红色故事，聆听党员教诲

西七里河村有一位叫张茂霞（化名）的老党员，在村里经营着一家小餐馆，他出生于 1951 年，如今已经 66 岁了。实践队员们前去拜访这位老党员，聆听属于他的入党历程还有那段红色记忆。这位花甲老人在回忆起入党经历时，眼中依然仿佛闪烁着光芒。因为有信念，岁月不曾磨去他的锐气，生活也不曾压弯他的脊梁。

张茂霞1970年入党，到现在已经有47年的党龄。回忆起当年入党的经历，张茂霞不禁自豪地笑了起来。那时候的他还是个不到20岁的小伙子，整个村的人一起劳动，他不怕吃苦，总是比别人多干一些。别人搬两趟，他搬三趟；别人工作8小时，他就工作10小时；别人休息的时候他也继续干。大家都觉得这个小伙子不错，于是在青年书记的推荐下，张茂霞终于加入了中国共产党。那个年代条件艰苦，吃、穿、住、行都得不到保障，张茂霞每接受一次党的教育培训，都要徒步几十里地到当时的滕县。冬天，厚厚的大雪没过脚踝，寒风刺骨，冻得人站都站不稳。但他提起那段岁月，自豪之情仍溢于言表。

当队员们问起他作为老党员有没有推荐村里新的优秀年轻人入党，为党注入新鲜血液时，张茂霞说这些年一直有人找他做介绍人，但他一直“任人唯贤”，只推荐其中勤奋踏实、一心一意为人民、全心全意忠于党，而且优秀有上进心的人。他骄傲地说，现在的村书记当年入党就是他推荐的。老骥伏枥，志在千里，告别了过去艰苦的时光，张茂霞对今天来之不易的幸福生活非常知足，虽然腿脚不再像年轻时那样灵活，两鬓也早已斑白，但他对党对人民的心却依然鲜活年轻。

有一种精神叫老党员精神。张茂霞始终如一地坚守着“拥护党的纲领，遵守党的章程，履行党员义务，响应党的号召，执行党的决定”的誓言和信念，对他来说，党员身份是一份至高的荣誉，是一种比天还高的责任，共产党员的优秀品质在无数像张茂霞这样的老党员身上得到了淋漓尽致的展现，他们的精神激励了无数年轻党员前进。

张茂霞还告诉队员们，做党员要讲求原则，要说到做到，勇挑担子，脚踏实地，一心为民，奉献不止。共产党员就是要植根于人民、服务于人民、奉献于人民。“不是所有的群众都能成为党员，但是每个党员必然是群众中成长出来的”，要知民之困，急民所急，及时帮助群众解决困难，时刻准备着为共产主义、为人民群众献身。队员们听后受益匪浅，感触颇多。特别是其中还未成为党员的队员，更下定决心即便暂时没有被党组织接收，也没有沮丧焦虑，而是要更加努力，把知识用到实处，用行动回报社会。大家也真正意识到只有将全心全意为人民服务、为共产主义事业奋斗终生的崇高理想作为入党的唯一动机，才能真正领会老党员精神，在党的建设这条路上越走越远。

## 采访高考状元，立志砥砺前行

在实践过程中，实践队员还见到了一位高考状元王绍平（化名）。他出生于西七里河村的一个普通家庭，母亲在他8个月的时候就离开了，那时候他的哥哥年仅三岁，哥俩跟随爷爷奶奶一起生活，家中唯一的经济来源是父亲在外打工的微薄薪水。都说穷人的孩子早当家，王绍平四五岁的时候就能分担爷爷奶奶的重活了。奶奶摘花椒，他一定会跟着去，屋里院里地里都能看到他忙碌的身影。尽管爷爷奶奶行动不便，家庭状况不容乐观，但这一切都没有击垮他读书学习的坚定决心。生活中他艰苦朴实，学习上他从不懈怠，辛勤耕耘终究会收获累累硕果：在今年高考中，王绍平以684分的优异成绩考入清华大学。

我们在采访中了解到了王绍平学习的励志故事。王绍平在小时候便常常听人说起，清华北大是中国最好的大学，从那时起梦想的种子就在他幼小的心灵中不断发芽：一定要考上中国最好的大学！由于家中贫困，王绍平总要分出一部分精力帮助家中打理花椒的农事，但他从未降低对自己的要求，挤出时间来也要读书学习。枣庄实验高中的光荣榜上贴着他的照片，在照片下面的座右铭是“学习使我快乐”。简单的一句话让我们窥到了这位高考状元不懈的努力奋斗。凭着自己的努力，他最终顺利拿到了梦寐以求的清华大学的录取通知书。天道酬勤，王绍平用自己的实际行动证实了这句话。在对他表示祝贺之余，青岛农大的实践队员们还帮助他进行了专业选择的分析，并热心解答了他关于大学生活的种种好奇与疑惑。谈到他现在的梦想，王绍平还不忘一直陪伴在他身旁的家人，他说想要有一天能带爷爷奶奶去北京看看。离开时，实践队员们送给他家里一箱牛奶和一箱鸡蛋，礼虽轻但情意重，祝愿这位优秀的高考状元能够不忘初心，继续砥砺前行，成长为可堪大用的国之栋梁。

同样是困境，有的人一蹶不振，有的人却能破茧成蝶。在王绍平的身上我们仿佛看到了这个村子的希望，我们相信这里一定会有更多像王绍平一样的孩子，通过自己的努力奋斗而改变命运。这也更加坚定了我们前来支教的信心和决心，我们希望自己的实践之行，不仅为这个贫困的村子带来能长出玉米小麦的种子，更能为这里的孩子埋下“求知”的种子，为更多的孩子打开通向外面世界的窗户，让他们拥有走出去的信心与力量，最终为国家、社会发展，为西七里河村的脱贫致富贡献力量。

## 阅读启迪人生，书香润泽心灵

又是一天清晨，社会实践队员们迎着朝阳，去往村委会临时搭建的小学。还没踏进教室，队员们就听到从教室里传来的琅琅读书声。在学校里，我们看到了山里孩子们对知识的向往。当队员们把筹集来的书一本本交到孩子们手中后，教室里立刻安静下来，只时不时地传来纸张翻动的声音。温暖的阳光透过门窗洒在宁静的教室里，一切是那么的恬静美好。

阅读之旅结束后，在孩子们天真的目光中多了一份欣喜和对未知世界的好奇。“姐姐，孙悟空好厉害啊，如果我也能像他一样保护别人该有多好!”扎马尾辫的女孩目光灵动，充满期待。“哥哥，保尔具有钢铁般的意志，以后我也要向他学习，做一个坚强不屈的男子汉!”手中拿着《钢铁是怎样炼成的》的小男孩坚定的目光打动了每个实践队员的心。孩子们兴奋地谈论着书本中的故事，小手不停地在空中比画着。他们的目光中透露出对知识的渴望和对未来的憧憬，他们畅想着以后要做一个怎样的人、怎样才能给别人带来快乐……队员们都认真倾听孩子们的理想，和他们分享自己童年时的故事。银铃般的笑声回荡在教室中，四周洋溢着温暖与幸福。

“扶贫先扶智”，孩子们的未来便是整个村子的未来。现如今，城乡教育水平仍然具有不小的差距，特别是贫困地区的教育问题更应得到党和政府的高度关注。实践队员所能做的仅仅是为西七里河村的孩子们送来书籍这一“珍宝”。望着他们一双双清澈的眼睛，里面映着对知识的渴求和对未知大千世界的向往，他们脸上的笑容定格成这个夏天我们记忆中最美的画面。希望这些孩子们能够在有限的条件里，不言弃、不畏惧，树立梦想并为之全力以赴，走到更广阔的世界，看到更辽远的蓝天。

## 关注孩子成长，放飞年轻梦想

偏僻的小村庄里，对未来满怀憧憬的孩子们，内心深处有着五彩斑斓的梦。支教队员们为孩子们描绘精彩纷呈的大千世界，告诉他们梦想是帮助他们去往外面世界的翅膀。

在西七里河村村委会，实践队员为孩子们举办了“年轻的梦想”主题班会，鼓励大家大声说出自己的梦想。一个十岁的小男孩讲到自己的梦想是当一名医生，因为母亲常年过度操劳，饱受病痛的折磨，而当地的医疗技术水平有限且家里生活困难，这些都让母亲难以接受良好的治疗，他想学成归来致力于家乡的医疗服务工作，让母亲和乡亲们有病可医，能够健康幸福地生活。听到小男孩朴实而真挚的话语，我们都备受感动，教室里阵阵热烈的掌声是对这个美好梦想的祝愿与肯定。小男孩分享完自己的梦想后，一个小女孩又讲到自己的梦想，她梦想成为一名人民教师。因为条件艰苦，位置偏僻，村中基本没什么老师，即便有老师也不会长期待在这里。幸运的是每隔一段时间就会有外边的老师或是在校大学生来支教，给小朋友们带来知识，也给这个小村镇带来快乐。但这些远远不能满足孩子们对知识的渴求，村中的乡亲们受教育程度很低，家庭教育和学校教育都跟不上，因此小女孩想成为一名人民教师，以后为村里更多的孩子指引方向。另一个小男生兴奋地说起他的梦想——当一个宇航员！他说自己从小就想看看地球之外是什么样子，希望有一天能飞到太空中去，看看广袤的宇宙。“年轻的梦想”主题班会非常成功，听着孩子们争先恐后地描绘自己的梦想，队员们心中充满感动。物质的匮乏并没有限制这群孩子对未来的想象与希望。愿更多人能关注、帮助到他们，让他们有朝一日能够真正放飞孩童时的年轻梦想。

### 调研扶贫对象，发展产业脱贫

习近平总书记明确指出“农业农村农民问题是关系国计民生的根本性问题，必须始终把解决好‘三农’问题作为全党工作重中之重。”因此，为深入学习贯彻习近平总书记这一重要论述，发挥专业优势，帮扶贫困农村，激发学生服务“三农”的热情，提高社会对“三农”的关注，切实解决贫困农村存在的问题，调研小队此次的一个重要任务便是对村子里的贫困状况进行全面调研。

早晨8:00，实践队员从西七里河村出发前往红石嘴村，开始了一天的调研工作。据了解，山亭区大多数村民都是靠山上的花椒和玉米获得收益，也有年轻的村民常年外出打工。刚到村口处队员们就遇见了一位正在锄草的老人，调研小队询问了进村的路线，并对她的家庭情况做了调查。老人今年74岁，与老伴住在村口的两间小房子里，有一个孩子常年在外打工。老两口是村里的贫困户，一年到头只能靠山上两亩花椒树带来的两三千元的收入，支持家里的日常花销。老人家里几乎没什么电器，只有一台孩子给买的老式电视，还有三只瘦小的鸡养在院子里。交谈中，我们得知老人的身体也不太康健，需要每天用药，家中所有的力气活全都交给了老伴。好在因为是村里的贫困户，老两口每个月能拿到一部分补助，但因为看病开销很大，依旧入不敷出。

小队通过调研还发现，五年前的山亭区四面环山，道路狭窄，地形起伏，大型机械不能使用，因此地形是限制当地经济发展的主要因素。五年来山亭区的各个村庄实行一系列措施，在修建改善村子与其他地方的道路后，解决了村子里农作物滞销的问题，村民们的经济来源也得到了最基本的保障，贫困家庭档案中的贫困户也越来越少。

近年来，青岛农业大学农学院也利用专业优势，努力争取各方资源，对实践调研地实施连续帮扶，使其尽早脱贫；邀请农科专家开展科技宣讲会普及农业生产知识，通过互联网技术建立起专家和农户之间的持续交流；支教帮扶双线开展，利用网络平台，与帮扶对象保持线上交流，拓展帮扶形式与途径。一方面学

队员们在支教　摄影人：鲁晨晖

院和当地政府携手助力精准扶贫、不断凝心聚力拔穷根，全力奔赴小康路，目前扶贫工作已经取得显著成效。另一方面，我院还特别重视宣传思想文化工作在脱贫攻坚中的强大引领作用，主动融入、积极作为，强化脱贫攻坚的续航力，增强脱贫攻坚的软实力，激活脱贫攻坚的原动力，提升脱贫攻坚的凝聚力。

精准扶贫结深情，凝心聚力促发展，青岛农业大学农学院，我们一直在路上。

（撰稿人：刘涵）

# 扶贫路上　有爱为伴

## ——山东农业大学农学院 2017 年联合实践行动纪实录

**赴莒南县调研团队合照　摄影人：关浩岩**

七月骄阳犹灼心底，盛夏蝉鸣尚萦耳畔。远眺鲁东大地辽阔绵延，记忆的深处，一群心怀学农爱农理想的青年学子，披戴青春的荣光与热情，奔走在那片生机勃勃的土地上。一路倾听亲切乡音，一路播撒爱与希望，一路收获感动与成长。2017 年暑假，山东农业大学农学院积极响应全国农学院协同发展联盟的号召，组织了三支扶贫支农实践小队，共计 30 人，分别奔赴菏泽单县、泰安东平县、莒南大店镇开展专项扶贫社会实践活动。这个夏天，属于年轻人的青春实践舞台已然拉开帷幕。

## 希望之帆　以爱护航

司庄村是一个“常年”贫困村，房屋低矮陈旧，土路坑坑洼洼。在这里，团队成员跟随司庄村村主任来到小毅（化名）的家。小毅是个患有先天性脑瘫的男孩子，虽然已经 10 岁了，但身高不足一米三，智力发育也远远落后于同龄人，因此被当地学校拒之门外。

走进小毅的家，首先映入眼帘的是破败不堪的院子。一堵院墙常年失修，被前段时间的雨水冲塌，与外面的街道相互连通。房子是几十年前的老屋，多处墙皮脱落，屋内仅有几张桌椅以及用砖块和木板搭起的床，除此之外再无任何家具。这户人家一共有 6 口人，小毅的妈妈有天生的智力障碍，爷爷奶奶均已 70 多岁，爸爸是家里唯一的劳动力。为了维持家里温饱，爷爷只能拖着病痛外出打零工，而因为给孩子看病，小毅的父母早早便花光了家里的积蓄，还欠下 3 万多元的债务，常年的经济压力压得这个家庭喘不过气。

团队成员了解到小毅家的情况后，决心要对他家进行帮扶。通过中国农业大学农学院发起的“全国农科学子联合实践行动”，队员们对小毅进行了建档立卡，一旦通过审核，小毅每年都会得到一定的补助。同时，团队联系了当地电视台，希望通过媒体的力量呼吁更多好心人来帮助小毅一家人。单县农业局、当地镇领导以及山东农业大学部分老师来到小毅家进行慰问。山东农大房教授给了小毅一个红包，祝愿他能尽快恢复健康；镇领导也表示，以后会多多关注小毅家情况，尽可能给予政策上的帮助。相信通过社会各方的关注和关爱，小毅一家一定能尽快走出困境。

在为期数天的走访过程中，实践团队走街串巷，深入调研，听到了莱河镇许多贫困家庭的故事。他们的家庭状况让队员们心酸不已，也意识到自己现今能在大学校园里无忧无虑地读书学习是一件多么幸福的事。为了帮助这些贫困家庭，队员们尝试着通过媒体和网络的力量，让更多人知道他们的故事、为他们伸出援手。

一位经历过车祸、年逾古稀的爷爷在接受同学们采访时说道：“我真的要感谢政府，这要是在旧社会谁会管我？没有政府的帮助，我活不到今天，新社会好，咱们的党好……”说着说着，爷爷的眼睛湿润了。这或许就是党和国家精准扶贫政策的意义所在，急民所急，思民所思，让我们携手共进，帮助那些需要帮助的贫困人民走出贫穷，走向幸福，用大爱为他们的希望之帆保驾护航。

## 赤子丹心　一心为农

为了解当地山药种植情况，队员们拜访了张海村的村主任。在他的带领下，队员们来到村里种植山药较多的农户家了解情况。

实践队员们采用问卷调查的形式，对农户山药种植情况进行调研，并与农户进行深度交谈，获得更丰富的资料信息。在交谈过程中，村民向我们反映了他们在山药种植过程中面临的连作障碍问题。他们讲道，一块地连续种植 3～5 年山药后，会出现产量降低、品质下降等问题，这给种植户带来了巨大的损失，而如何解决这些问题一直困扰着他们。队员们将村民们反馈的问题一一记录在案。

接下来的几天，队员们又在莱河镇周边的刘楼村、李半庄、鲁新村和江庄进行走访，收集了大量当地土地、种植相关数据，也发现了很多种植方面的问题和弊端。对山药种植进行调查的同时，团队还参观了当地规模最大的山药贮藏地诚信冷库，山药储藏量之大令同学们很是惊讶。不过参观中，大家也发现冷库控制温度却不注意湿度的贮藏方式使得很多山药相继腐烂。针对这一问题，团队随行老师向当地村民承诺，一定会为大家找到最合理的山药贮藏方式。

到达莱河的第六天下午，单县农业局副局长、山东农业大学房教授及王教授、单县莱河镇王镇长、村支书与团队成员一起到山药种植地块进行考察，实地调研山药种植、销售情况和病虫害发生状况。

几天调研下来，队员们对当地有了基本的了解，汇总了困扰农户的相关问题，随行老师与单县农业局巩局长及当地村委种植大户在袁堂村召开了科技宣讲会。宣讲会上，房教授与农户们面对面交流种植经验，同时向村民介绍了适合本地种植的其他山药品种，并从生长特点、经济效益等方面与九斤黄、铁棍等当地主种山药进行比较，建议村民们更换品种以增加收益。对于炭疽病等困扰种植户的山药病害问题，房教授提出实用建议，还对塌沟、连作障碍等进行了技术指导，指出解决连作障碍重在预防，一般山药种植 3 年应及时与玉米、甘薯等作物进行轮作；另外可以适当使用有机肥和微生物菌肥改良土壤。此外，解决黑皮病需要从土壤改良、加强轮作等方面给予防治，疾病发生时及时拔除病株或定向施药。线虫防治除了使用低毒农药外，可以尝试采用铺地膜高温灭虫等方法。针对目前种植户的施肥和用药过量和盲目的情况，建议减施化肥和农药，多施有机肥，要根据山药的需肥规律合理施肥，减少为防病而盲目用药的次数等。

近几年国家大力提倡精准扶贫，所谓“精准”，就是要针对不同贫困地区、不同贫困农户状况，运用科学有效的程序对扶贫对象实施精确识别、精确帮扶、精确管理的治贫方式。要想做到精准扶贫，最重要的就是要实事求是、因地制宜制定相应的扶贫措施。产业扶贫政策，是以产业发展为杠杆的扶贫开发政策，既能增加贫困农户的家庭收入，又能促进贫困地区的经济发展。对于有劳动能力的贫困个体来说，不仅享受到了产业收益的利润分配，而且收获了个人劳动所得。通过劳动获得报酬充分发挥了贫困户的主观能动性，也为他们在政府帮扶下凭借自己的劳动逐步脱贫提供了可能。

## 政策扶贫　温暖民心

团队成员来到李焕之（化名）老人家时已是傍晚，暮色四合，伴着若隐若现的几点微星，夏夜的蝉鸣渐消，没有了日头高悬时的高亢。三名小队成员在徐会计的带领下，来到了老人的家。

走进屋子，一个昏黄老旧的灯泡悬在屋顶中央，尽力维持着这个堆满杂物的小屋子的光明。一张老旧的床，一个低矮的玻璃茶几，靠墙放置的老式橱柜以及20世纪七八十年代流行的明星画报，正在播放着《新闻联播》的老式电视机，是这间屋子与现代生活接轨的唯一佐证。陈旧的室内摆设向我们低声诉说着这家人生活的紧张拮据。

在经过改装的破旧轮椅上，坐着李焕之老人五年前因一次车祸事故丧失劳动能力的丈夫。老人把大家招呼到床边坐下，为大家讲述家中的情况。原来，老人家里不止老两口，还有老人丈夫的老父亲。丈夫事故后的医疗费用让这个本来就拮据的家庭雪上加霜。

不过，好在当地政府给予老人一家极大的政策扶助。从老人的讲述中团队成员得知，老人家里享受着低保金等政府补贴，自家土地上收获的粮食也能解决家里人的吃饭问题。除此之外，老人还会在周边打零工作为收入的一部分。近几年来，儿女也为家里添置了不少冰箱、空调之类的家具。老人说，她由衷地感谢村镇政府的帮助，尤其是医疗救助和低保补助，大大减轻了家里的经济负担，干部驻村帮扶也起到了很大的作用，切实帮助他们解决了生活上的大问题。

## 厂微意重 情系村民

来到北小官庄村，团队成员见到的第一个人是村委书记庄新民（化名），他和许多普普通通的庄稼人一样，衣着简朴，皮肤黝黑，不善言辞，但在深入了解了庄书记为扶贫所做的一系列工作之后，大家不禁对这个其貌不扬的村委书记心怀敬佩。

北小官庄村由于历史原因发展较为滞后，既没有得天独厚的种植条件，又没有成熟有效的种植技术，村里种植的粮食作物一直难以实现高产，农民生活贫苦，被列为省级贫困村。为了改变现状，庄新民积极向县级农业管理局和已脱贫村庄学习先进的种植技术，根据当地土地特性调整本地区种植的作物。他还积极响应国家政策，带动农民更好发展，为农民谋福利。

作为党员，他也是村里“党员一对一帮扶”政策（即一名党员带动一家贫困户脱贫）的忠实践行者。在流转土地、帮助村民高产高效种植的同时，他还建立了编织袋工厂，给村里失去劳动力的村民提供就业机会。在庄新民的带领下，大家来到了村子东边的编织袋工厂。工厂面积不大，一扇大铁门里有一间做工的屋子，里面杂乱地摆放着原材料和为数不多的几台缝纫机，乍一看还以为这是间废弃的厂房。大家不禁产生了疑问，工厂规模这么小，为什么还要留下呢？在与庄书记的交谈中，团队成员得到了答案。

原来，编织袋工厂的工人大多是 50～70 岁的村民，他们或因为疾病劳动能力有限，或因为家庭情况特殊不能外出务工，家中极其贫困，又没有稳定的收入来源，而这个规模并不算大的工厂给他们提供了就业机会，也给他们的生活带来了希望。一天 60 元的工资，足够一个五六十岁的阿婆解决自己的温饱问题。雪中送炭，帮助需要帮助的人，这使得编织袋厂尽管收益微薄却长久存在。

庄新民是一名优秀的党员，更是一名优秀的村书记。他全心全意为村里做实事，为村民谋发展，带领北小官庄村一步步脱贫致富。无论是走访的农户，还是在村头巷尾遇见的村民，提到书记，大家无不流露出由衷的称赞和感激。正是因为有了无数像庄新民这样勤勤恳恳、一心为民的基层党员干部的努力，才使得更多的贫困人口脱贫致富。

## 温情传递　使命在肩

在短短的 5 天内，团队总共拜访了包括小刘村在内的附近 5 个村庄。其中宋大妈家给队员留下了深刻的印象。队员们走访到宋大妈家时，看到她家的房子只有低矮破旧的两小间，砖瓦已经斑驳得不成样子，周围杂草丛生，也没有单独的院子。队员们从村书记那里了解到，宋大妈早年承受了家人接连去世的沉痛打击，如今独自一人抚养侄孙女小宋。多年来，老妪幼女相依为命，靠着每月人均 160 元的低保金和 2.6 亩地的微薄收入，勉强维持生活。接过队员拿来的大米和肥皂，宋大妈感动地哭出了声，“谢谢孩子们，谢谢!”队员们安慰着大妈，不觉也湿了眼眶。小宋放学归来后，队员见到了她。面对这么多人，她有些害怕地躲在奶奶的怀里，队里几个女生慢慢和她沟通，拉着她的手和她聊天，缓和了她紧张的情绪。临走时，队员们嘱咐她要好好学习，长大后孝顺奶奶，乖巧懂事的小宋认真地点头应允。离开的时候，侧脸用余光瞥见身后一老一少佝偻瘦小的身影，队员强忍热泪不敢回头。

通过走访精准扶贫农户，队员们深受触动，看到不同的家庭承受着相似命运的打击，但他们依然坚强地面对艰难的生活，用惊人的意志和勇气为所爱之人遮风避雨。心酸和感动之余，队员们更加深刻认识到身为农科学子肩负的重任，那就是深入农村，体察民情，用所学、用热忱为广大农村困难家庭带去希望。

## 再回首时　初心依旧

时间如白驹过隙般流逝，转眼间便到了分离告别的时候，短暂的实践活动使队员们接触到真正的乡土乡村。淳朴羞涩的笑脸、席地而坐的交谈、打理山药苗时的小心翼翼，以及简陋屋子中的孤寡老人，村民们或幸福或辛酸、或坚强或乐观的精神面貌都让我们更加深刻地了解到目前农村地区的现状。习总书记说过：“中国要强，农业必须强；中国要富，农民必须富”。作为农科学子、新一代的国家接班人，相信大家众志成城、携手齐心，定可解决“三农”问题。

以梦为马，不负韶华；走进乡村，精准扶贫；离去之时，初心不改。青年乡村行，永远在路上。

实践小队调查贫困户家庭状况　摄影人：管祥玉

（撰稿人：孙正霄　刘凯　沈自芳）

# 脚踏实地　仰望星空

## ——上海交通大学农业与生物学院 2017 年联合实践行动纪实录

**实践成员合影　摄影人：李志怡**

“土地平旷，屋舍俨然，有良田美池桑竹之属，阡陌交通，鸡犬相闻”，这是陶渊明笔下的桃花源，也是神州大地广袤乡村的真实写照。

炎炎夏日，闷热的暑气中，耳闻鸡鸣犬吠、蝉鸣蛙噪，眼观村舍星点、绿染旷野，淳朴的村民们话语朴实、笑容腼腆。尽管在很多人眼中，乡土乡村与贫穷落后等量齐观，但须知暂时的贫困既是乡村的疤痕，也是不断督促乡村致富进步的动力呀！

乡村是中华文明的起源地，也是华夏儿女的第一故乡，勤劳勇敢的中华儿女从乡土启航，从乡村展翅。搭乘时光机器，回到2017年8月，在蜀地闷热难耐的暑气里，20余位交大学子分批分组走进乡土乡村，深入9个贫困村，进行实地走访、调研。他们中的大多数人从小生活在城市中，对于乡村和农业的了解仅仅来自书本和各类报道，并无直观感受。在本次实地调研中，他们被乡土风情所吸引，震惊于部分村落的贫困现状，更被扶贫过程中的故事所感动。

### 资阳市临江镇临庵村

2015年8月，李一（化名）被选派到临庵村任职第一书记。任职以来，李一与村支两委、驻村工作组共同制定了“一阵地、二基础、三产业、四住房、五增收”的一提出总体脱贫思路，并就此开展脱贫攻坚工作。在调查过程中，小分队队员了解到，临庵村非常注重基础设施建设，以村公所为根据地开展了一系列的惠民政策，并真正落到实处，不仅建设好了村委会，同时建设起了村民会议室、老年活动中心等爱心公共场所，并为村里的38个留守儿童建立了留守学生之家。

在李一的带领下，临庵村在2016年基础设施建设中争取到了400余万元的投资，用于8.2千米通社路改造，将全村的老路更换成了宽敞崭新的水泥路，极大地增强了临庵村与外界的交通联系，使村里产业发展之路更加广阔，发展速度更加迅速。

脱贫致富是一条充满艰辛与困难的道路，而李一这样思路开阔又肯真正为人民谋福利的“实在书记”无疑为这条道路增添了温暖与光明。道阻且长，但有人陪伴关注助力，相信这条路走来也不会那么艰难。

### 内江市朝阳镇黄桷桥村

黄桷桥村长期以来都是内江市市中区的重点扶贫对象，小分队队员抵达村里后，十分欣喜地发现当地的扶贫工作进展顺利。在队员随机走访的几户村民中，有一位属于建档立卡户的独居老人告诉我们，他在政府扶贫人员的帮助下，已经建起了饲养家禽的小圈舍，而他现在居住的房子也是五年前的扶贫干部组织村民帮助他翻修的，在此前他一直住在瓦片盖不全屋顶的烂砖房里。如今老人通过饲养家禽，由邻居帮助带到集市上贩卖获得收入，再加上政府的补助，也能过上“吃穿不愁”的生活。帮老人贩卖家禽的邻居告诉小分队队员，老人饲养的鸡鸭在市场上每月可以收入约 400 元，卖不出去的时候就有乡里人帮忙买一些，而老人每年领取农村养老金 1 000 元，加上土地周转的收入，今年的纯收入估计可以达到 3 000 元。

这位老人十分感谢五年前那位陈书记，他激动地说：“陈书记是我这个老头子的救命恩人!”他还告诉我们，陈书记刚到黄桷桥村任职就来看望自己，问他“日子过得苦不苦”“身体撑不撑得住”，还帮助他申请医疗保险、翻修住房。“我亲儿子都没对我这么好过!”老人感动地说。在村干部进驻黄桷桥村之前，黄桷桥村的扶贫工作模式是村主任为首，带领村民出于人道主义关怀对贫困村民进行帮助，政府扶贫政策、贫困户申请、医疗保险申请这些具体政策连村主任也不清楚。好在没过多久，村里来了年轻村干部，后来又来了扶贫干部，扶贫制度也渐渐完善起来，而贫困户的生活也渐渐好转，贫困发生率也在逐年下降。

从贫穷到“吃穿不愁”，数据背后的故事温暖感人。老人激动的讲述带给队员很多感动，大家对“老吾老以及人之老”这句古话也有了新的理解和感悟。队员们通过实地走访，了解到了扶贫这条道路有多么的荆棘丛生、寸步难行，也因此对默默坚持的基层扶贫干部、热心肠的村民们更加敬重。扶贫、助贫，十年如一日、二十年如一日不是空话是常态，漫长时间的印证让这些执着的坚持和善意显得愈发难能可贵。

而村里另外一位七十多岁独居老婆婆的乐观心态也深深打动了实践队的成员。她的生活水平比起其他村民低了很多，但她却积极乐观，一直同实践队成员说着自己生活的新变化：村干部帮她办起了一个小型养殖圈，现在她每个月都有母鸡可以拿到市场上去卖，以前欠着邻居的钱还上了，自家也置办了收音机。老人还说，村里的年轻人现在都出去了，老人们互相帮衬也能过日子，村民们看她孤孤单单一个人，总是来帮忙，特别是和她在一个院子里的邻居，从前日子苦的时候帮了她不少忙。老人生活虽然拮据，但是身体还算硬朗，每日清晨起来喂养她饲养的家禽，偶尔还帮邻居翻翻晒的谷子，县里赶趟的时候村里的邻居帮她带家禽去市集上卖，生活也过得井井有条，有声有色。

老人把别人帮助她的点点滴滴都记得清清楚楚，就连几十年前的小事也记得明明白白，也一直非常感念帮助过她的人，她也常常帮邻居和其他村民做一些力所能及的事情。老人的知足感恩、村民们乐于助人的生活态度深深地感染了队员们，纵使人情冷暖兼有，也要始终相信人间更多是真情。

## 扶贫脱贫之路道阻且长

本次实践调研活动，队员们深入四川省 9 个市，共调研了 9 个贫困村。调研发现四川境内贫困村大多位于丘陵山地，山路复杂、交通不便，土地贫瘠、土质不佳、农业产业结构单一，基础设施薄弱，农户思想观念滞后、农业技能不足，这些都是致贫因素。但每个村庄都民风淳朴，村民们热情好客，村庄风景也秀美清丽。

队员们也发现，尽管扶贫措施落实到位，但贫困村依然存在着很多问题。以资阳市临庵村为例，该村虽然已经通了公路，交通与以前相比方便很多，农业产品有了销路，但因为村里没有通自来水又远离水源，村民们仍然使用古井水，种植灌溉极不方便，农产品生产又成问题。当地的特色农产品为红薯和玉米，为了扩大其产业多样性，又种植了辣椒、无花果和李子等一系列农产品。然而走访中队员们了解到，由于今年政策改变，不允许种植果树，所以村民的果树投资几乎没有收益，购进的果树种子等也都只能堆放在家里，村中仅剩一些试种的无花果树，无特色农产品输出。大部分青壮劳动力进城务工，村中缺乏劳动力，这使得农业生产规模不大，但好在有合作社等扶贫产业帮扶生产。村内仅有一所幼儿园和一所小学，小学只有 10 个学生，其余大部分进入乡镇学校读书。2017 年村内考上高中的孩子有 15 人，考入大学的有 9 人，受教育程度偏低。

临庵村只是众多贫困村的一个缩影，扶贫助贫，消除贫困，实现共同富裕，我们已然迈出了一大步，而要从根本上脱贫致富，建设美丽乡村，依然路漫漫其修远兮。

在精准扶贫的道路上，完善产业结构，搞好特色产业，大力发展经济是十分必要的，但更要发展教育事业，只有搞好了教育，才能一代更比一代强，才能在未来走向更加辉煌的明天，乡村才能真正留住扎根乡土的根系、命脉，让建设新农村、实现共同富裕的希望代代相传。扶贫不能变成“输血式”，而应是“造血式”，要从根本上改变村民们的思想观念，用长远的目光妥善利用扶贫惠民政策所给他们带来的财富、机会，而不是将目光放在眼前，利用扶贫资金消极脱贫，得过且过。

调研过程中，队员们也发现有部分农户隐瞒、谎报家庭经济情况，以便继续享受国家扶贫政策。队员们认为这种做法耽搁了其他真正需要扶贫帮助的人们，希望基层干部对此类情况予以重视。我们也希望能够改变村民们的思想观念，唤醒大家脱贫致富的决心，而不是一味地享受并满足于现有的国家优惠政策。

大学是培养人才的地方，而社会是锻炼人才的地方，社会实践则是同学们接触社会、了解社会、运用所学知识服务社会的途径。本次实践为队员们将来步入社会打下了良好的基础，也为队员们深入了解自己的家乡创造了条件。通过走访调研，队员们对城市和乡村有了更深层次的理解。

在深入贫困村调研的实践过程中，队员们走出了大学校园的象牙塔，在社会这所大学中学到了更多知识，也得到了更多感悟。联系基层干部、了解村落实况、走入贫困户家中与农户们亲切交谈，在这一过程中，队员们极大程度地锻炼

实践小分队调研走访贫困村　摄影人：李志怡

了自己的人际交往能力，在磕磕绊绊中慢慢学会了如何主动与陌生人有效沟通与交流。在活动开展的最初，队员们或多或少都有一些怯意，怕被拒绝被无视，但鼓足勇气开展调研后，才发现无论是基层干部还是村民们都十分和善，待人非常热情亲切，积极配合队员们的调研工作。他们的淳朴和善意给队员们留下了非常深刻的印象，也给了队员们更进一步深入调研的勇气和信心。

在巴山蜀水之间，在城市繁华背后，是鲜活的人和事。有人在默默耕耘，有人在总结分析，有人在创新发展；有的人脚踏实地用双手解决温饱，有的人仰望星空实践脱贫致富之路。总有一些人在我们看不到的地方为了让这个社会足够温暖而奋斗着，也有人为了留住温暖而不断努力。

（撰稿人：李志怡　江永利）

# 大别山之约　一场无与伦比的记忆盛宴

## ——扬州大学农学院 2017 年联合实践行动纪实录

**阳光协会支教队员抵达金寨县　摄影人：徐鹏**

支教对于大多数人来说也许是遥不可及的事情，然而在扬州大学有这样一个团体，他们 12 年来一如既往地坚持支农支教，不忘初心，情系大别山。正如海尔总裁张瑞敏曾说过：“坚持把简单的事情做好就是不简单，坚持把平凡的事情做好就是不平凡。”

2017 年 7 月 9 日，天空刚泛起鱼肚白，清晨的微风温柔拂面，28 位来自扬州大学各专业的支教队员，在扬州大学阳光协会的组织下，成立了“一带一路，阳光支教”实践团队，再一次整装待发，重返大别山。

有人说过：“最美不过初遇”，也许初遇惊艳而美好，但“相濡以沫”的陪伴才是最长情的告白。20多天的相处和默契，支教队员早已与大山结下最深的情谊，他们见过最温暖的瞬间，听过最揪心的故事，而这些也将成为大家永不忘却的记忆。20多天的支教生活虽然很短暂，但是有些人、有些事、有些感动会让时间定格，让岁月蔓延。汗水浇灌出最鲜艳的青春花朵，坚持无愧初心、勿负初衷。第十二年，阳光协会支教扶贫，我们一直在路上。

初见大别山，是惊喜，是兴奋，亦是紧张。满山青翠，泥泞小路，徐徐炊烟，生机田野，散落在大山深处的人家。面对陌生的环境，支教队员刚开始都很拘谨，而孩子们天真烂漫的笑容融化了支教队员心里的陌生和距离感。23天慢慢地相处下来，孩子们用热情面对困境，队员们也从扶贫调研和每天的家访中了解到部分孩子的家庭情况，知道了孩子们灿烂笑脸背后的故事。

## 以青春名义，续写五年时光

2012年暑假，天气炎热，阳光协会支教团队在大山深处的龚冲村里第一次见到了一个叫作小涛（化名）的小男孩。那时的小涛还只是一个小学四年级的孩子，他特别淘气，喜欢捉弄其他小朋友，有时甚至会捉弄支教队员，把粉笔藏起来或是把水杯里的水悄悄倒掉。他上课不遵守课堂纪律，喜欢讲话并在教室里到处跑，家访的时候队员发现，小涛几乎不做暑假作业，即使支教队员耐心地一题题讲解，他也只在一旁玩耍完全不理会。虽然很淘气好动，但小涛不是个外向的孩子，他不喜欢主动跟别人交流，相较于团队协作，他也更喜欢独处。

支教队员们对小涛的表现忧心忡忡，为了进一步了解这背后的原因，一行人去小涛的家里和村支部询问了解小涛的家庭情况。三天的走访调研后，队员们发现，原来小涛是个留守儿童。一方面，家里只有年迈的爷爷奶奶，爸爸妈妈在他很小的时候就外出打工了；另一方面，作为低保户，家庭现状也让年纪尚小的小涛有点自卑，家里的经济来源只有几块地，而工具也只有几把锄头。据小涛奶奶说，小涛在家里也很不听话，爷爷奶奶不知道怎么教育他，爸爸妈妈又不在身边。奶奶还跟队员们说，本来家里也不打算让小涛继续上学了，正好碰上阳光协会来村里支教，村里的人也都信任阳光协会，所以今年把小涛送过去，希望孩子这段时间能有所改变，好好学习。走访期间，小涛爷爷卧病在床，家里的负担便落到了年迈的奶奶和年纪尚小的小涛身上。

了解清楚小涛的家庭情况后，阳光协会决定对小涛进行长期帮扶，筹集学费帮助完成小涛学业，筹集资助贴补小涛家用，为他捐赠学习用品，并联系当地扶贫大队对小涛进行帮扶。支教回去后，阳光协会的成员们继续和小涛保持着联系，一封封信的寄出，一笔笔钱的汇出，点滴爱心逐渐融化了小涛内心的坚冰，从小涛的回信中，大家发现这个孩子已经开始敞开心扉，开始变得更好了。

时间是个奇妙的东西，转眼五年时光流逝，春去秋来，万物变迁，而阳光协会在这五年的光阴中一直坚持给小涛写信、汇款，并对他进行长期帮扶，坚持给小涛爱的鼓励和温暖，而小涛也让我们的付出得到了回报。2017 年的暑假，是阳光协会对小涛的帮扶第五年。7 月 9 日，当支教队员刚抵达龚冲的时候，很多孩子都上前围住了队员们，其中便有刚上初二的小涛。顽劣的孩童已经成长为懂事乖巧的男子汉了，如今的小涛会组织低年级的孩子去教室学习，并护送小朋友安全回家，看到小涛的变化，队员们内心都很欣慰，一切付出都很值得，这是崭新的一年。

今年，调研小队再一次走进小涛的家中了解情况，并捐助新一年的助学资金和物品。相比于前几年，小涛家中的条件改善了很多，农具设施也换了新的，小涛奶奶感激地说，阳光协会和村里的扶贫大队五年来一直都在帮助他们，不仅给他们资金上面的帮助，还定期问候家里情况，帮助小涛学习。据了解，小涛家中脱贫即将被提上日程，贫困现状有望改善。在本次暑期支教的课堂上，作为初二学生的小涛，每天和支教队员们一起接送孩子，帮支教队员们收拾整理帐篷和垃圾，上课专注听讲，积极回答问题，下课后与队员们谈心聊天，跟队员们分享自己的心情和心事。如今的小涛和五年前已完全不一样了，以前顽劣的性子收敛起来，变得懂事乖巧了；以前上课完全不听讲，现在也开始在课上参与讨论，积极回答问题、协调上课秩序了；以前喜欢一个人独处，现在也开始融入集体和团队，开始学会关怀低年级的孩子了，甚至带领大家一起玩游戏，增强团队意识；以前在家中不听爷爷奶奶话的小涛，也学会去照顾安慰爷爷奶奶，担当起家中的重担。这个时候的小涛已经是一个小男子汉，是一个让每个人都为之骄傲和欣慰的孩子。还记得支教结束，大家准备坐公交车去县城里坐大巴，小涛追着刚刚要走的公交车，边跑边挥着手里的本子，队员们看到他后立即下了车，小涛跑上来把自己手中的画本交给队员们，并对队员们说了声："谢谢哥哥姐姐们，谢谢阳光协会!"小涛忍住了泪水给了每个人一个大大的拥抱，便又跑回村里，留给了大家坚强坚定的背影。

五年的期待，五年的守候，五年的付出与回报，阳光协会支教团队以青春的名义，陪伴小涛走过五年无悔的青春旅程，续写五年灿烂的青春岁月，大家坚信，今年不是终点，他们与小涛还有下一个五年、下一个十年要继续陪伴和续写，要继续见证小涛的改变和成长，继续帮助他的家庭脱离贫困的情况，继续播撒阳光，传递爱心。

## 七月流火，爱的故事不止听说

2017 年 7 月 9 日，阳光协会支教团队冒雨抵达安徽省金寨县龚冲和元冲村，7 月 31 日，支教队员们在雨中与这里的孩子、大山挥手再见，许下了相约一年后的誓言，为 23 天的支教生活画上了句号。21 天可以让人养成习惯，23 天的支教生活也足以给队员们、给孩子们留下不舍的回忆。也许曾经有人质疑过，短短二十几天的支教，究竟能给这群在大山深处生活这么久的孩子带去什么呢？是学习成绩的飞速提高吗？是一项新技能的迅速掌握吗？还是生活水平的质的飞跃？也许这些改变对于还是学生的支教队员们来说是很困难的事，但支教队员尽力地去为孩子们做出一些改变，让他们一点点变好。

今年暑假，有个男孩子再一次引起了支教队员们的注意，成为阳光协会长期帮扶的对象之一。这个年仅十岁的男孩子叫作"奥吉（化名）"，家住在龚冲，是一名四年级的学生。一开始的时候，奥吉淘气得像个小泥鳅，捉都捉不到，用其他小朋友的话来讲就是"整天穿个睡衣（其实就是自己做的棉绸衣服）"的孩子。还记得第一天家访时候的奥吉不愿意上课，不愿意喊哥哥姐姐，甚至对爸爸也有着不该有的粗鲁；经过队员们的百般劝说，奥吉终于来到了课堂，但他上课总是不听，而且始终坐在最后一排捣蛋。在这种情况下，奥吉成为队员们最为关注和头疼的孩子。为了能够对奥吉有更深层次的了解，队员们采用了之前了解小涛的办法去调研了解奥吉的情况。奥吉的爸爸是残疾人，身体不是很好，家里爷爷奶奶都去世了，奥吉现在跟爸爸一起生活，一家三口唯一的经济来源仅靠着常年在县城打工的妈妈每月挣的两千块钱维持，但妈妈一个月才回来一次，每次回来待一两天就走了。从小的成长没有妈妈的陪伴，又是晚来得子，爸爸的溺爱和纵容，造就了奥吉调皮捣蛋的性格。当把他定为重点关注对象后，十几个人支教队员轮番上阵与奥吉谈心，后来大家发现奥吉本质上是个善良的孩子，他之所以调皮，只是为了获取大家的关注。奥吉的内心其实是想和其他小朋友交朋友的，但又不知道怎么对别人好，于是就靠“欺负”别人来获得关注。家里贫困户的情况没法让奥吉像其他小朋友一样打扮得漂漂亮亮的，母亲不在身边，父亲行动不便，没人教他日常生活的文明礼貌，奥吉才渐渐形成这样的性格。

为了能够让奥吉改掉身上不好的习惯，支教队员们制定了一系列的培养计划，帮助奥吉做出改变。队员们教他要喊哥哥姐姐而不能直呼其名；教他上课时要端正坐姿举手回答问题而不能随便乱跑；教他集中注意力用普通话去背每天要背的古诗；满足他的兴趣教他用单反、手机拍照、录像……潜移默化中，孩子的心被我们融化：放学回家时，坐在摩托车后座的奥吉频频回头不舍地看着送他的哥哥姐姐，当被发现时却又害羞地转过头；在队员们的激励鼓舞下，奥吉集中精力，成为全班第二个会背古诗的孩子，获得了一颗小星星；奥吉说他要完成一个“伟大的工程”，后来才发现，在队员们的住处，各个角落，都有他画的“小心地滑”“小心小偷”“男女共同厕所”等安全标语。奥吉的用心让每一个支教队员都为之震撼和感动。原先那个一直躲着大家的奥吉，如今见到大家都会主动打招呼甚至主动过来帮忙捶背揉肩，奥吉说：“我们是一家人啊！”

队员们与奥吉进一步交流中发现，奥吉最喜欢美术课，喜欢画画，还喜欢自己的妈妈，因为她烧饭给他吃，给他买空调，给他买衣服，给他一个家。奥吉说长大以后想当医生，他想在病人生病垂危的时候挽救生命，这让我们的心里有了丝丝触动。之后，大家走访了奥吉的表哥，从表哥那里了解到，原本的奥吉非常调皮，不肯学习，今年是第一年到阳光协会来学习，家人也切实看到了他的改变。

支教期间，阳光协会以协会的名义给奥吉捐赠了400元的助学资金，并表示接下来几年也会像现在一样，对奥吉进行长期帮扶，同时以书信的形式建立长期联系的纽带，让奥吉感受到还有很多人在关心他，也让阳光协会继续陪伴奥吉的成长，见证奥吉的改变。同时阳光协会的扶贫调研人员也与当地的扶贫大队和扶贫局取得联系，他们也表示将和阳光协会一起，继续帮助奥吉的家庭脱贫致富。

发现奥吉的故事，庆幸亲眼见证着孩子的变化，七月流火，爱的故事不止听说，更在于亲眼见证，亲身经历。支教团队无愧青春，无悔岁月，阳光协会以青春的名义，陪伴孩子们走过青春的年华。

## 你们的信任，我们的责任

支教于很多人而言，也许只是去教授孩子们知识，传递爱心，与孩子们结下深厚的情谊，与这个地方许下个“下次再见”的约定而已，然而支教的故事却远远不止这些。支教团队走进大别山，走进金寨县，走进每一户人家，倾听每一户人家背后的故事，了解扶贫过程中的点点滴滴，用脚步丈量这方土地。支教团队用行动获得了村落里每一户人家的关心和信赖，队员们也逐渐明白了：支教不只是单纯教授知识，更是心与心的相知，是用我们的责任回应村民的信任。

在调研中，队员们不仅认识了每一户人家，每一个孩子，也认识了一个特别的人——刘阿姨。刘阿姨是元冲村的村主任，一直以来负责管理元冲村的大小事宜，也负责与阳光协会保持联系，沟通协调暑假支教相关事宜。在刘阿姨眼里，阳光协会的每一个人都跟她自己的孩子一样，尽管是来帮助村民的，也还是需要被照顾、被引导的孩子。她安排好了队员们住宿和做饭的地方，并细心跟队员们介绍村里教育情况和孩子们的情况，还带领队员们走村入户，走进村里的扶贫大队，了解和询问最近几年的贫困程度和扶贫脱贫进程，鼓舞和动员大家把孩子送到我们的“支教小课堂”。作为村干部，刘阿姨表示，很开心也很欢迎阳光协会来元冲村开展支教活动，丰富孩子们的暑假生活，开阔孩子们的视野，她希望阳光协会能够一直这样支农支教下去。

除了村干部的身份外，刘阿姨也是两个孩子的母亲，大女儿已经是大三的学生了，弟弟也已经上初三。今年暑假，刘阿姨像前几年一样把自己的小儿子送到我们的支教课堂，把孩子安心托付给我们。刘阿姨作为学生家长，很支持阳光协会的支教活动，觉得这能够引导孩子们对学习产生浓厚的兴趣，丰富课外生活，增长知识。刘阿姨对支教团队、对阳光协会的信任也给了每一个支教队员鼓舞，让大家知道有人在背后支持和信任我们，让大家坚定努力做到更好的信念。

你们的信任，阳光协会用心守护，用行动践行，用努力回应！

再见金寨，好运大别山！12 年支教路，不忘初心，携手同行。一个月的支教生活虽短，但阳光协会一直坚信坚持的力量。快乐的时光虽然短暂，但却弥足珍贵。所有的温暖，所有的眷恋，所有铭记泪水的年华，所有欢笑与共的青春，都在这个离别的夏日，给每个人留下最深刻的感动。

走得突然，来不及告别。这样也好，因为总会再相见。

**支教队员走访调研贫困户　摄影人：徐鹏**

（撰稿人：郑婷婷　李贝）

# 科创扶贫扎乡土　誓把荒山变沃野

## ——浙江大学农业与生物技术学院 2017 年联合实践行动纪实录

调研当地产业情况　摄影人：农学院赴贵州安顺实践团

2017 年 8 月，习近平总书记在给致力于精准扶贫的“八度阳光”青年创业团队等大学生的回信中，勉励青年学生“扎根中国大地了解国情民情，在创新创业中增长智慧才干，在艰苦奋斗中锤炼意志品质”“把激昂的青春梦融入伟大的中国梦”。

同年，在浙江大学农学院精准扶贫社会实践工作领导小组的统筹推动下，通过积极的自主报名和严格选拔，222名浙江大学的求是学子心怀壮志，成了浙江大学农学院赴五省十一地科技支农社会实践团的成员。五省十一地，他们行走在祖国的乡土大地上。从西南山区，到中原腹地，再到东部沿海，十一个小分队踏遍山水，追随着祖国扶贫大业的脉搏，扎根于乡土扶贫攻坚事业。在那个夏天，云南景东、贵州安顺、贵州台江、贵州黄平、贵州雷山、河南卢氏、湖南花垣、浙江庆元、浙江泰顺、浙江苍南、浙江湖州，都出现了求是学子的身影。

以学院党委书记赵建明为组长领导的精准扶贫社会实践工作领导小组，确立产业扶贫、生态扶贫和教育扶贫的活动重点。学院不遗余力为实践项目提供智力与财力支持，学院多渠道筹措了18.7万元专项经费，保障实践活动的顺利开展。院长陈学新任专家顾问团团长，全国优秀教师汪自强教授、茶叶所所长王岳飞教授、园林所所长夏宜平教授、应生系系主任及五彩米专家吴殿星教授、食用菌专家陈再鸣教授等产业专家亲自参与实践带队。持续的精准扶贫战略思想学习会、学生们成立研讨小组和培训小组，为此次实践做万全准备。与此同时，浙江大学农学院联合中国农大、西北农林科技大学农学院等多所高校以及农林企业，充分发挥联动作用，得到了国务院扶贫开发领导小组办公室社会扶贫司、团中央学校部等组织支持。

年复一年，我们等待着那些土地实现贫瘠变富饶，荒芜变繁盛，落后变现代的奇迹。我们是参与者，也是见证者。

## 山长水阔，产业扶贫精进不休

农业，是国家奔流的血液。在大多数国内欠发达地区，农业仍旧是主要的经济支撑，是日夜劳作的人民赖以生存的产业。面朝黄土背朝天的传统农作模式可以满足大多数人的生计问题，但无法实现从糊口到致富的飞跃。而在一些拥有传统优势农产品的地区，由于人口流失，经济发展缓慢，曾经佼佼者的地位摇摇欲坠，亟须换血。在一些产业逐渐成熟模式化的生产区，仍旧面临着知种知收不知售的窘况，那条通往辽阔市场的路，眼见着不知如何打通。

脱贫攻坚，无疑是要啃下这些硬骨头。实践团去过的五省十一地，大多数面临着好些困境。石以砥焉，化钝为利。实践团所到之处，都留下产业升级的良策与迈向新农业的足迹。

（一）一只小香菇，闯出大世界

庆元县，位于浙江丽水的西南部，毗邻福建省。风景秀丽的山村地理位置较偏，距丽水市区有近150千米的车程。比“庆元”的地名更加知名的，是它“中国香菇城”的名号。

然而，由于庆元县人口流失，技术水平落后，香菇城正面临着严峻考验。实践团队开展的三天“寻源御贡香菇之旅”，追溯并展望那无数只小小香菇的历史与未来，先后走访了庆元县香菇生产基地、香菇小镇、香菇市场、香菇博物馆等地，与庆元县食用菌管理局工作人员深入座谈。

陈再鸣老师带领的实践团剖析目前庆元县科技落后、人才流失等问题，提出在当下国内香菇产业市场竞争愈演愈烈的大势下，升级改造、创建香菇精品品牌、开发休闲食品和保健食品是庆元香菇自保求进的主要方式。同时也与当地共同建立庆元香菇生产实验基地，也为浙江大学农学院学子提供实践平台和实习岗位。

一只只小小的香菇，承载着乡人们的热切盼望，盼望着小香菇走出大山，早日撑起致富的伞。

（二）待到花莲烂漫时，人在丛中笑

贵州安顺，这个紧邻黄果树瀑布景区、龙宫风景名胜区的小镇，山河秀美，风景秀丽，是极佳的旅游之地。在把路村，夏宜平教授看到种植园中玲珑的莲藕，提出在莲藕种植园园区中修建更多栈道，以提高游客的参观趣味度。安顺有着典型的喀斯特地貌，不利于农业种植，但雄奇壮观的地貌景观足以吸引游人。此外，种着大量俏丽的花莲，在增加花莲的种植密度后，漫山遍野花海的绮丽之景将会成为安顺独特的旅游名片。“农旅建设要以留住游客的心为目标”，这是夏教授在调研分析后对莲藕种植园做出的中肯判断，也明确了安顺发展农旅产业的路线。

贵州安顺黄果树旅游区下辖白水镇、龙宫镇、黄果树镇的种植业和农旅结合产业是当地政府发展的重心，但对于如何发展农旅产业总是困而不得法。由风景园林专业的专家教授夏宜平带队、园林园艺专业的研究生、本科生共同参与的农学院实践团，提出了旅游区管委会与浙江大学农业与生物技术学院签订战略合作协议的建议，邀请相关园艺、茶学、农学及食品加工等领域的专家，采取“请进来、走出去”的方法，积极培养乡镇农业技术骨干，迈进脱贫致富的“小康路”……

实践团不遗余力为当地的困顿提供求索之道，提出的5条措施和3条合作建议均得到了当地政府部门的采纳，村民们与师生有了共同的盼望，希冀看到山花烂漫，游人络绎不绝的未来。

（三）种茶易，卖茶难

“我们做茶是一把好手，卖茶真的是不懂呀。”浙江大学农学院赴云南景东社会实践团队在王岳飞教授的带领下，走访调研了关沱茶有限股份公司，龙街乡锅瓦茶业公司、华腾茶叶有限公司、帮崴茶叶公司、滇红集团和景东茶业协会，当地企业普遍表示会做茶但不擅长卖茶。

景东是云南最早种茶的地方之一。唐人樊绰的《蛮书》记载：“茶出银生城界诸山。散收，无采造法。蒙舍蛮以姜、椒、桂和烹而饮之”。这是普洱茶也是云南茶见诸史籍的最早最可靠记载，“银生”即现在的景东，是南诏国“银生”节度府所在地。景东的茶叶是来自大自然的馈赠，品质当拔得头筹。然而茶商们却大吐苦水，茶叶销路不畅是常见难题。茶叶的品质没有问题，但销路如何打通往往令辛勤的茶农们头痛不已。

远道而来的浙江大学同学们灵机一动，联想到浙大如火如荼的创业傲绩，再结合“互联网+”的驱动效应，拿捏出一副拓宽销路的药方。8月7日浙江大学与景东彝族自治县共建大学生创新创业实践基地签约仪式于景东县职业高级中学顺利举行，浙大农学院副院长、茶叶所所长王岳飞教授，景东县副县长吴琼瑶出席仪式。合约拟定，浙江大学农学院将为景东县人民政府提供咨询、论证以及评估服务，景东县人民政府支持政府有关部门和相关企业单位与浙江大学农学院共建大学生创新创业实践基地。

景东茶叶从渺远的云滇高原走下，更清冽幽香的茶叶，是土地的慷慨，也是茶农茶商与学子师长们的心血凝结。

## 大刀阔斧，科技扶贫竿头直上

脱贫的瓶颈，在于科学技术的落后。农人们依旧用落后的方式种植、收割、养殖、贩卖，而日新月异的世界变化却无法与封闭的村镇接轨。做与世隔绝的“世外桃源”显然不是扶贫脱贫的节奏，让先进科技一点一滴渗透进乡土，是我们这些接受高等教育的学子们的责任，也是扶贫攻坚的重中之重。

（一）了不起的养蜂大王和“科技财神爷”

浙江大学教授汪自强老师被称为“科技财神爷”，总是能利用其专业素养帮助农业产品开拓销路。在泰顺乡村，“科技财神爷”遇见了当地的“养蜂大王”——百花蜜蜂专业合作社社长严立超。这位现在被蜜蜂叮咬已经跟蚊子咬差不多的资深蜂农，一开始蜂蜜销路并不畅通。刚开始虽然他们产出的蜂蜜为正宗天然土蜂蜜，但是没有QS认证，无法上架流通。但进行QS认证费钱费事，严立超不愿意去进行QS认证，为此，当时作为科技特派员的汪自强老师反复向他解释和强调QS认证的重要性，最终说服严立超，并且亲自跑单位，找资料，帮助他进行申报。他最后添置了一整套生产线与检验设备，进行蜂蜜的后续处理，通过了QS认证，使自己的产品——联农牌蜂蜜得以进入主流市场，并陆续获得温州市著名品牌、浙江省著名商标等荣誉。当地的传奇养蜂大王感叹道；“当初一狠心贷款40多万元建立一系列厂房等，现在想想还是值得的，没有QS认证也就不会有现在的那些荣誉和效益了。”

汪老师还为养蜂大王严立超请来了养蜂专家苏松坤，经过多次试验与改进，把圆筒老式蜂箱改进为如今的板式蜂箱，并申请了专利。这种板式蜂箱便于收蜜，不需要像老式蜂箱一样在积累大量蜜之后再进行回收。因为中华蜂和意蜂会发生争斗并且处于弱势，蜂箱口由孔式改为线式，适合身材较小的中华蜂躲避，可以起到有效的保护作用。

现如今，严立超的蜂蜜价格从最初的三四十元一斤，涨到了上百元，中华蜂养殖数目也扩大到了5 000多箱，产值可达350多万元。百花蜜蜂养殖专业合作社成功获批成为温州市的科普教育基地，成了中华蜂养殖的领头羊。附近的蜂农们艳羡不已，但一些传统的养蜂人迷信算出来的“好”日子割蜜，蜜蜂就不会蜇人，对严立超不按照“好日子”割蜜的行为嗤之以鼻，还有养蜂不能超过100箱等迷信说法。经过养蜂大王与汪老师不懈的培训与科普，终于破除了一大部分养蜂人的迷信思想。

蜜蜂更多了，蜂蜜更甜了，人心也更开怀了。在这嗡嗡的蜂鸣中，生活也像蜂蜜一样清甜爽口。

（二）希望的种子，随着人们的脚步声长大

到了贵州台江地区，“产业扶贫”又被科技创新赋予了神奇力量。2016年实践团队初到台江，在台盘乡阳芳村的两亩地中播种下“五彩米”的种子。种子随着人们的脚步声长大，为阳芳村带来新的希望。2017 年“米教授”吴殿星老师来了，看那明媚阳光洒在五彩斑斓的彩色稻田。他亲自带队指导，在阳芳村扩种至 80 余亩、老屯乡长滩村扩种 300 亩富硒米和五彩米。

从实验室走向大田，农学院实践团逾越了这道看起来艰苦的沟壑，以专业知识和先进科技预计为农户增收 90 余万元。根据实地调研情况，实践团向种植户提出了更多配套的理论建议：五彩米不同于杂交稻，其株距可适当缩小；“籼型五彩米虽然品质很高，却存在不被消费人群接受”的可能性，需改变种植的策略；稻田里浮萍的竞争生长可通过适当的“烤田”得到解决；今年试验田里种植的彩色水稻具有良好的观赏性，但并不适于深水种植，建议改种芦苇水稻；稻田养鱼的种植株距和密度应做调整；台江的空气湿度大，要注意稻瘟病的防治等。

细细叮咛，小心嘱托，茁壮成长的彩色稻田吸吮的不只是农民们的汗水，也是实践团成员们的心血。

## 沂水春风，精神扶贫日就月将

至乐无如读书，至安无如教子。扶贫攻坚战，扶的却不仅仅是贫，也是志和智。物质致富与精神脱贫缺一不可，精神脱贫是实现真正的精准扶贫必不可少的要素。在严峻的物质环境中，孩子们想走出大山，需要持续不断春风化雨的教化与陪伴。

贵州黄平是国家级贫困县，身处群山峻岭，出行不畅。孩子们总是羞涩地低头闷声，脸上是阳光浸染过的棕褐色。看着支教团成员们带着的大包小裹，他们好奇地抬头，倒也并不言语。大哥哥大姐姐们，这次带来的不是好吃的，而是更加珍贵的智慧与教育体验。围棋课、科学实验课、心理素质拓展课，这些孩子们平时未曾接触过的新鲜玩意，实践团成员们都开展起来了。“老师你来看我的小苗，它好像比昨天又绿了一些呢!”“我以前科学课听不懂，但是郭老师讲的内容我一下就明白了，下学期我一定会好好学科学这门课！原来可以这么好玩!”敞开心扉的孩子们对实践团成员们无话不说，校园里的欢声笑语不曾停歇。

朗诵团、合唱团、趣味运动会……趣味性的活动极大地活跃了气氛，拉近了孩子们与实践团成员们的距离。在短短几周的时间里，志愿者们明显感受到了孩子们可喜的变化，他们不再像初见时那样内敛羞涩，寡言少语。生龙活虎的孩子们在课堂上蹦跃着，在操场上雀跃着。教室里有他们高扬的手臂和清亮的歌声，操场上有他们奔跑的身影与肆意的呐喊……

“每个人身上都有太阳，主要是如何让它发光。”陈旧的教室与缝补的衣裳也不能阻挡孩子们心中对于知识的渴望，通过校内的教学隐约能感受到孩子们情感上的缺失。在实践团成员前往家访时，发现当地的孩子普遍是留守儿童。在前期调研的时候，实践团早有准备，与专注留守儿童关爱的广东日慈基金会组织取得联系，参与课程培训并获得辅助课件，为孩子们精心准备了10个课时的课程。

教化不仅仅是简单地灌满一桶水，而应该是点燃孩子心中的火焰。在与大哥哥大姐姐们的相处时光中，内向、孤僻的孩子们慢慢融入了集体，更多的孩子感受到外面世界的辽阔与新奇，对未来充满向往。

## 养一方土地，守一生农艺，做一世农学人

222份个人心得体会，44篇优秀心得体会，蕴含着求是学子们在此次实践途中的一点一滴与真知灼见。学子们不光读万卷书，更是行万里路，将方块字的墨香糅合在飞扬的稻谷与坚实的土地中。实践团汇总了精准扶贫优秀案例21个，调研方案7个，其中台江的五彩米项目预计为当地农户增收90余万元。团队收集了10个有关脱贫致富的奋斗故事，有勤勉一生的基层老干部，有半生坎坷的种植大户，也有意气风发的青年村干部。其中传递出的梦想与激情，执着与勇气，浸润了学子们的眼角，也如暖流流入每个人的心房。他们种一生稻谷，养一方土地，守一世农艺。而我们做一名农学人，做一辈子农学事。

实践过程已经落幕，但这一份影响仍在队员们体内绵延扎根。一位队员是这样形容自己这场实践活动的：“行走一方山水，爱上一方天地”。历史悠久却失于新鲜血液的云南景东，彩稻构想创新仍面临瓶颈的贵州台州，穷山恶水里教育紧缺的黄平……有志于农，呼吁从农，队员们翔实的记录和深刻的思考，潜移默化引领着新一代农学人。

一位赴贵州的女孩子这样形容自己的实践，“它让我认识到，我不仅是一名浙江人，更是一名中国人”，一位赴湖南的团员说“等我毕业，我要带着我的女朋友一起来到这里为农民服务”。能力越大，责任越大。作为浙大学子，本身就

注定要有一种担当与责任，持有敢于在荆棘贫穷中拓荒的勇气，做“把科研放在田野里、文章写在大地上”的践行者，为脱贫攻坚贡献出自己的力量。

实践团受到了媒体各界的广泛关注与支持，今日头条、人民日报、新华网、人民网等多家国家级媒体对贵州台江团队实践成果“五彩米”的报道，点赞五彩米助力精准扶贫；中国乡村发现网报道了赴浙江泰顺社会实践团的事迹，赞扬了大学生随教授深入大山、深入基层，为当地农民带来福利的实践；搜狐则聚焦云南景东社会实践团的实践情况，引起热议。实践团队制作的实践视频也被广泛传播，赢得了社会群众与校内外同学们的交口称赞。

山中大火，鹦鹉遥见，入水濡羽，飞而洒之。人言：汝虽有志意，何足云也？对曰：尝侨居是山，不忍见耳！扶贫攻坚者，酷肖鹦鹉，对家国满怀热忱。但绝不仅是理想主义的入水濡羽，是一步一个脚印，踩在坚实大地上的作为。远方山雨欲来，惊雷滚滚，那是扶贫攻坚战正酣的鼓声，也是召唤我们新旅程的号角。

五彩稻米基地合影　摄影人：农学院赴台江实践团

（撰稿人：张卓）

# 华中片区

2016年，那场轰轰烈烈的名为实践的故事，带来了什么？改变了什么？又带走了什么？

时隔一年，再次踏入这片土地，发现的过程总是令人欢呼。

要“输血”，更要“造血”，让先进的科技一点一滴地渗透进乡土，将方块字的墨香糅合在飞扬的稻谷与坚实的土地中去。“农，天下之本，务莫大焉”，如何将“农”于瞬息万变的世界和科技中传承下去，是青年人的使命与传承。

我们是参与者，也是见证者。

# 只愿初心不改　相见亦欢

## ——长江大学农学院 2017 年联合实践行动纪实录

启动仪式　摄影人：梁汉

时光流逝，青春成为永恒，蓦然回首时，才发现我们都变了。我们走出了澄澈青涩的年华，走出了无处安放的青春，看了更多世事繁华，见了更多人间万象，甜蜜、苦涩、幸福、忧伤，品人生百味，或许就是成长的代价。而在成长中的我们，或也曾迷茫，也曾惶惑，终会在磨砺中变得更加坚强。只愿初心不改，相见亦欢。

## 初回首

2016 年夏天，阳光正好，十多个人背着自己的行囊，踏上了“走进乡土乡村，助力精准扶贫”实践活动的征程。于是湖北省宜昌市兴山县水月寺镇郑家淌村迎来了一群不愿做低头族的大学生，因为有他们，为这片大山增添了不一样的风采。

2016 年，实践工作队在郑家淌村的主要工作任务是对农户基本情况、致贫原因、收入情况等若干问题进行了解，并广泛收集扶贫建议。在村里，队员们与当地村民们同吃同住同劳作，开展走访工作，进行问卷调查。

虽然只有十多天，但十多个人在那里收获的不仅仅是一份份的调查问卷，更是感动和成长。往事历历在目，像是记忆中飘摇的条条彩带，摇曳不息；实践队员们在前行，他们从未停止过脚步。或许这对于他们来说，就是青春的历练，就是对青春的宣言。

## 重启航

2016 年已成为过去式，那个夏天流过的汗，说过的话，给一批学子留下了深刻的印象，就好像是一种催化剂，让更多的人对他们“走进乡土乡村，助力精准扶贫”实践活动有了新的认识。

裴斯泰洛齐曾说：“实践和行动是人生的基本任务；学问和知识不过是手段、方法，通过这些才能做好主要工作。所以，人生必须具备的知识应该按实践和行动的需要来决定。”这说明智慧与实践永远是分不开的，在实践中可以检验真理，也能培养能力，弥补不足。

为响应共青团中央及全国农学院协同发展联盟倡议，2017 年 8 月中旬，长江大学农学院“走进乡土乡村，助力精准扶贫”暑期社会实践小队十余人再一次来到了宜昌市兴山县水月寺镇郑家淌村，深入大山，踏上了扶贫调研之路。这一次，实践工作队重新启航，他们的主要任务是以郑家淌村为对象，以基层农户为视角，广泛调研农户对扶贫工作的具体满意度。实践队员们被分为五小组，分别前往郑家淌村的每一组中去做更深入的调查。看似简单明了的工作任务，其实是对实践队员们的另一种考验。

实践活动的重新启航因为三次会议逐步步入正轨。

8月14日下午，水月寺镇政府为了迎接实践队员们的到来举行了该活动的启动座谈会，参会人员有水月寺镇党委副书记、镇长王鹏，水月寺镇驻村干部万常红，长江大学校办副主任李波，长江大学省直扶贫工作队张建方。大会伊始，王镇长向大家介绍了水月寺镇的基本情况和当地居民的经济来源。知道10位实践队员是来自农学院后，他希望实践队员们能够利用所学知识帮助贫困户们。随后，李主任也发表讲话，他嘱咐实践队员们要珍惜此次机会，利用好这个锻炼自己的平台，做一个双创人才，同时积极配合水月寺镇政府完成扶贫工作。最后，李主任还特意叮嘱大家在实践调研的同时要注意自身安全。

第二天早上，实践队员们乘车抵达了本次活动的目的地——郑家淌村。到达村委会后，村干部以及几个组长在居委会的会议室就接下来的工作开展了一次会议。每个小组的组长对档案填写工作做了具体的安排，接着带领着实践队员们完成了本次的档案填写，并着重强调大家在入户走访的调查过程中应注重方式方法。

次日中午，长江大学校长助理刘助理与兴山县副县长一起来到宜昌市兴山县水月寺镇郑家淌村做精准扶贫的调研工作。刘助理实地走访了当地贫困户，与村民交流并了解村民家中的困难，同时也是对这两年多长江大学在当地扶贫工作开展的检验，实地调查了当地村民对近年来政府扶贫工作的满意度。下午，他们在郑家淌村村委会参加了精准扶贫工作汇报座谈会。在座谈会上，村主任等人依次讲述了2016年以来精准扶贫工作的开展进度及问题。副县长在会中讲到，近年来郑家淌村在长江大学的帮助下发生了翻天覆地的变化，村中修建了水泥路、改善饮用水的供给等问题。在听完副县长等人的讲话后，刘助理表示对郑家淌村的对口扶贫工作有了信心，同时讲述了此次过来调研看到的可喜变化。在座谈会中，刘助理指出长江大学驻郑家淌村扶贫工作队在工作的同时，既要看到成绩，也应发现工作的不足，更好地完成扶贫工作，并帮助当地政府推进精准扶贫的扶持项目。

在经过三次座谈会之后，实践队员们逐渐明确了他们的调研目的，这也为他们后续活动的开展奠定了良好的基础。实践和现实肯定是有差别的，但有了老师们的指点，实践队员们的调研之路明亮了许多。此次暑期实践活动，他们仍采取的是与农户同吃同住同劳作的方式，这样不仅方便了走访之路，也拉近了实践队员与村民们的距离。

## 再相遇

2017 年的夏天，又有十余人相聚于郑家淌村，重新启航，实践小队与这片山村再相遇，与这里居住的村民再相遇。虽然团队成员变了，但不变的是对这片山村的眷恋，是对这里乡亲的关怀，是助力脱贫攻坚精准扶贫的矢志不渝。10 名来自五湖四海的长大学子怀揣着服务“三农”的心来到郑家淌，采取分工合作的方式，续写着去年未完待续的故事。

在郑家淌村四组住着这样一位老人郑爷爷（化名），他年轻的时候在县里矿井上工作，他的一生有过四位伴侣，可惜的是却没能有自己的孩子。实践队员们第一次去到他家里时，他絮絮叨叨讲述着自己跌宕起伏的人生，表情时而严肃，时而兴奋，人生的酸甜苦辣都被他讲述得有声有色。他告诉实践队员们，现在政府给予了他很多帮助，不种田地仅仅靠着政府的补助金其实也可以生活，但自己还是在家里种了一两亩玉米作为经济来源之一，他的行为触动着每一个实践队员的心，人穷可以，但不可以穷志气，不能贪图享乐，只有付出才会让自己更好。

在走访到 22 号低保贫困户家中时，家中只有阿婆一个人，身体不是特别好，而且儿女很早就离开了人世。她一个人靠着国家的资助维持生活，前不久还因为做饭不小心摔倒烫伤了，导致行走更不方便。实践队员们与阿婆在交流上存在着一些问题，阿婆年纪大了，耳朵不好使了，有时也不理解队员们的意思，但两位实践队员始终耐心地和阿婆交流。阿婆看着实践队员就像看着自己的孩子一样，在倾诉中不知不觉地流下了眼泪。有时感动不是因为说了多少暖心的话，而是因为说了一些真心的话。

无论是新队员还是老队员，他们一直都记得去年三下乡报告会中戳人泪点的一个小女孩儿。四岁，像花骨朵一样的年纪，本应该每天跟着小伙伴一起尽情地玩耍，无忧无虑的健康长大，可是无情的病魔却降临在了她的身上。小小的身躯经历着非同龄孩子所能承受的痛苦，但她并没有因为病魔缠身而失去童真，她依旧那么的天真无邪、那么可爱，她依旧有着十万个为什么的精神。她是蔓蔓（化名），一个白血病患者。

蔓蔓的家庭是一个组合家庭，妈妈带着两个哥哥嫁给了她的爸爸，之后生下了蔓蔓，每天当爸妈出门干农活后，就剩下哥哥在家照顾她了。虽然是重组家庭，但是两个哥哥对妹妹的爱丝毫不减，总是把好吃的留给她，全心全意地照顾着妹妹。面对女儿棘手的疾病，蔓蔓的父母没有放弃希望，一直四处寻医。虽然家里经济条件不好，但是国家政策却及时给予了他们充分的帮助。现在，对他们来说最关键的就是找到合适的配型。

虫儿飞，虫儿飞，只要有你陪……蔓蔓活蹦乱跳地拿着录音机听着这首虫儿飞的歌，跳着自己的舞。在实践小队的大哥哥大姐姐们面前，也没有丝毫的怯场害羞。看着蔓蔓轻快的身影，队员们不由得感到心疼，难以想象这么瘦弱的身躯是如何一直与病魔斗争，由衷地希望蔓蔓能够早日康复，有一个幸福美满的未来。

### 终感悟

实践队中的一个队员说："初来水月寺镇，感觉这座众山包围的小镇古朴淡雅。小溪淙淙流着，安静悠然，就如同这里人的日子，岁月静好，细水长流。虽比不得城市的现代化，但悠闲自在。如果说水月寺镇是明月，那么郑家淌村就是它旁边的一颗星。一个多小时车程的盘山水泥路连通两地，路是跨越远山的希望，是寒门志子追逐梦想的桥梁。而落叶归根是最朴素的信仰。一双肩膀，一个背篓，背上玉米，一百斤，下山；背上肥料，八十斤，上山。脚下无数跨过的山没有带给他们富足的生活，却换来一句知足常乐。"

听见有位大叔说："我们世代在这里种玉米。"能体会到他的心安。大叔笑着和实践队员说："读书好啊！我们这里条件艰苦，靠天吃饭啊！"其实大叔的子女都已经走出大山，留在这里的他只为一个简单的心安。山很好，风很清凉，人也很热情。这片土地留下了实践队员们的足迹，也在他们的心里留下了印记。

列夫·托尔斯泰曾说过，幸福的人都是相似的，但其实每个人、每个家庭各有各的幸福。贫穷不该是农村人民的代名词，他们也可以靠自己的双手创造属于自己的幸福。郑家淌村这个湖北省省级贫困村，带给队员们的不仅是感官上的震撼，更是心灵上的震撼。它虽然不富有，但有秀丽的山水和勤劳的人们。他们不甘于现状，他们不甘于贫穷，每天早起耕作，晚归吃饭，勤勤恳恳地守护着他们的那片天地。

关于扶贫，最重要的便是“精准”，如果不落实到“精准”，扶贫就只会是表面工作。根据实践小队的走访情况看，当地人们对于政府的政策都很感恩，他们感谢政策带给他们的帮助，并在政策扶持下辛勤劳作。“金山银山不如绿水青山。”我们相信，郑家淌村会凭借着这宝贵的绿水青山和勤劳坚韧的精神发展得愈来愈好。

第二次走进郑家淌村的实践活动结束了，队员们同甘共苦，风雨同舟。一个人的努力难免势单力薄，一群人的努力就会拧成一股磅礴力量。

8月，走进乡土乡村，助力精准扶贫，他们在路上。

**走访贫困户　摄影人：梁汉**

（撰稿人：尹小华）

# 走进贫困家庭的那一方天地

## ——河南科技学院生命科技学院 2017 年联合实践行动纪实录

扶贫攻坚暑期实践队在村支部门前合影留念　摄影人：余尚杰

韶华易逝，转眼一年时间已过大半，时光如白驹过隙，总在悄然间溜走。回顾 2017 年，那段在心底熠熠发光的珍贵回忆随着笔尖沙沙倾泻而出，清晰仿如昨日。继 2016 年的联合实践行动之后，这个夏天，河南科技学院生命科技学院“走进乡土乡村，讲述扶贫故事”实践团再次动身，前往封丘县中孟村开展精准扶贫项目。

一年前，是实践团第一次来到中孟村，当时他们是开创者，是实验者，而我作为驻村队长，陪伴这群可爱的孩子进行了一系列的调研实践工作。一年后，当得知他们仍会前来进行暑期实践时，我的内心十分激动。他们的再次到来，不仅仅是为了检验自己去年的成果，更是因为他们满怀一腔赤诚热血，心存一分大爱善念，他们闪耀着农科学子的光芒，利用青春的力量，发挥着自己的光热去帮助那些需要帮助的人。我特别感谢这群可爱的孩子们，感谢他们积极投身到国家精准扶贫的行动中，感谢他们对贫困家庭的帮助和对我们扶贫工作的支持。同时，也发自内心地希望村子里的贫困户能够在扶贫工作的开展下，改善自己的生活条件，过上富足美满的生活。

连续两年陪同他们进行扶贫实践活动，作为驻村工作队的队长，看着他们在实践过程中的点点滴滴，我的内心深受触动。这群孩子，本该在家中的空调房里享受暑假，而他们却毅然顶着烈日前来开展扶贫实践活动。当我想用笔记录下他们的扶贫故事时，才发现语言在这份真诚奉献面前，显得有多么苍白无力，但愿我匮乏的词汇能诉说其中一二。

## 再访贫户　内心无限波澜

2017 年 7 月 2 日，两个小时的颠簸使实践团的这群孩子面显疲惫，但不等我和村支书安排完驻地，他们就提出想去拜访一下去年曾经帮扶过的几家贫困户。劝说无益，我只好匆忙安排他们把行李放到村委会，就动身陪队员们去往贫困户的家里。

我们一行人首先来到了石大爷（化名）家，这是继去年之后的再次访问。石大爷见实践队员来访，激动地打开满是铁锈的老式大门，比画着请实践队员进去坐。一片凹凸不平的土地，几面老式红砖砌成的墙壁便是石大爷家的庭院了，右边的棚子下，陈列着扫帚、锄头、铁锹等几把废弃不用的农具，最显眼的莫过于那辆破旧的架子车：虽然破旧，但是却没有一点灰尘。石大爷平时起居的房屋上爬满了苔藓，昏暗的室内摆设着为数不多的家具，一张矮床上铺着一层用了很久的草席。这里就是老人生活了一辈子的地方。我在这里工作的几年中，曾无数次来到这位老人的家里，每次看到都是一阵心酸。有两个去年没有参加实践的女生队员甚至扭过头去，似乎不敢相信这就是老人生活的地方。石大爷想给队员们找地方坐下，可是找遍了院子也没有几个木凳。队长余诺（化名）见此情景连忙拉住石大爷说："大爷，我们年轻人站着不碍事。"

"大爷，您今年身体怎么样？大娘的身体好点了吗？生活状况如何？"大爷拍拍胸脯表示身体还算硬朗，但是提起大娘和生活状况时，石大爷的眼神明显黯淡了很多。我向去年没有来的队员们补充介绍道："石大爷先天失语，他的老伴因早年过度劳累，积劳成疾，长年卧病在床，已经不能再下地干活，每天还要吃很多种药。祸不单行，更让人心忧的是，石大爷的儿子身体重度残疾，生活不能自理，儿媳妇早些年因车祸去世，给老人留下嗷嗷待哺的孙子。除了政府每月补助的三百元，石大爷平日里也会去扫大街维持一家四口的生计，属于中孟村的极度贫困户。"实践队长问了石大爷一些队员都关心的话题："去年送给你们家的麦种收成如何，产量有没有提高啊？"石大爷用手势和咿咿呀呀的声音向队员解释，看到老人艰难的比画，队员们便将听到的部分向老人复述确认："俺家里没人去种地了，土地都承包出去了，大爷，您刚刚说的是这些吧。"听到这里，石大爷点了点头。同行的村支书在一旁继续介绍道："石大爷家里没有壮劳力，把耕地都承包出去了，每年获得 1 000 元左右的承包费。你们去年送来的小麦种子总体收成不错，每亩大约增产 300 斤。"听到这些，言语不便的石大爷在一旁连连点头。大概摸清一些情况后，时间已至中午，队员只能暂时放弃其余几家的走访，先去安排住的地方。

"我先带他们去安排驻地了啊，大爷！"我向石大爷说道，当听到队员们还没有收拾好住处时，老人要求和队员们一块去看看。得知队员们要把一些床垫送到住处时，石大爷拍了拍旁边的队员示意他们等一等，不一会儿，石大爷将他那辆一尘不染的架子车拉过来，想帮助队员们拉床垫和物品，队员们想从老人手里接过车子，却被他拒绝了。看着瘦弱的石大爷拉着这车床垫，柴冉（化名）向身旁的队员说："自从家里的耕地承包出去之后，时不时就能看见石大爷拉着他的架子车在街上转，总是喜欢用他的架子车帮邻里做些活。石大爷虽然天生残疾，但是特别热心。"这就是这位老人，普普通通勤勤恳恳的老人。前往住处的路上，实践队员情绪似乎都不高，我看在眼中，问他们"你们是不是感觉自己去年的帮扶似乎并没有给他们带来一些实质性改变吧？"这些孩子们一愣，过了几秒他们队长说道："是，有这种感觉，似乎我们的努力没有起到什么作用。"听到这里我哑然失笑，告诉他们说"你们送来的小麦种子，让他每年的补贴多了 800 元，这是他几乎两个月的收入，他们家太贫困了，所以需要更长的时间来调节，在国家和你们的帮扶下，村里原有的18家贫困户，今年已有6户实现了脱贫，走向了幸福路，这都是实打实的数据。”听到我这样说，他们的情绪好了一些。看着他们稚嫩的脸庞，我突然意识到，这是一群刚刚20几岁的年轻人啊，他们少经世事，却有着一颗最炽热善良的心，相信他们在深入乡村的实践中会获得更多成长。

## 深入田间　玉米地的守望

临近傍晚，天气依旧闷热，实践队员在我们的带领下奔赴田间，主要针对玉米品种、生长情况，以及土壤的结构进行调查，希望能够帮助村民解决一些实际问题。一路走来，我们看到有的村民已经带着工具走在了田间的路上。农民们有的在浇水，有的在施肥，有的在锄地……看到我们，都热情地向我们打招呼。迎着一派淳朴浓郁的乡情，实践队员开始了紧张而忙碌的调研工作。经过调查，看到玉米地里有的长势较好，有的明显发黄，有的甚至死掉。农民对此感到不解，向实践队员询问：“明明这部分地水也浇了，肥也施了，为什么还会出现这种状况？”实践队长余诺解释说：“玉米等作物的生长除需要浇水和施肥之外，还与土壤的结构密切相关，如土壤成分含量、硬度、酸碱度等都会影响作物的生长。如果把握不了这些，单一地采用传统的方法种植，是不可能解决这些问题的。”接着“扶贫攻坚”实践队员抽样采取了一部分土壤，带回去做进一步的分析，希望能够为村民带来更为精准的数据，找出具体原因，解决他们的实际问题。他们利用专业知识为村民进行科研分析，提供农业技术帮扶，改变传统种植观念，传播新的耕作理念。智德同行，他们把知识与实践结合起来；脚踏实地，他们追求大同，一枝一叶总关情。他们就是我们国家优秀的农科学子，是国家的蓬勃未来，是“三农”发展的希望。

## 扎根土地　见证中孟村的改变

多日以来，以实践队长余诺为首的7名队员，顶着烈日，冒着酷暑，走访了中孟村的贫民户。主要从去年捐赠的麦种收成、家庭收入与人员状况、教育情况、政府资助、住房安全，以及贫困村民对实践队员调研的意见和建议等展开深入调查。党支部书记刘忠（化名）说："往年种植的矮抗 58 小麦产量约为每亩 1 000 斤，而去年河南科技学院生命科技学院提供的百农 4199 麦种，让每户平均每亩增产 300 斤左右，村里已经实现 6 户脱贫，还剩 12 户贫困家庭，总体有了很大改善。"实践队长余诺有些惋惜地说道："去年我们建议村民把收获的种子卖给种子经营公司，这样每亩收入是普通粮食价格的两倍，可以从一定程度上提高贫困村民的收入，但是，村民把收获的种子当作粮食一样出售，显然没有达到我们预期的效果。"

民亦劳止，汔可小康。自该村村委开展扶贫工作以来，着力保障农民的住房安全、饮水安全，改善农村的人居环境，加强科技种植、生态种植。今年，中孟村新增了太阳能路灯，全村下水道设施已经相对完善。在保证村民生活的同时，依托党支部、合作社、支柱产业大力加强基础基层党组织建设，加大精神文明建设。

河南科技学院生命科技学院与城关乡中孟村达成了长期合作的意向，计划用 3～5 年的时间，帮助中孟村调整产业结构，改善土壤环境，提高居民收入水平。同时，生命科技学院还会在接下来的几年中，为村民提供学校新研究的高光效小麦种子，并联系新乡部分种子经营公司在农民收获季节进行收购。希望当地贫困村民的生活水平会越来越好。

"水有源，故其流不穷；木有根，故其生不穷。"实现脱贫致富，还有很长的路要走，但我坚信在党和国家的正确领导下，一定能够让中孟村贫困户早日脱贫，实现和谐大同。河南科技学院生命科技学院实践团将继续坚持问需于民，问计于民；办好顺民意、解民忧、惠民生的实事。

## 风雨无阻　不忘扶贫初心

7 月 5 日，天公突然不作美，下起了大雨。我本想借雨故，让实践团的孩子们休息一天，但他们并未因天气原因而心生懈怠，反而早早明确分工，继续投入工作。雨势不停，等待也多了几分焦虑。之后，女生走访各家各户后陆续返回，男生浑身湿透跑回驻地。目睹此景，一时如鲠在喉。我愿天公怜赤子，酷暑、暴雨，没丝毫动摇他们的扶贫意志，他们不抛弃不放弃，毅然牺牲小我坚持来这里扶贫，他们在用行动高歌："虽体解吾犹未变兮，岂余心之可惩。"

## 背井离乡，农民工的乡愁

固守在一方天地之间，隔绝在城市心门之外。农民工们离妻别子，奔忙在钢筋混凝土垒成的一栋栋建筑里。他们有时迷失在大路上，有时围困在城脚下，有时匿息在暗道里。甘苦寂寞是工作常态，自卑敏感是永恒标签。他们心里流淌着家乡的溪水，怀揣着麦地里的阳光，可是却不得不融进城市的火炉，打造着地铁隧道和高楼大厦。

农民工总是在南来北往的车轮上，旋转着孤单的身影。长大的儿女，像羽翼丰满的鸟儿一样离开家乡，飞向远方的城市，去追寻属于自己的更美好的生活；而家园，连同幼小的下一代，也就留给了年迈的双亲。这些老人，被称为农村留守老人；这些孩子，被称为农村留守儿童。这次三下乡社会实践活动中，在和实践团队员调研贫困家庭生活条件的同时，我们也关注了一个特殊的群体——农民工。相对于留守的儿童和老人，这些进城务工人员承担的压力更大，三十而立，本该上敬父母，下教子女，却被生活所迫，无奈放下所有，背井离乡于各处漂泊。他们在风尘仆仆中奔往城市，却饱受了城市人口的不公正待遇：首先，他们的文化水平明显不如城市人，有甚连普通话都不会说，不可逾越的文化差距使得农民工们只能局限在劳力苦功上；其次，他们的思想跟不上城市的节奏，在农村时基本上是自给自足的生活，有自己的生活方式，田地是自己的，庄稼活也是自己的，什么时候去做都是由自己决定，所以本身的积极性不高；到了城市，工作时间被限制了，使得农民工对城市生活有很多不习惯。而远离家乡的他们自卑而孤寂，故乡是他们魂牵梦绕的地方，父母、子女是他们内心的牵挂。

本次调查总共走访 23 个农家，其中有效回收了 20 户的调查数据。调研发现，伴随国家经济建设的发展，农民工的就业形式也得以拓宽，城市保障了农民工基本的工资所得，也提升了许多农民的生活水平。家中的电器多了，菜的样式也多了，在满足温饱的情况下，有能力添置新衣服了。在调查的 20 户农家中，80%的家庭有成员在外打工，而其中有 50%的家庭，大部分的成员都在外一起租房生活。这同时也导致现在的农村剩下的人口越来越少，年轻劳动力基本转移到城市，剩下的大多是老人和一些留守的小孩，这种现象在中国的大部分农村都很普遍。留守儿童和空巢老人又为农村发展带来新的问题，实践团的成员们对此也非常关注。

青年兴则国家兴，青年强则国家强。这群青年勇敢肩负起时代赋予的重任，在理想信念的支撑下砥砺前行。他们潜心投入基层，加入懂农业、爱农村、爱农民的工作队伍中；他们怀揣梦想和坚持，助推美丽乡村建设，为建设富强民主文明和谐美丽的社会主义现代化强国贡献力量；他们矢志艰苦奋斗，认真学习专业理论知识，将理论与实践相结合，深入贯彻党的教育方针和国家扶贫政策。他们深入乡村，扶贫攻坚，他们时刻准备着，他们一直在路上！

**实践队员走进贫困村民家进行调研访问　摄影人：李璐垚**

（撰稿人：陈利　余尚杰）

# 栾川　农情暖意中国梦

## ——河南农业大学农学院 2017 年联合实践行动纪实录

**农情暖意精准扶贫栾川调研队集体合照　摄影人：刘锋博**

初来乍到，便感觉走进了历史，走进了江湖。沿着一片牵牛花走过去，我静静听着栾川低吟的歌声，一页柴扉，一段炊烟，一记清秀的鸟鸣，一波暗绿的凉意，静静地沉浸在相遇的感动中。这就是你啊，栾川。广袤的中原大地，遇到阡陌交织的你。“谁家玉笛暗飞声，散入春风满洛城”，你坐落于十三朝古都的洛阳，丰厚的历史文化底蕴吸引着我们每一个土生土长的华夏人。亘古的月光，夏夜温热却不躁动的空气令我们魂牵梦绕。窸窸窣窣的虫鸣，馥郁芬芳的仲夏，仿佛是陶渊明笔下世外桃源的一方天地。

栾川古称鸾州，因远古时期有形似凤凰的鸾鸟在此栖息而得名。位于河南省西部，东与嵩县毗邻，西与卢氏接壤，南与西峡抵足，北与洛宁摩肩，素有“洛阳后花园”和“洛阳南大门”的美誉。栾川县总面积 2 478 千米$^2$，“四河三山两道川、九山半水半分田”这句话用来形容栾川真是再合适不过了。这里山峦起伏，重岩叠嶂，地势西南高而东北低，形成了中山、低山和河谷三种类型的地貌。山水之间孕育着郁郁葱葱的树林，放眼望去尽是那浓郁而又饱含生命之力的绿色。栾川全县林地面积 319 万亩，森林覆盖率 82.4%，名列河南省第一，有“中原肺叶”之称。这里沁人心脾的不仅是山林一草一木昼夕之间的清淡，还有中草药绵延于鼻息的甘与苦，浓烈也让人无法拒绝。这里惹人瞩目的不仅有枝头硕果的可人姿态，更有村民和孩子们憨厚可掬的笑颜。

乡土话亲切悦耳，一路相随。栾川，在我们记忆中的盛夏。

## 格桑花开　夏日农情

未至栾川，满心满眼便惦念着这片与我们羁绊尚浅的土地。初入栾川，满心满意便被这里的民风民俗所吸引。“中岁颇好道，晚家南山陲。兴来每独往，胜事空自知。”没有城市的喧嚣浮华与车水马龙，阡陌乡野显得十分恬静。在这个充满了生命力的夏天，我们启程开展扶贫工作。

当“农情暖意”撞到炎炎烈日，当国家精准扶贫政策遇到贫困户，国之热情沸腾，民之热情也堪称众志成城。在队长贾兴锰的带领下，我们走进协心村，映入眼帘的是村路旁边一丛丛盛放的格桑花。走过那一片绚烂的花海，走过村口的木板桥，左拐的第一户便是我们调研的第一站——村民小兰（化名）的家。红砖围成的院墙不经意间露出岁月流过的痕迹，走进斑驳的院门，小院里四四方方的一片空地被划成了小块菜地，点缀着青翠的时蔬；旁边的声声鸡鸣犬吠展开了一幅农家生活欣欣向荣的画面。盖起的水泥新房与院里砖堆砌的老房子正面相对，就像是两个时代之间的审视与对话。

“那是以前家里住的旧房子，这是才盖好的新房子。政府的扶贫政策帮助我们改善生活，也让我们有机会住上这么好的房子。”主人小兰如是说。一身疲惫的我们受到了村民热情的接待，他们询问我们一路是否习惯，有没有什么可以帮得上忙的？一声声嘘寒问暖萦绕在耳畔，原来不只是我们牵挂着刚刚走出贫穷的他们，他们也牵挂着千里迢迢赶来的我们。随后，村民胡玉清又指着门前的牌子告诉大家，村子里的贫困户受到政府的帮助后都会有一个脱贫帮扶明白栏，这里面包括贫困户基本信息、帮扶人、帮扶单位及每一位村民的帮扶情况。从脱贫帮扶明白栏的贫困户收入情况来看，这两年在政府的帮助下，小兰一家的收入有了明显的提高，很大程度上是得益于切实有效的扶贫政策。调研结束后走在前行的路上，感觉村路两旁的格桑花都显得更加生机盎然。那是村民们幸福生活的象征，那是孩子们无忧无虑的笑脸，也是我们认真积极完成调研活动的无限动力。响应国家号召，助力精准扶贫，河南农业大学农学院砥砺前行！

## 久在樊笼　本爱丘山

昨天还是艳阳高照，今日却只见烟雨迷蒙，不见楼阁亭。虽然细雨纷纷，但我们不曾停下脚步。整理整理书包，迎着这上苍向人间播撒的甘霖，我们再次启程。刚刚认识不久的小黑狗也紧跟着我们的步伐，仿佛一位带游人参观的向导，一路伴我们前行。此时，协心村的一切与我们之间的关系变得更加紧密了。通向种植园区的路上，小雨清脆细碎的滴落，和着我们的脚步声，洋溢着农大人的朝气蓬勃。

在陶湾镇协心村第一书记的指引下，我们来到了农大校友的“十里桃林”。初入桃林，虽无春日芳草鲜美，落英缤纷之境，却也在枝头树间洋溢着生命的鲜活气息。“在政策的帮助下，我承包了这几十亩桃林，也是从你们河南农业大学购买的桃树种子，长势非常不错，桃子长得又大又甜，很多人来我这里买桃子。”学长的话让我们真切地感受到了扶贫政策对村民们生活的改变，大学生自主创业对农村建设起到了莫大的帮助作用。学长热情地招呼我们大家尝一尝他种的桃子，那沁人心脾的果香，清甜的口感，让大家不禁露出了幸福的笑脸。生活中的幸福美满也似乎都在这一颗桃子中体现得淋漓尽致，淳朴自然也满满喜悦。

告别学长，循着独属于中药的酸、苦、甘、辛、咸五味，我们又来到了近几年逐渐发展起来的中药种植基地。负责中药种植的村干部王景甫带领我们去参观茯苓种植基地、百合基地以及天麻基地。在参观基地的途中，我们遇见了通过种植天麻和百合走出贫困的村民小陆（化名），他向我们讲述了中药种植过程中的一系列知识，诸如为什么天麻要埋在土地下面，它的生育期有多长时间，最近的销售价格怎么样，为什么今年要采取这种种植方式来获得收益等。同时还带领我们去他自己的中药地里参观，让我们近距离地观察药物的生长状况，更加了解中药生产的近况。尤其是到了百合地时，他更是同我们讲起了上课时学习过的营养生长与生殖生长知识。

“俺种中药也是村政府里面有教技术的人给俺们说怎么种、种什么、咋生产、咋规划，要不是政府的政策好，俺现在也挣不了这么多钱，更盖不起房子，这比以前种玉米一亩一年只有几百块钱的收入多多了。”小陆这样说。他还告诉我们，要不是这两年种了这么多百合跟天麻，家里根本不会过上以前想都不敢想的好日子，山水的清秀为他们的生活奠定了基础，而政府的政策和书记的指引为他们的生活指明了幸福的方向。此外，政府为种植中药的药农们提供菌种来源，同时还解决了他们的销路问题。政府扶持后，中药种植从零星种植变成了规模化种植，开始了大基地生产，种植中药，只要他们的方法得当，几乎没什么风险存在，让农民的收益得到了提升，生活变得更加滋润。

风声雨声读书声声声入耳，家事国事天下事事事关心。伴着更加紧密的雨点声，我们踏上回村的路，看见中药种植基地蒸蒸日上的情形和药农们上扬的嘴角，我们的内心也更加坚定。扶贫政策改变了人们的生活，让中华民族社会主义的共同富裕之路更加平坦，也让实现中华民族伟大复兴的中国梦指日可待。

## 精准扶贫　攻坚拔寨

农情暖意精准扶贫帮扶团 9 名成员对陶湾镇协心村书记鲁书记（化名）进行了采访。鲁书记亲切地给队员们介绍了协心村的基本情况和协心村相关的扶贫方法。“家家有项目、家家有门路、家家有帮扶、家家有收入，这是我们协心村扶贫的四个目标。”鲁书记认为，仅仅盯着贫困户不行，必须着眼全村经济的整体发展、长远发展，建立打造符合村情实际、具备竞争优势和市场前景的特色主导产业。对于扶贫，协心村还为贫困户建立了“一对一”档案，要不折不扣地完成扶贫任务。

听罢书记的讲解，大家都感慨不已。协心村能有如今的模样，村民们能过上如今的生活，与这位第一书记勤恳认真的工作态度，兢兢业业的工作精神，小处着手放眼全局的工作作风是分不开的。这样的精神，是我们每一名新时代青年都应该学习的。仰望星空，脚踏实地，从最基本的做起，从地头田间开始，去寻找适合发展的道路。书记的话语留在我们每个人的心中，精准扶贫的路还很长，薪火相传，天地之大，黎元为先，我们农大人为此奉献青春义不容辞。

## 内化于心　砥砺前行

时间总是在不经意之间流逝，回程的日子也渐渐逼近。看着已经十分熟悉的村路，一砖一瓦都格外的动人。时间留给我们的，是一份份认真书写字迹工整的调查问卷，是一声声村民们对我们的嘘寒问暖，是一页页积累下的调研日记，是一张张在协心村调研的照片，是一段段令人难忘的回忆……在这几天的调研活动中，我们吃在村里，住在村里，体验着大山里人们的生活，那是一种不同于平原的生活，一种自然质朴的生活。我们深深地被这片大山所吸引。大山上的人们用他们的朴实与智慧创造了属于他们的精彩人生。

时间总是走得很快，尤其是人生中至关重要的几个节点，过去了，就再也不会再来一遍，我们要离开了。谢谢这段经历，谢谢协心村，是你让我们变得更加成熟、勇敢、自信。你对我们如此慷慨，让我们收获了很多，而这些将是我们人生不可缺少的财富。实践之行，虽时间转瞬即逝，但体会历久弥新。经此一行，我们对扶贫的理解，对社会的认识上升了一个高度。多么希望三下乡结束得晚一点，我们还有那么多的地方没有去，也许那里还有好多的问题等待着我们去发现……

裴斯泰洛齐曾说："实践和行动是人生的基本任务；学问和知识不过是手段、方法，通过这些才能做好主要工作。所以，人生必须具备的知识应该按实践和行动的需要来决定。"这告诉我们，智慧与实践永远是分不开的，在实践中可以检验真理，也能培养能力，弥补不足。在这次三下乡的调研活动中，无论是准备各种活动的材料，还是为活动的进行联系当地相关人员，或者是为了实现活动最初的目的，我们始终在努力地奔跑着，尽自己最大的努力做到了最好。三下乡活动使我们有了一个检验自我的机会，使我们无论在能力上或是在心灵上有了一次大的飞跃，也发现了自身存在的不足。"艰辛知人生，实践长才干。"我们作为学生，只重视理论学习，忽视实践环节，往往在实际工作中有所欠缺。只有通过实践将所学的专业理论知识巩固和提高，才能紧密结合自身专业特色，在实践中检验自己的知识水平。

足寒伤心，民寒伤国。习总书记明确指出，扶贫开发是我们第一个百年奋斗目标的重点工作，是最艰巨的任务。当全面建成小康社会的任务日渐紧迫，“不容一个人掉队”之际，“精准扶贫”已上升为国家战略。作为新时代的青年，我们肩上担负着实现中华民族伟大复兴的历史使命，我们不仅要认真学习理论知识，用知识武装头脑，更要积极投身实践，响应党的十九大的号召。

回想那短短几天在协心村学习调研的日子，正是我们农大青年学子为精准扶贫、攻坚拔寨，坚决打赢脱贫攻坚战所做的努力。虽然调研已经结束，但我们仍然会继续关注精准扶贫，关注更多地区。不忘初心，砥砺前行！我们农大学子不断奋斗不断进取，为全面建成小康社会增砖添瓦，为实现中华民族伟大复兴的中国梦锦上添花！农大在行动，农学院在行动，农学学子在行动，中国青年也注定为中华民族傲立于世界民族之林而阔步前行！

**调研小组在“十里桃林”　摄影人：王栋楠**

（撰稿人：路鹏达　朱洁薇）

# 情系湘西　共筑新科

## ——湖南农业大学农学院 2017 年联合实践行动纪实录

**湖南农业大学农学院实践团　摄影人：胡雅林**

为响应国家精准扶贫政策及“走进乡土乡村，助力精准扶贫”2017 年全国农科学子联合实践活动，深化我校农科学子对“三农”问题的认识，在院领导高度重视、精心准备下，农学院支教团一行 20 人于 7 月 3 日前往学校精准扶贫对口村——湘西花垣县麻栗场镇新科村，开始为期一周的“三下乡”活动。

绵绵青山，悠悠虫鸣，新科村美得像一幅水墨画。山水是灵秀的，没有钢筋水泥，村民们用木头搭建住房；没有高铁火车，村民们用双脚走出一条条通往外面世界的道路，一方秀丽风光养育了一方勤劳朴实的乡民。

## 走近你，了解你

此次小组走访就是针对建档立卡贫困户家庭各方面状况进行再次详细调查，以期全面了解贫困家庭致贫原因、生活现状并给出较为有效、针对性强的脱贫计划建议。

走访第一户家庭时，小组成员们就感触颇深。木板房里光线昏暗，一盏瓦数极低的电灯吊在房梁上，昏黄的灯光在夜幕里显得很微弱，角落里散发着霉湿的气味，两个大箱子、一张方桌子、几把竹椅子就是所有的家具，灶台被灰覆盖了一层又一层，几根柴火棒零星散落着。一位 80 多岁的老奶奶独居在这所房子里，她身着灰布衣佝偻着坐在一张凳子上，凌乱的头发遮住了她的脸庞。知道有人来了，老奶奶慌忙起身，但步子却依旧十分缓慢，和起身的速度十分不符，起初我们以为奶奶的腿脚不方便，后来当老奶奶摸索着蹒跚到灯下后，才发现她的双目已经失明。小组成员了解到，这位老奶奶有两个孩子，儿子失踪两年，女儿在外地务工，一年才回来一次，现在她只能靠低保和一些补助过日子，实在困难的时候还得靠邻居接济。经济、精神上的贫苦和孤苦无依，对一个双目失明的老人来说，该是多么折磨的事情啊。随着调查的深入，我们了解到整个新科村空巢老人、独居老人的现象十分普遍。

另一个老奶奶的家里，两个儿子都不在家里住，小儿子早已过了适婚年龄，但由于家庭经济条件、个人条件等多方面因素，至今未成家，只有逢年过节的时候回来看看。这个奶奶住的房屋是老式木房子，队员们注意到，房间里大门、窗户的木板很明显要比其他地方的新一些，经了解得知，房子前年由政府整改修缮，将大门、窗户的木板都更换了，家里的安全也得到了保障。与上一户完全沉寂的气氛不同，这家奶奶的房间里时不时有夹有杂音的电视声传出。屋里光线虽暗，那台开着的小彩电却也算是家里最好的家具了。“家里太闷了，听到电视里的声音感觉会好一点，觉得有人在跟自己说话”，奶奶说。

小组成员还了解到奶奶身体不太好，大大小小的病都有，必须长期吃药。但高昂的医疗费用和拮据的经济条件让她经常在身体实在撑不住了的时候，才会去附近的卫生所做一些简单的治疗。“人老了，家里的地种不了，每个月靠着政府发的一些粮食补助生活；家里没通自来水，每天我都得自己去一百多米外的水井打水，然后自己慢慢提回家，这一百多米，对我这把老骨头来说，可也不是近距离啊。”奶奶诉说的时候，几次停顿哽咽。组员们的到来让奶奶有了倾诉的对象，她对小组成员们依依不舍，离开之际，奶奶坚持送大家到路口。

此外，村里还存在一些特殊情况。有一户家庭只有一位青年男子，这个男子不仅患有白癜风，而且智力低于常人，没有稳定的经济收入，也几乎没有劳动能力，无法打理自己的田地。村委会把他列为重点帮扶对象，让他担任了本组的保洁员，既可以让他为村集体做贡献，又为他提供了较为稳定的收入来源。此外，村委会通过专人负责对接，确保该男子能够第一时间享受到国家的各类政策优惠，对于其医疗支出也与政府部门积极协商，争取最大的补贴力度，将国家的精准扶贫政策落实到位。

在新科村，除了田地里种植的一些农作物，贫困户几乎没有其他收入，很多贫困户几乎都是同样的情况。由于农业收益较低，农作物利润空间较小，大多数青壮年劳动力都选择外出务工，家里留下老人孩子。经调查了解，这些贫困家庭也接受了不同的资助，老人有养老保险，孩子有助学金，家里每年也会收到湖南农业大学的慰问金，还有一些粮食补助。

然而物质贫困、精神贫困的扶助都不仅在一朝一夕。由于经济条件限制，新科村家畜设施建设较为落后，交通不便，村民很少接触外边的世界，思想固化落后，对于外界给予的补助救济，他们心存感激但不知如何自己“造血”，单纯的“输血”不能真正改变贫困情况，这里真正需要的是思想上的转变。做好扶贫工作，还有很长的路要走。

## 你的梦想我的方向

“扶贫先扶智”，考虑到村里孩子的课余生活可能并不丰富，精神生活匮乏，实践小队特地准备了魔方、实验、手工、体育、美术、音乐六大兴趣课程，到当地的新科村小学开展支教活动。

新科村小学坐落在半山腰，曾经这里的教学条件十分有限。49 个学生，2 个老师，没有操场，教室也只是几间简陋的砖瓦房。我校入驻新科村后，小学情况得到大力改善，学校里建起了水泥操场，也增添了娱乐设施，同时开设了计算机等新课程。

支教时，实践小队带队，老师亲自上阵教孩子们转魔方，孩子们多数是第一次上手，看到颜色凌乱的魔方在老师的手里被迅速“驯服”，都觉得十分神奇，争先恐后想要和老师一起玩魔方。下午，太阳光稍弱，支教团的成员安排孩子们一起上体育课。第一节课体育组老师们教孩子们打篮球，从基本的热身运动开始教起，耐心地指导孩子们做标准的热身运动，然后是拍球和投篮，最后还用篮球和孩子们玩起了游戏，看着孩子们脸上洋溢的笑容，队员们也倍感欣慰。“我们以前没有上过体育课，没有体育老师，没有跳绳、篮球、乒乓球，我们每天上课都在教室里学书上的知识。”一个小学生说。我们深知，只局限于书本上的知识是远远满足不了学生成长需要的，小队成员也用自己最大的努力教给孩子们更多新的东西。

实验课上，小队成员李泽（化名）正拿着可乐给小朋友们做可乐变色小实验。“大家看到哥哥左手的可乐没有，只要我稍稍地加一点右手的这个进去，就会有神奇的事情发生。”只见他左手拿着盛有可乐的杯子，右手拈一点点维生素C，小朋友们个个都睁大了双眼，在孩子们的注视中，李泽将碘酒、维生素C放进可乐里，可乐逐渐褪色，孩子们发出一阵欢呼和惊叹。最后，李泽用通俗易懂的语言对这一化学实验原理进行了详细地解释。

手工课上，孩子们正全神贯注地把一张张手工纸剪裁整齐。“姐姐，这个送给你!”一个小女孩将自己叠了一节课的小樱花递到教课的组员王丽（化名）手中，小女孩叫赵琪（化名），家中还有读初中的姐姐和念学前班的弟弟，爸爸妈妈常年在广州打工，只有奶奶在家照顾姐弟三人。“琪琪想出去看看外面的世界吗?”“想，我想到爸爸妈妈在的地方，奶奶说我要是考上大学，就能跟爸爸妈妈一起了。”这里的老师告诉小组成员们，赵琪学习一直很努力，又乖巧又懂事，以后一定会有出息的。

中午小队成员还在午休时，听见外边有轻微的动静，原来孩子们来到我们住的地方等我们起床。“小声一点，哥哥姐姐还在休息呢。”一个小女孩压低声音对着其他孩子说。“直到我们都起床，几个孩子围着我们哥哥姐姐的叫，这是我们都没想到的，是意外，是惊喜，更是感动。”小队成员胡林（化名）笑着说道。

在支教的过程中，组员们也发现了一些问题：兴趣课堂原计划针对新科村小学学前班和一年级两个班的学生，但也有一些在镇上上学的高年级学生前来蹭课。这些高年级的学生在班级里不仅没有起到模范带头作用，反而对一些低年级孩子的手工作品指指点点，甚至嘲笑，与预期效果相去甚远，给课堂效果带来了一定的负面影响。经过交流我们了解到，他们家境相对富裕，又有一种高年级的优越感，对低年级孩子才表现出不屑。这暴露了当地教育方面很大的缺陷，理论上来讲高年级孩子应当更加懂事，对待比自己小的弟弟妹妹应该是包容鼓励而不是嘲讽和轻视，但事实却是由于素质教育的不健全，以及思想教育的落后，这些高年级的学生并没有哥哥姐姐应该有的样子。小队成员在这里短暂的停留并不能够从根本上改变什么，但还是尽其所能，呈现给孩子们最生动的课堂。

“哥哥姐姐，明天我们还能一起玩吗?”短暂的欢乐时光，让孩子们与我们变得亲密无间，一句何时再相见，扣动着大家的心弦。虽然不能给出明确的答复，但毫无疑问，这将成为队员们和孩子们彼此人生历程中一段共同的美好回忆。用趣味游戏勾起他们的微笑，用心灵交流唤醒他们的微笑，用热情开朗点亮他们的微笑。每一次零距离的互动，我们都会被孩子们的微笑所感染；每一个趣味活动的开展，都是一次心与心的贴近。用爱心播撒梦想的种子，用青春谱写最美好的相遇，我们会倾尽全力为孩子们圆最好的梦。

## 多方协作共筑新科

在新科村，当地的村干部正扎扎实实把精准扶贫落到实处。每一个贫困户都会拿到我校每年的慰问补贴，在危房改造过程中，除了国家补贴的资金以外，农大师生也竭尽所能提供了危房改造的补贴资金，极大程度上缓解了贫困户的资金问题。

湖南农业大学师生深知，授人以鱼不如授人以渔，“输血”只能解决一时的贫困问题，而只有让新科村人民学会自己“造血”，才能真正脱贫。除资金扶贫之外，湖南农业大学还积极响应国家号召，鼓励新科村居民发展第三产业，请来专家为村民们上课。

据了解，当地正在大力发展黄桃产业和旅游业。“靠天吃饭”的种地模式已经不能满足现代农民的生活需求，新科村响应国家的“土地流转”政策，租用农民土地实行合作社制，大面积种植黄桃，闲在家里的农户可以去合作社打零工，挣的钱也完全可以补贴家用。当问到黄桃产业的发展问题时，村支书笑开了眼，

"这还是要感谢国家惠农政策和湖南农业大学给予我们的帮助，本来这黄桃种了是不好销售的，但是农大师生帮助我们拓展销售渠道，甚至学校一些老师的亲属都会购买我们的黄桃，每次收成之后都能卖个好价钱！"

发展旅游业更是一项巨大工程，资金、技术、宣传等各方面问题亟待解决。"我们这里发展旅游业呢，也是政府大力支持的，所以资金问题倒是不用太担心，具体的规划建造问题也有农大师生来给我们相应的指导，有这么多的帮助，再加上我们自己的努力，相信还是能够发展好的！"村支书对新科村的未来充满信心。

经过这七天以来的入户走访、实地调查，实践小队各成员深入了解了农村农户的生活现状，也见证了国家在政策大方针上的正确性，亲历了在村委会和农大坚决落实政策、开展扶贫工作后给村民生活带来的巨大改变。思想与物质双管齐下，确保达到人人脱贫的目标，这是农大实践团队不变的初心，"走进乡土乡村，助力精准扶贫"，我们一直在路上！

实践团员们同孩子们在一起　摄影人：胡雅林

（撰稿人：赵世浩）

# 让青春之光在实践中闪耀

## ——华中农业大学植物科学技术学院 2017 年联合实践行动纪实录

**华中农业大学植科院赴井冈山红色实践团在田间同村民交流　摄影人：佚名**

习总书记说："青年一代有理想、有担当，国家就有前途，民族就有希望。"2017 年暑期，中国农业大学号召的"全国农科学子联合实践行动"再次启动，华中农业大学的同学们纷纷响应，期望能够加入实践团队中，深入农村、深入基层、深入扶贫一线，在实践中展现华中农业大学青年学子的激情与担当。经过层层筛选，这个暑假学校共组建了 38 支不同专题的实践团队：“与岗位科学家同行”“科技支农”“十题百村”观察，“关爱行动”“红色记忆”……他们将代表学校奔赴全国 20 余个省份，形成一股青年大学生的合力，携手把青春的光芒撒遍祖国大地。

这些队伍中的华中农业大学学子们，不仅仅掌握着专业的农业知识和技术，更继承了学校在双甲子的悠久历史中积淀的优秀文化与精神。奋斗的青春最美丽，实践的青春最闪耀，徐本禹精神、张瑜服务队、小宇宙支教团等一个个熟悉的名字被提起，华农学生将“勤读力耕，立己达人”的校训融入了自己的骨血，用实践之行谱写了一曲无悔的青春赞歌。

## 行万里路　产业调研助发展

作为农业大学的学生，应该坚守在服务“三农”的第一线。“中药材植保万里行”团队就是这样一支以专业知识为基础的实践队伍。25 名来自农学、植物保护、植物科学与技术、种子科学与工程专业的同学们，在药用植物专家王沫的指导下，奔赴吉林、宁夏、甘肃、河南、湖北等中药材生产基地，为当地中药材种植农户提供技术支持，为中药材生产企业提供市场调研结果，为当地政府提供生产政策建议。

在队员们心中，农业产业始终是最需要被关注和了解的。7 月 17 日，在到达宁夏中宁县后的第二天，他们便奔赴当地的枸杞生产基地，调研枸杞生产过程中的滴灌技术、肥料使用、病虫害发生动态等一系列实际生产过程中会遇到的问题。随后的几天，小队成员面向农户发放调查问卷、走访当地企业、联系当地政府，并与随队教授一起举行了枸杞产业种植技术宣讲答疑会，将收集到的问题一一解答，得到了当地种植户的一致好评和感谢。

同样，甘肃岷县小分队在到达实践地后，也开展了相关调研内容。在走访黄芪党参种植户、中药材收购商、中药材加工企业后，小队成员对调研结果进行了整理分析，重点就中药材农村合作社的运营模式、国家补贴情况、药材加工情况进行了梳理和汇总，将相关意见反馈给了有关部门。

实践的队伍广布全国，实践的成果遍地开花。河南、吉林、湖北等各个小队也在炎炎烈日下深入田间地头，查看中药材种植情况、病害情况，了解相关政策，汇总结果，为中药材事业的发展建言献策。

实践小队的成员们回到学校后，纷纷坦言，虽然十几天的调研、走访确实很疲惫，白天要深入田间，晚上要整理宣传。但辛苦并不能阻挡他们的激情，约束他们的情怀。他们始终认为，作为一名高等农业院校的学子，有义务将农业的大旗扛在肩上，将农村的问题记在心里，为农民的脱贫贡献青春力量。

## 爱生乐教　“宇宙”虽小力无穷

从2013年由植科院学生田霞创立至今，“小宇宙”支教团已经五岁了。从创立最初的几人壮大到现在的50余人，他们不仅成为地方的“常客”，受到乡亲们的热情欢迎，更被地方政府看作教育扶贫的重要力量。他们用自己的执着守护着孩子们稚嫩纯真的笑容，用自己的青春力量谱写出最动听的乐章。

组建新一届队伍、在学校各个楼栋“扫楼”为孩子们筹集需要的书籍和生活用品、联系学校、设计课程、制作上课用的模型，这些前期准备都在两个月内全部完成。2017年，支教团队员们首次通过轻松筹发起公益项目，为麝香村的孩子们募集了1万余元的捐款，并全部投入到了孩子们的教学需求上。看着孩子们开心的笑脸，小宇宙支教团成员们心里更是乐开了花。

开课第一天，支教团成员既兴奋又紧张。兴奋的是终于可以上讲台为孩子们讲精心准备的内容了；紧张的是平常少有与孩子们接触的经验，担心讲不好、在课堂上管不住孩子。虽然爱玩仍旧是孩子们的天性，但他们今年似乎比往年乖了很多。支教团的成员采用互动式教学，上课的时候拿出在学校提前准备的明信片、小玩偶等礼物，作为课上发言、课下提问的奖励发给孩子们。在家访的过程中，成员们还结合专业知识，就当地农业作物种植、病虫害防治等进行科普宣传，在孩子们心中种下知农、爱农的种子。

一个多月的支教很快就结束了，在离别之际，孩子们一个个哭成了泪人，舍不得大哥哥大姐姐们离开。第一届小宇宙支教团成员教过的孩子在QQ群上留言到：“曾经那么近，现在那么远，一种人生善意，发自内心的感恩，曾经的缘，是一种良知，现在的想，是一种梦……好心的人，给了一分真诚，善意的人，给了一分美德，缘是一种境界，人有一分舍得，左边是微笑，右边是阳光……第一届小宇宙，放飞了我的梦想，此刻，我还在为理想努力着。小宇宙使我成长，小宇宙教我坚强，我离开了这个小村庄，但还有一群和我一样充满梦想的孩子们，期待着，等着，盼着你们。千言万语，言不尽心中恩情，发由肺腑，只道一声谢谢。——第一届小宇宙某学生。”真挚的文字和感情是孩子们对小宇宙成员付出的肯定。

创办“小宇宙”支教团之初，田霞或许也不曾想过这个支教团究竟能走多远，能发展到何种程度。现如今，“小宇宙”支教团已发展壮大，吸纳更多志同道合的年轻人，为一个又一个的山区孩子带去希望，告诉他们外面的世界很精彩，外面的天空很广阔。“小宇宙”们也坚信，在一届又一届的传承下，麝香村的教育事业必将迎来曙光，攻坚脱贫工作也会做得越来越好。

## 党旗飘扬　革命老区探“三农”

1943 年，曹火星的一首《没有共产党就没有新中国》在全国广为传唱，流传至今。这首歌也自我们童年时就萦绕在耳边。没有共产党的领导，广大农民就不会翻身做主人。党的十九大召开后，以习近平同志为核心的党中央更加致力于投身实现人民生活幸福、中华民族复兴的伟大事业。青年大学生更要在党的领导下，积极进取，为实现“中国梦”贡献自己的力量。

三湾乡位于江西吉安市永新县西南，在这里发生了著名的“三湾改编”事件，三湾乡这本“无字书”值得青年大学生好好品读。华中农业大学“赴江西井冈山暑期红色党员实践团”的 15 名大学生党员，从武汉奔赴红色革命根据地，深入挖掘当年发生在这里的故事，耳畔仿佛还能听到几十年前枪林弹雨的声音。

行走在挑粮小道上，同学们肩上的行李不及当年红军战士的十分之一，但当走到黄洋界上头之后，一个个仍累得满头大汗，喘气不已。同学们难以想象，这样的路，十倍的重量，当年的红军战士每天都要走 1～2 趟。走访农户调研过程中，队员们就“十八大”成果回顾和“十九大”展望与红色革命根据地的群众进行了深入交流，就革命老区的“三农”问题进行了进一步探讨。

在探索革命老区“三农”发展过程中，实践团成员们了解到丝瓜种植和黑猪养殖是政府大力扶持的产业。在当地政府的帮助和指导下，丝瓜产业在当地已初具规模。丝瓜除去食用价值，丝瓜络还被用于制作鞋子、鞋垫等物品，丝瓜水被用于制作护肤品。对于这个产业，政府从引种、作物生长到作物的加工销售全程提供帮扶。

当第一产业和第三产业相结合发展时，经济效益就能产生更大的价值。当地政府在大力发展第一产业时，更依托红色革命圣地这一天然优势，将三湾乡打造成旅游农业地区，吸引北上广地区的企业在三湾进行投资。与此同时，为促进当地青壮年劳动力返乡以及实现“扶贫攻坚”工作的长远发展，乡政府也正着手打造“三湾红色特色小镇”，包括创办三湾干部学院、中国青少年革命传统教育培训营地、商业高端培训学院，为当地经济农业发展储备后续人才，也为其他地区的发展提供了新思路。

实践团成员经过调研，更加坚信在党中央的正确领导下，“两个一百年”的目标一定会实现，中华民族的伟大复兴也一定会实现！青春是一首歌，需要青年来用心歌唱；青春是一首诗，需要青年来奋力书写；青春是人生路中的一小段，虽然短暂却弥足珍贵，正值青春的大学生，应该有担当、有理想、有情怀，在这奋斗的年纪，本着持之以恒的执着和创新的精神努力拼搏，既要读好理论书，也要读好“实践”书。

华中农业大学植物科学技术学院的大学生在2017年带着爱走在青春实践的路上，在全国，还有千千万万的农科学子参与到了“全国农科学子联合实践行动”中，不仅“读万卷书”，更是“行万里路”。他们怀揣着满腔热血去实现自己的青春价值，让青春之光在实践中闪耀，为助力中国梦的实现贡献自己的力量。

**小宇宙支教团与支教学校、学生合影留念　摄影人：田珊**

（撰稿人：贾浩洋）

# 荷花夏语　且听风吟

## ——江西农业大学农学院 2017 年联合实践行动纪实录

实践队员参与火石村光伏发电站灾后修复工作　摄影人：刘康

我确信夏悄悄地来过，
在信风摇曳的梧桐叶边，
在喧嚣不停的轮渡之上，
我听见夏的低语，

委婉地诉说着，他们安静又热血的故事。

——题记

荷花暮雨，杨柳西风。季节总是趁人不备时，悄然陡转。就像那篇关于夏天的故事，不自觉时就已经被写入了名为青春的书册里。夜里，指尖掠过厚厚的书页，凉风拂过脸庞，记得那时小路青砖，流水潺潺，一树几花，一夏几人，一心几行，故事便由此开始。

党的十八大以来，以习近平同志为核心的党中央坚定将扶贫开发作为关乎党和国家政治方向、根本制度和发展道路的大事，作为“四个全面”战略布局和实现第一个百年奋斗目标的重要工作部署和最艰巨任务，提升到了新的战略高度，并提出了一系列新思想、新论断、新要求。特别是习近平总书记关于精准扶贫的战略思想，体现了中国减贫与发展的时代特征，是对扶贫开发工作思路与方法的重大创新。

在举国上下大力实施精准扶贫的今天，青年大学生有义务走进乡土乡村，助力脱贫攻坚，奉献青春正能量。2017 年暑期，江西农业大学农学院为响应大中专学生暑期“三下乡”社会实践活动和“全国农学院助力脱贫攻坚工程”号召，组织 20 名师生党团员分赴修水、上饶、横峰、鄱阳、余干、上高等 6 个国家级贫困县，深入开展主题为“走进乡土乡村，讲述扶贫故事”的全国农科学子联合实践行动。联合实践行动期间，实践队员累计完成村级调查问卷 9 份，农户调查问卷 200 份（建档立卡贫困户问卷 120 份、非贫困户问卷 50 份、脱贫户问卷 30 份），挖掘当地感人的扶贫故事 17 则。

作为时代进步青年，实践队员通过联合行动接受教育、增长才干、做出贡献，以实际行动为“打好脱贫攻坚战”奉献自己的青春力量，也充分展示了农学学子的风采，传承发扬“厚德博学、抱朴守真”的江农精神和“俯首农桑、耕读致远”的农学院院训。

## 凉风，初识

曾几何时，缘分成了一条神奇的河流，让素未谋面的人在其中相逢。凉风知我意，送我至何市。在九江市修水县何市镇开展的为期 10 天的“全国农科学子联合实践行动”里，队员们便是在这条河流上，相遇、相识、相知。

窗外繁华烟火，却渺若微尘，远处是绿水青山，近处是锦词妙句。夏天的风，用这一笔一画编织勾勒出队员们的调研画卷。初入何市镇，他们针对当地农户的家庭基本情况、借贷情况、社会资源情况、扶贫支持和发展需求等方面进行了详细的入户调研准备工作。一切准备就绪，他们详细了解了问卷的内容，并对建档立卡贫困户、非建档立卡贫困户和脱贫户的调研方式进行了探讨。随后，他们前往各自负责调查的村庄，在村党支部书记的帮助与村民的指引下，走进去年等距抽取的农户家中，与农户再次进行深入的交流与沟通，了解今年农户家庭中的基本情况。队员们敞开心扉与农户们交谈，了解到不少农户家里收入来源单一、劳动力缺乏、子女教育负担大、空巢老人压力大等问题。这里的人们朴实无华，热情好客，一次次邀请队员留下吃饭。虽然大家含笑拒绝，但他们知道，村民们是真心欢迎他们的到来，他们将与当地人们一起度过一段难忘的时光。

仍记得患难与共的时光。2017 年暑期修水县发生严重的洪水灾害，受灾后，队员们与何市镇火石村的党员们一起来到火石村扶贫项目光伏发电站开展主题党日活动，以实际行动参与当地灾后重建。活动中，队员们干劲十足，顶着炎炎烈日刨土、装袋、打包、扛袋、填土，经过一上午的努力，光伏发电站的塌方基本得到了修复。

## 相知，相助

山长水远，沧海难渡。实践队员来自五湖四海，不求得与凉风约，但愿能秉着助力脱贫的赤子之心，在这里开启青春折转启承的新篇章。他们说，与每一位农户交谈的过程，都是故事的分支，都是一段心路的历程。

一年未见，刚开始的交流也是略显生硬，谈话的氛围也有些尴尬。经过几次锻炼和新老队员之间的经验分享，队员们从多个方面对何市镇的几个村庄有了进一步的了解，便能很轻松地和农户更加深入的交流。在交流的过程中，他们发现村民们很信任他们，逐一将家庭情况说给他们听，于是在愉快的唠家常中，队员们顺利达到了走访的目的。这里的人们朴实好客，即使生活拮据，也会泡上当地特有的粮食茶或花茶来招待大家。一些农户家里真的很困难，他们的土坯房子破败不堪的程度，让队员们感到震惊。庆幸的是政府为他们的住宅建设提供了资金支持。房子虽只建了一半，却早已把希望盛满。队员们在调研过程中，力求统计的数据能真实反映村民们的情况，要知道把惠民政策落实到农户身上，才能真正起到助力精准扶贫的作用。

在距火石村委会2千米左右的山坳里，有一座水泥路都未通达的土坯房，这便是钟阿姨的家，家里住着这位单亲妈妈和她的三个孩子。要走进她家，必须要经过一条坑坑洼洼的泥路，晴天无碍，但雨天就会变得泥泞不堪。队员们去的那天，正赶上下大雨，路边的小花含苞待放，宛若芙蕖出绿波，傲雨而立。道路的坑洼中积满了黄色的泥水，举步维艰，才行几步，鞋子就已经沾满泥泞，稍微加紧步伐，泥水更会溅到裤脚。一番折腾后，大家终于见到了钟阿姨。钟阿姨才45岁，却比同龄人更显得沧桑年迈。她皮肤灰暗，常年累积下的辛劳在她的脸上留下岁月的痕迹，一双眼睛满是经历风霜后的憔悴无奈和刚毅坚强。钟阿姨的丈夫6年前因病去世，只留下了她和三个孩子。失去了家中的顶梁柱，让原本贫困的家庭生活更加拮据。家里光线很暗，摆设更是简单。一张破了好几个洞的木桌，上边放着有好几个缺口的碗，还有两只沾满了残渣的盘子和一双又短又细的筷子。木桌右边有一只木头都腐烂了的柜子和已看不出原来颜色的木凳，墙体也裂开了缝隙，外面下着大雨，屋里淅淅沥沥漏着小雨。里屋内只有一张床，一台爱心人士捐赠的彩电和一些老旧的衣柜。阿姨很是热情地迎接队员们的到来，在知道大家的来意后，她向大家讲述了这一年来家里发生的变化。家里原来的土坯房倒了一半，现在已经不能住人，只得租住在隔壁人家中，好在下半年她们就可以住进政府为她免费修建的新房子里。说起这，她的眼角都是笑着的。她还提到一年以来经常有爱心人士来看望她们，冬天给她们送被子、衣物、生活物资。只是她的大儿子手脚残疾，不会说话，因没钱已错过治疗时机。钟阿姨的两个小女儿都在村里上小学，看上去都比自己的实际年龄要瘦小很多，看到队员们还有些认生，躲在一旁。两个小女孩儿很是乖巧听话，在与队员们的交流中，慢慢地开始展现出孩子应有的天真纯良。虽然家里很穷，但阿姨从未想过让孩子们辍学，她深知知识的力量，哪怕自己再辛苦也要让孩子上学。正所谓，贵者肯掷通灵宝玉，贫者亦有自强之心。村里知道她家的情况后积极帮助，给上学的孩子送书包、文具，并免去了孩子的学费，减轻了她的负担。钟阿姨自己也不甘只坐等接济，她深知脱贫不仅要靠政府的帮助，更要依靠勤劳的双手。在政府的帮助下，她养起了猪和鸡鸭，日子慢慢变得有些起色。阿姨一家很期待搬到新房子里，也很有信心在脱贫的道路越走越远。队员们自发地在阿姨家帮孩子们辅导暑假作业，打扫卫生。在临走时阿姨留他们吃饭，他们婉言谢绝了。期待明年再见面时，能看到一个更加美好的家庭。

队员们看到，相比第一年，村里有了很大的变化，移民新村建起来了，硬化公路通到了80%的农户家中，村民的生活逐渐宽裕，乡村也越来越好、越来越美。

在与村扶贫办主任的谈话中，实践队员了解到了贫困户的评选条件，他们大多是精神正常而身患残疾的人，或者是无儿无女的年迈孤寡老人。近几年国家的扶贫工作体系越来越完善，扶贫力度也逐渐加大，村里许多农户家庭条件得到极大的改善。村里现在发展油茶、葡萄、水产等产业，不仅带动了整个村的经济发展，也让更多的贫困户参与到产业发展中来，为他们提供了工作机会。

队员们调研的大多数是贫困农户，在他们的脸上刻下了生活的艰辛和岁月的痕迹，由于每天辛勤的劳作，他们看上去比实际年龄要大。有一位老人在讲述家里的情况时，脸上便露出了难过之情，一家壮丁今年全部卧病在床，只余下自己和儿媳两个女人，干不了重活，虽然政府给了补贴，但养活一家子人着实困难。老人说之后娘俩准备养些鸡鸭猪，病了的孩子上不了学也可以省下一笔钱，只是看病的钱还是没着落。她们面对困境不放弃，不曾放弃家人，也不曾放弃生活。看到他们的艰辛和坚强，队员们心里都酸酸的。知道这一家人的困难，许多邻居送来了一些生活必需品，政府也下发了粮食、毯子等物资，生活还得继续，她们对未来也有些打算，在政府的帮扶政策下，种些经济作物，再养些家禽，日子也过得去。对于生活，或许有时候他们无能为力，但无论如何也不应该向命运低头，要始终相信党和政府，相信自己。

调研中，队员们还来到一位老党员家里，家里只有一位老人和一个孩子，孩子的父母外出打工了。在与孩子交流过程中，她有些内向，说起自己的父母在外时眼眶泛红，队员们微笑着和她聊天，努力不流露出伤感的情绪，不想再增添她的悲伤，而是告诉她父母是出去给家庭挣希望。把理解留给时间也许更好，时间会在适当的时候让她明白，离别是为了更好的相聚，远方有着最深情的守护。父母的拼搏会让她有机会接受更好的教育而变得更加优秀，她的父母会因她而骄傲，她的家庭会因此更幸福美好。

## 衔草，舐犊

沉醉晚岚，浸画一方河山，多情旖旎。连绵的丘陵，睡卧如佛，山下，多稚龄童子嬉戏玩闹，或黄发老人轻摇蒲扇。村里，越来越多的农村青壮年劳动力外出务工，导致“留守儿童”和“空巢老人”的数量急剧增加。年幼的孩子过早失去父母羽翼的庇护，年迈的老人承担起照顾孙辈的重任。

如果夏天的风带不回衔草舐犊的书信，那也请时光温柔他们的情怀。队员们深知无法长伴孩子们左右，仍旧以牧笛唤起晚岚。他们和留守儿童展开了“情暖童心”大手牵小手互动活动，建立起和孩子们的友谊。来到当地小学，实践队员借助 PPT 方式开展课程辅导，为 40 余名留守儿童讲解安全知识和国防军事知识，提醒他们防汛防溺水，为留守儿童们送上了精美小礼物，并陪伴他们画画、折纸以及制作植物标本、模型等。此外，队员们还带领留守儿童做“彩球飞扬”“一圈到底”等小游戏，和孩子们共度了一段温馨时光。最后，他们征集并各自认领了留守儿童的微心愿，并把孩子们安全送回家。一段短暂的温馨让许多孩子恋恋不舍。当天下午，队员深入对接的留守儿童家庭进行家访，详细了解了留守儿童的学习情况和家庭状况，为留守儿童提供情感关怀和生活照料，并尽自己所能实现他们的微小心愿。当看到留守儿童稚嫩的脸庞上洋溢着对未来的无限期望时，大家不免感叹童年时光的单纯美好，所有的烦恼都会消散，阳光和希望总会如期而至。

在这个夏天的风中，有着他们一起走过的味道，似花朵芳香又如糖果纯粹，所有的冰冷在暖阳中消散，在温情中融解。

除了儿童，村里最多的就是老人了，一人守着大片田地种不了，要么承租给别人，要么荒着，他们的日子如同疯长野草的荒田，看似生机依旧，实则内心荒芜、杂草丛生，这不是大家愿意看到的。随着扶贫政策的落实，一些青年人回到故乡，专心种田养殖，日子慢慢好起来了，希望越来越多的青年可以回乡发展，把故乡建设好，并照顾好老人，既莫要“子欲养而亲不待”，也别让祖国的花朵缺少亲情的滋养。

走访郭城村时，这里的种粮大户就是外出务工回来的。他告诉我们，自己当初和妻子外出务工，家中的孩子只能留给几近耄耋之年的母亲照顾。后来得知乡里的扶贫政策，两口子合计了一下，决定回家种田养猪，一些孤寡老人的荒田他也承包下来，一起种植，收了粮也会送那些老人家一些。和队员们说话期间，一个四五岁的小女孩从屋里出来，抱着他的腿，边叫爸爸边撒娇，也不显得怕生。他说，以前孩子自己在家，缺少父母关爱，也是怯怯懦懦的，现在开朗多了。在政府帮扶下，日子幸福起来了，他也希望其他外出务工的人能回来，村里还有一些田和山地，还得有人种才好。临走，小女孩和爸爸一起挥手向队员们说再见，夕阳映出他们相依的剪影，那温馨的画面在队员们的脑海中久久未散去，这便是幸福与希望吧！

## 进学，思远

时光不待，队员们一定会记得彼时堂前一同吹过凉风，一定会记得曾几何时一同帮助过的人，当岁月流转，四季轮回，所有的一切在他们心中又将再一次地走过，铭记于心。这兴许是他们年轻岁月中最有意义也是最温柔的夏天。

每天调研结束后，都会发现太阳即将落山甚至夜幕已经降临，走过的路漫长到让实践队员觉得自己闯入了群山环绕的迷宫，但他们会相互鼓励，共同把每天完成的调查问卷进行统计分析。有时很累想要偷懒时，看到身旁的人在努力工作，便再也生不起想要偷懒的小心思。一群人在这里交谈着每天的收获，互相监督，无论多么疲倦，都会将当天的任务总结，再为第二天做好计划。

烧菜做饭是队员们的日常工作，也是他们忙里偷闲和大展身手的时间。12 名队员轮流负责大家一天的饮食，买菜、择菜、洗菜、切菜、烧菜，全都是他们自己摸索。一群人早起借三轮车前往附近镇里的菜市场，在家里从不买菜的他们也慢慢学会了讨价还价，学会了蔬菜的挑拣，渐渐融入了这个不大却充满人情味的乡镇。辛苦做出来的家常菜虽然卖相不十分好，但看着大家大口大口地吃着自己做的饭菜，心里满满的都是满足和幸福。当真是自己动手丰衣足食，这种经历难能可贵。

晴空万里，骄阳似火，暖风依旧。最后一天他们前往位于修水县上衫乡的湘鄂赣省委省苏维埃政府旧址参观学习，这里有大量的文字照片资料，生动地展现了彭德怀、滕代远等老一辈革命家革命斗争的历史场景，这次学习让他们认识到了革命历程的艰辛和如今生活的来之不易。承担起一辈辈共产党人的历史责任，他们热血沸腾的同时，也将不忘初心、牢记使命，继续前行。这里，不是终点，而是起点。

## 夏语，回忆

听见夏的低语，委婉地诉说着他们低调又热血的故事；看见风的俯吻，由衷地钦佩着他们渺小却伟大的奉献。

这个夏天之后，实践队员还将面对很多个四季，很多次别离。在很多年以后，他们会在某个相似的夏夜，翻开那本泛黄的纪念册。所有的字迹都将模糊，只有那朵被他们夹进本子的栀子花，仍然保留着属于这个夏天的最后一缕香气。那时，他们或许会想起，当年火石村的夏夜，蛙声一片，凉风与辛劳、苦闷与蹉跎。那时的梦，那时的萤，那时缱绻温柔的田野，带给他们两分的回忆。余下的八分，蕴含于日常波澜不惊的话语中，偷藏在一起走过踩下的脚印里，以及他们一起帮助过的人身上。

纵然，北风过境，天寒地冻。深信，他们依然记得，那年荷花夏雨，且听风吟。

**实践队员走进修水县何市镇开展“走进乡土乡村，讲述扶贫故事”农科学子联合实践行动　摄影人：杨玲玲**

（撰稿人：刘康　杨玲玲　黑文霞　李俏冉）

# 西北片区

曾经的丝绸之路，跋涉出一部动人的长剧，演绎了辉煌的史诗。弹指间百年过去，商旅不再，留下的是平沙莽莽黄入天。“流动”与“留守”，变成亘古不变的话题。

生活，抑或活着，突然成为了一个艰难的选择。

越是深入实践，越是了解，就越是动容，就越是牵挂。

我们所能做的，就是让那些土地实现贫瘠变富饶，荒芜变繁盛，落后变现代的奇迹。

# 予人玫瑰手余香　助人为乐爱长存

## ——甘肃农业大学农学院 2017 年暑期社会实践行动纪实录

甘肃农业大学农学院受到了河湾村村民的欢迎　摄影人：付颖琪

七月的骄阳下，有一种激情在燃烧；七月的天空里，有一份热忱在涌动；七月的大地上，有一群学子在传递大爱。2017 年 7 月，满怀热情的农学院社会实践团队积极响应全国农学院协同发展联盟的号召，深入农村开展社会实践。他们来到了甘肃省兰州市榆中县的一个平凡的小山村——河湾村，在此期间也得到了甘肃百草中药材种植有限公司的大力支持。在这片土地上，他们走访当地村民、了解传统文化，并在这里开展了为期十天的志愿支教与实践活动，为之付出了辛勤的汗水，也收获了成功的果实。

开展实践活动的十天中，农学院共有22名师生来到河湾村，他们如一阵清风、如一泓甘泉，一切都是那么新鲜而惹人欢喜。在实践之路上，团队成员们有跌跌撞撞的陪伴，也有欢声笑语的相随，他们感受了传统文化的魅力，体味了生活的酸甜苦辣，也看到了很多和他们一样的爱心人士，牵挂着河湾的山、河湾的水、河湾的人。他们把爱的种子播撒在了河湾村，相信它会在这里生根、发芽、开花、结果。

## 益润陇原，爱洒乡间

扶弱济困是中华民族的传统美德。实现全体人民的共同富裕，是中国特色社会主义现代化建设的根本目的，也是社会主义的本质要求。农学院实践团队本次活动得到了甘肃百草中药材种植有限公司的大力支持。近年来，这家企业在甘肃省河湾村建设数千亩药用植物园，鼓励当地百姓种植各类中药材，带动当地经济发展，帮助当地村民摆脱贫困，为当地经济发展做出了重要贡献。

到达目的地后，农学院带队教师及时联系到了甘肃百草中药材种植有限公司的负责人，经过协商后联合开展助老、助贫、助学等一系列活动。在与当地村委会了解了一些基本情况后，实践队员逐户走访，寻找精准扶贫的对象，为其与爱心人士间搭建帮扶交流的桥梁。经过实地走访、调查记录，他们最终决定资助3名贫困高中生，3名重大疾病患者和2名孤寡老人。

其中，困难高中生中颜小兰（化名）给他们留下的印象最为深刻。今年6月她刚刚高中毕业，家中5口人，父亲外出打工，母亲在家务农，家中还有年迈的奶奶和刚上高中的妹妹。父母微薄的收入难以满足家庭的需要，她们住的是简陋的泥土房，厨房还是20世纪常见的那种窑洞。虽然她们一家的生活条件很艰苦，但是两姐妹的学习成绩都相当优异，家里的墙上贴满了大大小小的奖状。颜小兰的梦想是成为一名救死扶伤的医生，可是完成大学的学业需要一笔很大的花销，她深知自己的家庭情况，不想因为读书给原本脆弱的家庭造成更大的负担，思虑再三之后，她决定放弃自己的理想，辍学出去找工作。实践队员对小兰的情况做了详细的了解与记录，同时一直鼓励她不要放弃自己的梦想。经过带队老师与甘肃百草中药材种植有限公司负责人对开展助学工作的探讨，最终决定资助颜小兰5 000元以减轻其经济压力。小兰在得知自己获得资助的消息后眼里噙满了泪水，嘴唇颤抖却说不出话来，或许是因为这5 000元对她来说非同小可，承载了青春的梦想，化解了燃眉之急。

一条蛇形路走到尽头，便到了贫困户王桂兰（化名）的家，她身材矮小，面色发黄，一根根白发清晰可见，显得格外苍老。当实践队员问及王桂兰是否生病时，她连连摇头，表示不知道自己的情况。队员了解到王桂兰没有读过书，不懂什么病会导致什么样的后果，所以一切都是由她丈夫魏建军（化名）料理。当队员把目光转向了身旁的魏建军时，他瞥了妻子一眼，告诉队员们他妻子没有患什么大病，检查结果都挺好的。带队老师立刻明白了其中的问题所在，赶紧转移话题和他唠起了家常。魏建军告诉队员们，家里的收入来源主要是外出务工的儿子，他本人在照顾体弱多病的老伴之余，种一些大豆、土豆、胡麻来维持生计。高额的医疗费掏空了这个贫困家庭，一年本该进行多次的复查，但对于这个本就捉襟见肘的家庭来说，复查一次后，下一次的复查就遥遥无期了。走出院子的大门，魏建军却不肯止步，执意要多送队员们一段路，差不多离家快一千米远了，他嘴角挤出几个字："她得的是恶性肿瘤，不能当着她的面说。"这一瞬间空气变得凝重，平时伶牙俐齿的队员此刻却不知道应该如何来安慰他，能做的仅仅是低着头在他们的小本子上做好记录。队员们本以为资助就是调研每家的详细情况，并完成记录，之后根据情况进行资助，却未想到每个家庭的情况千差万别，有些病人也许根本不知道自己得的是什么病，真实的病情只有家人知道。队员们体会到了贫困户生活的不易，也对"难得糊涂"四个字有了深刻的理解，有时糊涂一点，可能内心的烦忧会少一点。

实践活动后期，实践队员们针对村里的贫困户摸底情况，与甘肃百草中药材种植有限公司负责人进行了沟通，公司决定资助 3 名困难高中生 5 000 元/人，3 名重大疾病村民 10 000 元/人，2 名孤寡老人 10 000 元/人。后来队员们了解到，自 2016 年 10 月起，百草公司便开始向当地小学、贫困家庭发放救助资金，总计 50 余万元，向公司临时雇佣村民发放工资总计 200 余万元，彰显了一个企业的社会担当，切实提高了当地村民的收入，改善了村民的生活质量。此间，百草公司一马当先地承担起了帮助当地村民脱贫致富的重任，他们把爱播撒在河湾村的田间陇上，播撒在每一个家庭的角角落落。

通过这次扶贫济困的活动，实践队员们的心灵也受到了强烈的触动。在此之前，何曾想到自己身边还有这么多贫困的人民，何曾如此贴近地走入他们的生活。对比他们，队员们感受到自己幸福的生活，不仅拥有完整的家庭和健康的体魄，而且还拥有舒适的学习环境和广阔平台。恰同学少年，风华正茂。也唯有奋斗和拼搏，才不负热血的青春；唯有付出和努力，才敢说生命没有遗憾。

队员们希望今后有更多像甘肃百草中药材种植有限公司这样的爱心团队参与到公益中来，用自己的智慧为社会创造价值，尽自己全力为有需要的人献一份爱心，帮助更多无助的人们，为他们的生活拨开雾霾，重现蓝天。

## 体味文化，品味人生

烈日炎炎的七月，空气像被烤过一样炙热，但这并不能阻挡队员们前行的脚步。除了帮扶困难家庭以外，他们的另一个重任就是了解当地的历史文化、民俗风情、中医药文化等。

河湾村地处大山深处，当地的村民依旧采用扁担挑井水的方式取水，简单的家用电器也没有完全普及，而最令村民头疼的还是看病难的问题。当地气候特别适合多种中草药生长，于是，村民们多多少少都认识草药，并了解一些草药的功效，会用一些土方治疗常见疾病，可是一旦有突发疾病，就只能找村里唯一的一位老中医了。在村民的引导下，队员们找到了这位在当地颇有名气的老人家。老人家已年过花甲，却依旧精神矍铄。面对实践队员们的拜访，他将自己学医、行医的经历娓娓道来。他回忆道，自己 14 岁开始拜师学医，20 岁时正式出诊，行医之后，无论深夜还是黎明、严寒还是酷暑、刮风还是下雨，只要有人上门求医，他就立即背上药箱奔往病人家中，四十多年如一日。老人家告诉队员们，每次出诊回来，他都感觉像自己的家人生病了一样，时时牵挂着病人的病情，当晚必定久久不能入睡。老人家把每一位病人当作自己的亲人对待，处处为病人着想，随叫随到的责任感令队员们钦佩。或许他并未有着最高超最卓越的医术，但却像神灵一样守护着生活在这片土地上的村民。

老人家还热情地为队员们普及中医的基本知识，介绍了中医药在当地的发展及应用情况。他讲到传统的中医疗法，从中医的奇经八脉、升降浮沉、四气五味到药物相生相克的相关知识；也讲到自己在日常生活中的中药养生，从不同草药的主治功效、用药剂量，到如何锻炼、如何养生。他从不同的视角阐明了中医药文化的博大精深。最后，还通过“望闻问切”四种诊断方法，给实践队员们做了一次演示。老中医先一边将手指按在一位实践队员的手腕上进行切脉，一边观察该队员的舌苔，又仔细看了一下该队员的眼睛，询问其饮食起居情况，最后诊断出这位队员存在一定的肠胃问题。他热心地为队员开了几副草药，让队员服用调理。通过老中医的一番望闻问切，队员们近距离体验了一次中医诊病的过程，他们对这位德艺双馨的老中医崇敬不已，对中医药文化也产生了浓厚兴趣。

稀世之宝，国之经典。中医药文化作为中国传统文化的瑰宝，其蕴含的价值观念、伦理道德及人文精神彰显出了中医药的独特魅力。随着现代科技的发展，中医药和现代技术的融合取得诸多新进展，中医药现代化工作也获得一定成就与突破。中国传统医学的治疗理念开始被更多人接受，在国际上也受到更多关注和认可。如今，中医在我国传承了数千年，亦在不断地丰富完善，其阴阳、五行、运气、脏象、经络等学说系统而复杂，为每位初学者带来挑战的同时，也鞭策着传承中医药文化、弘扬中医药精神路途中的队员们更加全心全意，付诸更多时间与努力。在与老中医告别之际，老人家也表达了对中草药栽培与鉴定专业的实践队员的殷切嘱托，他希望同学们踏实学好中医药文化知识，并将中医药文化与精神继承发扬，伴随科技进步，为中医药发展注入新鲜活力，推动其蓬勃发展。

### 蓓蕾之池，西部之光

时间如梭，岁月如歌。短暂的七月已悄然逝去，曾经郁郁葱葱的小山村也已是秋叶飘零，满地萧然。然而，回望过去的时光，那里孩子们的音容笑貌依然清晰如昨日，深深镌刻在实践队员们的心里。还记得前往河湾村的时候，每一个队员心中都夹杂着几分忐忑，几分期待。他们被摇摇晃晃的校车带到山脚下，拉着行李走到了河湾小学。那时，村里的魏主任早已在校门口等着他们，把他们安排在提前收拾好的教室里，教室就变成了他们实践活动期间的“家”。

出于对学生安全的考虑，学校不允许暑假期间在教室集中举办学生补习班。队员们便联系魏主任，通过他联系了需要帮助的学生，最终在河湾村中药材种植园区内搭起了一排排帐篷。帐篷底下摆了 17 张白色塑料方桌，这就是那段日子里他们补课的“教室”。队员们每天接触的都是淳朴真诚的村民和天真烂漫的孩童。第一次体验到被人肯定、被人信任的充实感和幸福感，也第一次体验到传道授业解惑的幸福和快乐。村里的条件固然艰苦，但是每一位队员的内心却充满坚定的力量。

第一天支教的情景最让队员们难忘。当队员们抵达园区门口时，惊讶地发现一群孩子已经早早地伫立在门口。虽时值炎夏，但马衔山下昼夜温差很大，在清冷的晨曦中，孩子们背着小书包，脸蛋和鼻子冻得发红，显然他们已等候多时。当队员们问起他们为什么来得这么早时，他们异口同声地回答："我们要占座，来得迟就没座位了。"一种说不清道不明的情绪便突然涌入了实践队员们的心口。来到了园区的小院后，队员们立刻展开支教工作，他们将孩子们按照年级进行分组安排，为他们讲解课本知识和试卷习题。随后的几天，陆续有邻村孩子闻讯来"蹭课"。然而，由于场地的限制，通常都是好几个孩子挤在一张桌子上。挤挤巴巴的课桌并未阻挡他们对知识的渴望，而这种渴望也让队员们感受到一种前所未有的使命感。课间，队员们与孩子们打成一片，他们一起玩"我是最棒的""挑战大魔王"等游戏。在游戏过程中，还记得队员王培国喊道："我们是什么？"孩子们异口同声地说："我们是最棒的！"那响彻山谷的回声仿佛仍萦绕在每个队员的心头。那段美好的支教时光中，队员们的全部精力都聚集在孩子们身上，每天补习功课结束，望着孩子们排着长长的队伍，走在回家的小路上，那倾洒的余晖把小小的背影越拉越长，伴随着他们的欢声笑语，看似一幅画，听是一首歌。实践队员们都在心里为他们呐喊"你们是最棒的"。

支教过程中，还有一对姐弟给队员们留下了深刻印象，姐姐叫魏子君（化名），弟弟叫魏子轩（化名）。子君喜欢唱歌，子轩顽皮贪玩，姐弟俩聪明伶俐，却都对学习缺乏兴趣，甚至有厌学的情绪。队员们了解到，子君和子轩的父母忙于生计，对孩子们的学习情况几乎不闻不问，生活在缺乏关爱与陪伴的环境中，两姐弟厌学情绪并未得到父母足够的关注与重视，这让队员们感到十分痛心。通过和魏主任的交谈，队员们也深深意识到了地区经济落后对教育发展的严重制约，正是由于经济条件的艰难，许多家长不得不将主要的精力投入到家庭生计上，他们没有足够的时间和精力去关心、陪伴孩子的成长，甚至没有意识到教育对孩子的重要性。现实严峻而残酷，队员们深知教育对这个村庄、这些孩子的至关重要，也明白他们能做到的，就是在这短暂、有限的支教期间，更专注用心地为孩子们答疑解惑，培养他们的学习兴趣，保持与他们的长期联络。希望这群天真可爱的孩子们将来可以走出大山，看到外面精彩的世界。

支教第九天，孩子们已经知道实践队员们即将离开。课堂上他们依旧认真听讲，课间时却再没了往日的嬉戏打闹。课上课下，孩子们舍不得离开座位，他们每个人争先恐后地拿着一幅画冲到各自的“老师”面前说：“老师，老师，这是我刚刚画的画，送给你。”“谢谢！谢谢！画得真好看。”队员连连说道，生怕落下一个孩子没有回复。那一瞬间队员们的眼眶都湿润了，是感动的泪水，也是开心的泪水。相聚总是短暂，队员们无法逃避这与孩子们分别的时刻。孩子们背起书包，在院子里排着整齐的队伍，一个个面面相觑，低下头去，不愿挪动双脚。“孩子们，你们明天就在家好好学习，不用再来这里了，我们明年再回来看你们。”一位队员说道。看着孩子们逐渐远去的背影，泪水又一次浸湿了每一位队员的双眸。

在河湾村实践的日子里，队员们最大的收获还是对生活的感悟，他们懂得了奉献和舍得的含义，它是一种精神，一种领悟，更是一种智慧和人生的境界。“予人玫瑰，手有余香”，看到有人因你的帮助而振作奋进，而欢呼雀跃；而摆脱困境，而走向成功，谁又能不感到快乐？助人为乐，大爱长存，倘若将来的某一天，那群被帮助的人们能够继续将这份爱心传递下去，这又是一件多么让人振奋、快乐的事情！

实践队员在贫困农户家里调研后合影　摄影人：刘一良

（撰稿人：刘耀权　曹小东　张展军）

# 取泾水之源　养六盘繁木

## ——宁夏大学农学院 2017 年联合实践行动纪实录

指导老师向队员们讲解六盘山苗木区域生长情况，并指导数据测定方法　摄影人：田雨

### 生而勤之，不索何获

微光在清晨的皓影里流转，修剪过的草皮泛着清香，图书馆靠窗处一方光隐于案面，一杯热茶氤氲着茗香，笔下沙沙，窗外鹊啼。大学的第一个暑假悄然而至，像是绿萝偷偷爬上了藤架，无声无息，上学时伏案于题海书山，又奔走于楼宇梯台，如今假期已至，一腔热血，一片赤诚总该付诸行动了，人生而勤之，不劳何获。

初时，对于社会实践一行，我们其实并没有太多具体切实的概念。踏入校园以来，我们的假期社会实践大多只停留在发传单、暑期工这样的层面，或者为街道清洁做点贡献，所获得的感受也大多是亲身体会了劳动人民的艰苦后励志好好学习天天向上云云。我们在年复一年的社会实践中重复着类似的情节，不知其意也无所谓热忱。所以，在最初看到“三下乡”社会实践的通知时，我们很多人并没有过多注意，一眼扫过后便抛到脑后。直至学长向我们提起，才恍然想起。

学长说道：“大学的社会实践讲究的是真刀真枪，真学实干，所有项目的内容都需要自己准备、自己调查、自己分析，只有你自己经历过社会实践，才知道这绝对是一个提升自己的好机会，也只有参与过，你才会发现惊喜在远方等候。”这点引起了我们对社会实践强烈的好奇心，同学七人联合三位学长共同组成了我们这支社会实践小队。我们暗暗期盼着，愿此次精准扶贫社会实践能让我们不虚此行，为我们的成长历程加上浓墨重彩的一笔。

所谓精准扶贫，是指针对不同贫困区域环境、不同贫困农户状况，运用科学有效程序对扶贫对象实施精确识别、精确帮扶、精确管理的治贫方式。精准扶贫是新时期党和国家扶贫工作的精髓和亮点，更是全面建成小康社会、实现中华民族伟大“中国梦”的重要保障。十八届五中全会提出到2020年要实现确保全面建成小康社会的奋斗目标，把精准扶贫、精准脱贫作为基本方略，坚持精准帮扶与集中连片特殊困难地区开发紧密结合，举全党全社会之力，坚决打赢脱贫攻坚战。作为农科学子，面对这样的宏伟目标更是深知责任重大，认识到只有到实践中去、到基层中去，加强自身培养，服务国家脱贫攻坚战略，把个人的命运同社会、同国家的命运联系起来，才是青年成长成才的正确之路。在几番斟酌商议之后，我们确立了本次实践调查主题——泾源县苗木调查。

## 博观而约取，厚积而薄发

泾源县位于宁夏回族自治区最南端，地处六盘山东麓，因泾河发源于此而得名，它不仅是大六盘生态经济圈的核心区，还是西部重要的生态保障区域。近年来，泾源县依托优越的自然地理条件和独特的生态环境优势，紧密围绕“生态立县、绿色崛起”的发展战略，以市场为导向，以科技驱动为支撑，严把苗木培育、市场营销和信誉质量关，以培育西北地区市场紧缺的精品针叶类苗木和珍、稀、特树种为目标，将苗木产业作为全县农民增收致富的支柱产业来培育。打破了长期以来“守着青山没柴烧”的尴尬局面，也让当地农民看到了绿色的希望。

但是，随着泾源县针叶林种植面积的急剧扩大，泾源苗木出现了品种单一，规格单一，质量单一等多种问题，泾源苗木销售逐渐从卖方市场向买方市场转变。鉴于其产业现状，以及其市场前景分析，我们社会实践小队旨在将日常所学习到的知识应用到实践中去，通过调查走访的形式，向当地政府提请建立、完善、拓宽供求信息渠道的建议书，并切身解决农户盲目扩大种植面积，种植品种单一，销量滞后等问题，让农户意识到培育和更新六盘山区的苗木和珍稀花灌木，多元发展势在必行。同时进一步提高城市园林景观苗木、花卉的品质，开拓城市绿化美化市场。

出发之前，我们实践小队通过查阅相关文献资料，对泾源县的气候条件、土壤成分等相关苗木生长因素进行了简单的了解。在大家的讨论分析下，我们制定出整个实践活动的具体实施方案。决定以“点、线、面”的形式进行深入调查研究。“点”是走访泾源县各个具有代表性的种植示范村以及部分苗木合作社，调查当地种植情况，了解种植方面的相关知识与技术。“线”是以“点”为基础，制定有条理的调查路线，形成目标明确、思路清晰、卓有成效的实践路径。“面”则是在整个基本路线完成后，从政府部门具体了解整个泾源县苗木产业的目前状况，以及在产业发展上存在的制约因素和国家给予的相关扶持政策。当然“计划永远赶不上变化”，为确保实践进程的万无一失，实践小队同时制定了相关应急措施，并在老师的指导下进一步细化方案。此外，实践小队充分发挥团队合作精神，在出发前对队员们进行了具体的任务分配，责任落实到每位队员。万事俱备，只待出发。8 月 3 日，我们满怀激动与热忱开启实践之程，奔赴固原市泾源县，开展泾源县苗木产业的相关调查，以吾所长，立志为泾源之地的精准扶贫工作贡献绵薄之力。

## 躬行俯伏之，敬畏深晓之，清欢与共之

第一次走出银川的我们见识到了属于大西北的独特风景，是一种和南方完全不同的味道。黄土、平原、延续到天际的玉米地，自然的绿和纯净的蓝，偶尔一阵轻轻的凉风，还有些许被风吹散的云彩……从固原到泾源有一个多小时车程，

路边的黄土逐渐被绿树覆盖，山丘渐渐加大了起伏，天色也越来越清澈纯净，所有的一切都是那么美好。

我们深知此行时间紧任务重，到达落脚点后便立刻启程到六盘山镇上海子村生态治理实验基地进行实地的调查采样。一路走来，砖红色的泥土，苍翠的山林，还有萦绕在山头的云雾，一切都那么让人心旷神怡。学长说泾源的降雨量大，所以这里的气候湿润，风景秀美。任务虽不见轻松，但沿途的风景也算一种享受，让我们不禁感到越来越喜欢这次出行了。

实验基地主要种植油松和云衫，我们首先要做的就是计算油松幼苗成活率。其间，需要对油松幼苗进行数量统计，其实清点个数并非一件难事，然而那扎人的苋麻着实难为了我们，毫无痕迹却疼得我们眼泪直流，现在想想仍忍不住冷汗连连，但这却又是最令人难以忘记的经历，甚至让我们自豪曾亲身体会过苋麻的痛感，因为这是没有实践的人所体会不到的。人生的路上有多少未知，人又有多少机会感知触摸这些真实的存在，每一段经历都难能可贵，每一种体验都值得被细细品味，用心珍藏。在此以后，我们又跟随老师翻越大半座山到达了苗圃地。我们一行人共同翻山越岭，体验着旅人的步行享受，顶着每一方阳光，踏着每一寸沃土，脚下步步踏实，心里满是希冀。我们一边认真聆听老师讲解的测量方式，一边记录苗木生长情况的要求，在熟知细节后我们就开工了。油松和云衫本是两个书页中的植物，它们的名字诗意美丽，而真正接触后才发现，其针叶相当扎手，然而经历过苋麻的疼痛洗礼后，这种刺痛真是小巫见大巫了。

原计划在第二天上午测完所有数据，无奈天公不作美，我们刚到山顶就遇暴雨，一阵阵狂风席卷而来，雨水噼里啪啦打在树叶上。冰冷突如其来，侵袭全身上下，我们在匆忙中跑下山去，一路上，雨水从额头鬓旁不断滑下，落在眼睛里，使劲眨眨眼也顾不上擦拭。山路难行，慌张里却又透着小小的紧张，心想终是遇上了山中大雨这样特殊的体验，不过这也未尝不是一种实践。生活不会总是晴空万里、艳阳高照，也不会总是按部就班、循规蹈矩，这场淋透了每个人的大雨才真正诠释了实践生活的真实，我们也在其中体味了实践的艰辛。当然，一场大雨让我们的测树工作无法继续，等雨的时间里，脑中回顾着第一天的实践行动，反思自己的不足，却惊喜地发现，原来自己没有想象中那么娇弱，独当一面的时候，自己何尝不是那阡陌里撑起一方天地的英雄。

待雨小后我们就驱车赶往泾源县，由此也进入了我们社会实践的重点。雨接着在下，修整好的我们拿着相机去了泾源县林业厅，目的是了解当地的苗木种植和销售情况。我们从林业厅管理人员那里了解到泾源县苗木联合会的相关情况，它主要负责着泾源县的苗木销售。于是我们随即转站泾源苗木联合会，到那里寻找更多答案。接待我们的是苗木联合会的主任，听完我们的来意后，他召集了所有苗木销售的管理层人员，为我们答疑解惑。苗木联合会的热情是我们始料未及的，像我们这种社会实践调查，且一行人大多只是大一大二的学生，本意料可能很难获得如此重视，但苗木联合会管理人员们的积极配合，让我们深受感动且受益匪浅。我们的调查进展十分顺利，之后的工作就是走访农户，了解基层。

东山坡村是我们从苗木联合会那里了解到的一个重要的苗木种植基地，其特点就是主打泾源县的苗木幼苗培育产业。我们拜访了当地的村委书记，书记在百忙之中接受了我们的采访，解答了我们的诸多问题，并带我们参观了东山坡村种植的苗圃。雨后的苗圃地泥泞难走，泥土倔强地与鞋底焦灼着，不知是阻止还是挽留。趺趺撞撞中，书记带我们在种植基地外侧参观，并详细了解了一些种苗培育的知识和相关技术，为我们介绍种植期间所需注意的问题。我们所调查的问题涉及苗木种植、销售等方方面面，调查过程中通过视频、录音、照片、文稿等多种形式记录，留下了丰富而珍贵的资料。这也为我们之后的总结分析提供了充分的素材支撑。

## 行成于思，慎独思行

在走访中我们了解到现在泾源县苗木种植存在的主要问题，并将其总结如下：

（1）育苗成本高

因苗木生长周期长，且受农药、肥料价格上涨及地形等因素的影响，无法实行机械化种植，导致人工费的增加，间接导致成本上升，使苗木利润非常低。

（2）种植品种单一，产业结构不合理

云杉、油松、樟子松等针叶长青树种总种植数量居多，另外，由于针叶苗木树种被卖出时必须要随带“娘家土”，而泾源县属于土山石地区，土壤层比较薄，倘若一味地发展此类苗木，将会带走不多的土层，造成土壤瘠薄。

(3) 科技含量低，幼苗成活率低，苗木品质较差

近年来，苗木种植面积数量剧增，但由于苗木种植户多为农民，信息较为闭塞，对市场不了解，易产生“跟风现象”，进而造成苗木的滞销。农户的种植方式并不合理，对一些病害也没有准确的概念，主要依靠经验防治，无量化标准，又因地形因素的限制，导致不能实行机械化作业。

(4) 销售渠道单一

泾源县苗木交易的主要方式仍然停留在靠苗木贩子上门收购和在苗木地看货的阶段。因消息闭塞，宣传促销力度不够、规模化经营比较缓慢等原因，导致苗木的市场竞争优势不强、苗农对市场信息的把握不准，由此也造成苗木时而供过于求而影响价格。

针对泾源县苗木种植存在的主要问题，我们实践小队集思广益、深入思考，对泾源县苗木产业发展提出以下四点对策建议。

(1) 政府引导增加苗木的扶持补助力度

首先，政府要全力支持泾源县苗木产业的发展，要全面落实国家关于苗木方面的政策及有关规划，争取其他项目及配套资金；其次，政府要加大对苗木种植户、苗木协会及苗木合作社在资金和科技创新方面的扶持，全力扶持苗木协会与苗木合作社对苗木种植户的牵引拉动作用；最后，政府要加大对苗木种植户的补贴力度，让他们安心育苗，消解因苗价下降、苗子滞销的后顾之忧。

(2) 突显苗木特色，优化苗木品种结构

为凸显泾源县苗木特色，优化苗木品种，满足市场对苗木“美化”与“靓化”的需求，应从本地资源入手，充分结合本地特殊的地域优势，建立现代化的育苗种植基地，将发展苗木产业的长期经济效益与短期经济效益结合起来，进而开拓市场，引领苗木特色，既要能满足市场所缺的植树造林需求，又要满足其绿化用苗需求。

(3) 增加科技含量，提升苗木质量

首先，政府等林业部门可设置专门的苗木技术咨询服务站，普及苗木培育的常识，提供最新的技术与市场信息，强化苗木种植户的苗木质量意识、品牌意识及科技意识；其次，在种苗育苗户方面，政府可组织开展对苗木种植户的培训活动，提升苗木种植户的文化水平与知识技术；最后，在苗木种植的技术方面，引

进先进的科学技术，实行现代化机械化作业，使苗木种植规模化、经营集约化、管理科学化及运作产业化，从而打破传统的育苗种植流程，改变苗木质量差及缺乏市场竞争力的问题。

(4) 创新运行机制，拓宽销售渠道

苗木销售是苗木培育种植中最为重要的环节，要想创新运行机制，拓宽苗木销售渠道就要把握苗木市场的脉搏，及时了解苗木市场的需求信息，不能仅仅将苗木卖给苗木贩子．还要将苗木与互联网结合起来（互联网＋苗木），发挥网络、电子商务的作用。

## 焚膏继晷，初心不改

兜兜转转，走走停停，我们的实践调查，就这样接近了尾声。车子在阡陌里穿行，窗帘在夏日的风里轻轻飘动，手指缓缓抚摸车窗，心里欢喜，连指尖都能感触到心跳的流动。实践队员们眼里映着绿色，闪着明亮的光，像是撒了一把细碎钻石，耀眼美丽。社会实践给我们带来了什么？是一路上风土人情的感受，是过程中日晒雨淋的体验，是调查中千难万阻的历练，还有那青山绿水碧蓝天。到现在我们还清晰地记得去固原那车窗外的黄土、平原还有延续到天际的玉米地；记得路边逐渐被绿树覆盖的黄土、渐渐加大起伏的山丘和那越来越清澈纯净的天色；记得山里湿漉漉的清晨和远处还萦绕着层层云雾的山头；记得头顶轰隆隆的雷声和那毫无征兆、突如其来的山雨……

“纸上得来终觉浅，绝知此事要躬行。”长期被限定在学校里的我们，一直以来都只是机械地将书中所写录入大脑，反反复复。那些条条框框的知识点，都是前人研究所得，我们并非真正理解消化，也未曾真正实践应用。书本所能带给我们的，是最清浅的道理解释和最直接的结果分析。而长期的应试教育，会让我们与社会脱节。我们都知道“两耳不闻窗外事，一心只读圣贤书”的时代早已过去，也明白从实践中了解社会，在动手中理解知识，亲身去感悟，近身去体会是作为一名新时代的大学生所必经的历程。社会实践给我们提供的是走出校园了解社会的途径，在实践中培养我们独立思考、独立工作、独立解决问题的能力，也让我们学会在无助中自立，在逆境中重生。

此外，本次实践活动以精准扶贫为重要导向，深入基层，了解现实，并针对现象提出对策，帮助贫困地区人民过上小康生活。此次实践活动更是我们农科学子走出校园、走向社会、面向基层、服务基层的过程，其中的历练使我们更早地了解农村现状，尝试从自己的视角捕捉贫困农村发展的症结，更在实践活动中提高自己的综合能力，为将来更迅速地融入社会，投入三农事业奠定夯实基础。一路走来，我们曾斩荆披棘，也曾沐浴阳光，我们经历满满，收获颇丰。这次社会实践对于我们很多人来说，是进入大学后的第一次实践课，但我们相信，这绝不会是最后一次。新的征程即将开启，我们愿更多地走出校园，步入社会，贴近农村，深入基层，在实现中华民族伟大复兴中国梦的生动实践中，放飞青春梦想，实现自我价值。

队员们前往泾源县苗木联合会具体了解当地苗木产销情况，所存在的问题等。联合会会长及相关工作人员向我们一一解答　摄影人：田雨

（撰稿人：田雨　张晓宇　运彬媛）

# 宁夏之旅　青大学子在路上

## ——青海大学农牧学院“稼穑培苗”宁夏分队 2017 年联合实践行动纪实录

学院领导为实践小队举行出征仪式　摄影人：扎西加

有些瞬间，经历时没有什么特别；回想时，却胜过千言万语。那是在大山深处的记忆，一直储存在我们心底的某个角落，那些淳朴的话语和善良的人永远都是我们今生的宝贵财富。

2017 年 7 月，青海大学农牧学院为了响应全国农科学子联合实践行动的号召，组织了一批大学生参加本次实践活动。7 月 20 日，学院老师为同学们举行了出征仪式，在书记和各位老师的嘱托下，宁夏分队的 6 名同学怀着饱满的热情踏上征程，奔赴本次活动的实践地。

## 长路漫漫，上下求索

7 月 24 日早上，我们一行 6 人在李治军的带领下从西宁出发，踏上了征程。我们知道，即将迎接我们的是一个又一个的考验。

沿途风光秀丽，我们赞叹于大自然的鬼斧神工，那一方空阔辽远、澄澈如洗的天空，那一路延绵不断、雄伟壮丽的山脉，让我们感慨不已。一方水土养一方人，沿途看到的当地居民淳朴憨厚，他们脸上都洋溢着真诚与热情。我们这一段经历不仅有风土，更有人情。

当大巴驶进宁夏境内的时候，我们看到了成片的沙地西瓜，远远望去，像绿色的波浪。一时大家都很兴奋，便不约而同地拿出手机记录这美丽的风景。后来我们到了同心县，很顺利地在那里找到了旅馆，暂作休息，夜幕降临后我们前往附近的广场，我们一行人走在热闹喧嚷的人群中，和当地的居民们一起踢毽子，在欢声笑语中渐渐融入周围的环境中。

## 走进乡村，深入调研

7 月 25 日，我们一行人来到了同心县扶贫办，通过扶贫办了解了当地的扶贫情况，包括当地的产业结构、特色产业等内容。当地的主要作物有枸杞、玉米，他们还有一些养殖机构，主要养殖黑毛驴、牛羊等动物。这些特色产业帮助农户提高了经济收入。此外，种植西瓜也是当地农户的一项重要的收入来源，沿途中我们看到的沙地西瓜就是同心县的一大特色。由于同心县被列入了国家重点扶持县，所以政府出台了扶贫政策来帮助困难群众，政府给了当地农户较大的资金支持，鼓励农户发展新型产业，将当地资源充分利用起来，早日实现脱贫致富。

26 日下午，我们来到了同心县下马关镇平远村。沿途最让我们印象深刻的便是山谷处的风车，碧树绿草间矗立其的一座座巨大风车，远远望去形成一道独特的风景线。当地政府充分利用了此间丰富的风力资源，达到了绿色、环保发电的目的。我们还看到山上茂盛的绿植，在这样贫瘠的土地上，退耕还林还草不失为一项有效举措——通过在贫瘠的山坡上种植耐干旱的植物，可以起到涵养水源、保持水土、保护生态的作用。看来人们的观念也在慢慢地发生转变。

到了平远村之后，我们在一位热心同学的帮助下步行来到了他们的村委会，并在屋里见到了那位朴实的村主任。村主任对我们的实践工作给予了大力支持，认真解答我们所提出的诸多问题，同时也认真地填写了我们之前准备好的调查问卷。我们在和他交谈的过程中得到了许多关于平远村的信息。村主任讲道，国家政策固然很好，但是实际上在小山村的落实程度还是不够，平远村是移民村，农民没有土地，虽然生活可以自给自足，依靠政府所给的那些补助也可以生存，但是这些远远不够。“扶贫先扶志”，教育扶贫、科技扶贫也是脱贫工作的重中之重。要想从根本上解决这一问题，让大家真正富裕起来，还是要从农户本身出发，让他们真正产生发家致富的强烈愿望，唯有改变农户的思想，提高农户的生产技术，才能从根本上推动当地农业生产的协调发展。此外，政府也要积极寻求机遇，拓展就业平台、增加就业机会，切实解决农村过剩劳动力的就业问题。

## 阳光路上，砥砺前行

7 月 26 日，我们来到了另一个村子——王团村，这里的房屋整齐，道路宽阔，看上去情况似乎比平远村稍好一些。我们深入农户家中展开调研，了解各种政策在当地的落实情况。然而，却发现了一个令人心酸的现实——王团村主要的贫困原因在于缺少足够的产业支持，而其根源在于诸多寡居老人、单亲的家庭中都存在男性青壮年角色缺失的问题。

我们来到了一个农户家，家里只坐着一位老奶奶。我们见到她时，她正坐在院子里洗脚，也许是好久没见过生人了，一开始她对我们的突然拜访有些茫然无措。我们热情地向这位老奶奶介绍我们此行的目的，她渐渐打消顾虑，安然地请我们坐下，开始变得健谈起来。据老奶奶所讲，当地人口的老龄化问题比较严峻，年轻人都离开村子外出打工，留在家里的大多是这些寡居老人和妇女孩童。我们跟她聊了很久，后来还跟她合了影，走的时候她跟我们挥手告别。看着她瘦削而孤零零的背影，我们心中泛起一阵阵酸涩。

我们还在村干部的带领下拜访了一位阿姨。那位阿姨很热情地招呼我们进屋，但是当我们进屋之后却发现她家连板凳都没有，房间里空空荡荡，几乎没有什么家具。阿姨一脸窘迫的表情，连声说着抱歉。其实我们能够理解她当时的心情，当然也不会因此介意，于是就站着对她进行了采访。阿姨向我们介绍了她家里的情况，她没有丈夫，一个人含辛茹苦抚养几个孩子长大成人，现在好不容易大女儿也出嫁了，并育有一个孩子，但不幸的是，早些年大女儿的丈夫也去世了。无奈之下，大女儿只能回到家乡，和妈妈生活在一起。家里的日子过得十分拮据，由于阿姨一家是外地过来的，没有可以耕种的土地，每天只能靠给别人家摘枸杞获得微薄的收入以维持家用。然而，一年当中能摘枸杞的时间短之又短，除去夏季的那几个月，其他季节她必须要谋一份新的差使去赚钱。但这又谈何容易，留在家里无工可做，外出打工又缺乏技能，为了这件事，阿姨没少发愁。并且只要天阴下雨，她就连枸杞都摘不了，只能在家焦灼地等待。她说她最害怕闲着，因为闲在家里就没有钱。她一个女人需要养活这么一大家子的人，身上的担子该是多么的沉重。也许是节衣缩食惯了，现在大米涨价后，在阿姨家里连吃米饭都会使她们觉得很奢侈，便也不会再常吃。鉴于这种情况，我们给她家买了一袋大米、一袋面粉，虽然这并不能从根本上解决她家中的经济问题，但至少可以暂时解一解燃眉之急。看着阿姨那饱含感激的眼睛，我们知道，这两袋子米和面对这个家庭来讲已经很珍贵了。这段回忆即使在我们返程回校之后，仍反反复复

实践小队在王团村进行调研　摄影人：扎西加

地浮现在我们的脑海，那瘦弱而坚强的身影和对美好生活充满向往的眼睛，成为我们努力学习的动力。我们所学所知所能做的还太少，只愿能够尽早尽力为祖国贫困地区的脱贫攻坚事业贡献更多力量。

## 扶贫攻坚，道阻且长

短暂而充实的暑期实践活动结束了，但是一路经历的风土人情、贫困故事和深刻感悟却深深地镌刻在我们心中。精准扶贫这一伟大工程道阻且长，仍在路上。我们作为大学生，最需要的就是踏实学习，用知识充实自己。同时也要利用假期时间多出去走走，出去看看，去到那些繁华城市之外，去到那些贫困、需要我们的地方。把他们的命运同我们的发展紧密联系起来，做一个真正对社会有用的人。

（撰稿人：李琼）

# 精准扶贫　风景这边独好

## ——塔里木大学植物科学学院 2017 年联合实践行动纪实录

社会实践小队访谈村民　摄影人：张泽坤

《钢铁是怎样炼成的》一书中有这样一句话："钢是在烈火里燃烧、高度冷却中炼成的，因此它很坚固。我们这一代人也是在斗争中和艰苦考验中锻炼出来的，并且学会了在生活中从不灰心丧气。"三下乡期间的滋味，可以说是五味杂陈，但也无疑是一个淬炼成钢的过程。

骄阳似火的七月，三下乡的钟声在我院敲响。为引导广大青年学子进一步认真学习和践行社会主义核心价值观，使我院广大青年志愿者投身暑期"三下乡"

社会实践活动，发挥专业优势和特长，在实践中受教育、长才干、做贡献，以实际行动为“精准扶贫”奉献力量，根据2017年全国农科学子联合实践行动工作指导方案文件精神指示，经团中央，自治区团委，兵团团委的统一部署，按照学校团委的相关要求，学院团委结合自身实际情况，积极谋划，加强统筹，注重宣传，持续深入开展学院2017年大学生志愿者暑期“三下乡”社会实践工作。我院立足实际，切入社会热点，继2016年“走进乡土乡村 助力精准扶贫”实践团之后，又组建了“走进乡土乡村 讲述扶贫故事”实践团。在这段短暂的时光中，我们奋斗过、努力过、开心过也体悟过。这些前所未有的经历让我们磨砺品性，收获成长与一段珍贵难忘的回忆。

这个暑假，我校以“喜迎十九大·融情建新功”为主题，结合全国农科学子联合专项实践工作，依托农学专业的学生，组织师生社会实践团队奔赴部分国家扶贫开发工作重点县和团场连队，开展精准扶贫实践行动。行动聚焦贫困农户发展中存在的实际问题，旨在通过社会调研和帮学支农等多元形式，找准贫困村和贫困地区的致贫问题，进行“组织+农户”的点对点、可持续的长效精准帮扶。同时，通过对扶贫相关群体的全面调研和深度访谈，走进乡村乡民，挖掘脱贫攻坚战中那些精彩感人的故事。

背起行囊，我们一行人从学校出发，前往两地两县六村。车窗外烈日炎炎，目之所及是一望无际的沙漠公路和南疆独有的大漠景色。君不见王维笔下“大漠孤烟直”的苍茫空旷，取而代之的是一条郁郁葱葱、绵延无际的“人工绿色长廊”。路途漫漫，任重而道远，我们实践团一行10余人怀揣青年人的激情热忱与十足干劲，奔赴南疆和田、喀什地区的两县六村，深入开展实践活动。此行收获颇丰，历时12天，行程总计超过2 000千米，获得农户问卷150份，村级问卷5份，调查人数600人左右。本次调查以全国农科学子联合实践行动问卷为基础，涉及家庭基本概况、住房情况、资产状况、借贷情况、大额支出风险状况、补贴情况、政治参与情况、扶贫发展评估共7大项、231小项，对农户进行了全方位深度调研，为推动当地产业发展、助力经济建设提供现实依据和科学支撑。

## 小庭院，大文章

“今天的实践调查，让我感受到了国家扶贫政策的力量，也让我感受到了我们农科学子携手共进，深入乡村的重要性。”维吾尔族同学木也司尔如是说道。

炎炎夏日，我们驱车600余千米赶到了喀什地区的麦盖提县。上午，团队指导老师李亚鹏与县团委书记进行了深入沟通，交流了本次“三下乡”实践工作的主要目的及具体任务。当得知团队主要任务是继续去年的贫困调查进行回访时，狄书记表示十分欢迎，并表示全力支持本次工作。

当天下午4点左右，实践调研团马不停蹄地赶到了克孜勒阿瓦提乡的良种场，通过与当地村干部的简单交流，将去年调查走访的25户人家召集在一起，跟进调查今年的经济收入和国家扶贫措施带来的变化，深入了解这一年贫困家庭的主要改变。村干部十分欢迎各位同学的到来，纷纷表示同学们能够继续去年的调研工作，不仅富有深意而且着实将工作落到实处，为村民带来福祉。

在良种场的村委会大院里，被召集来的农户们如数家珍地诉说着这一年生产生活中的显著变化，实践团的成员们则耐心而又细致地做着记录。“您认为村中扶贫项目中最有效的是什么?”带队老师向村民们询问道。回答中较多提到了“庭院经济”。当地驻村干部和村支书及时了解到村民们的庭院闲置问题，当地村民家的院落普遍较大，房前屋后空闲浪费较多，院落布局不合理，利用庭院意识不强。于是今年通过与农户多次沟通和协商，有重点地选择了庭院经济示范户进行扶持，下大力气整理和改造院落，合理进行功能区划。根据每户庭院特色，因地制宜地进行了改造，致力打造一个具有浓郁乡土情调和乡村特色的新型文明庭院。

村干部见我们对庭院经济倍感兴趣，为我们热情地介绍道：“庭院经济是麦盖提县克孜勒阿瓦提乡在推进新农村建设进程中的一项创新举措。本着因地制宜、良性循环的原则，引导农民充分利用房前屋后的闲置土地，在庭院里栽种果树、蔬菜、瓜果等经济作物，既绿化村庄环境，又增加农民收入。庭院经济正成为该乡农村经济发展的一个新亮点。克孜勒阿瓦提乡按照‘一村一品’的发展思路，在发展庭院经济时不搞一刀切，政府注重引导和指导，农户根据自己的实际情况，宜种则种、宜养则养，力争‘把小庭院做成大文章’。”据了解，良种场收到庭院经济补助的有128户人家，平均每户5 000元，共64万余元。“当初听到庭院经济，我其实不太愿意参加，可一年捣鼓下来，咦，挣了不少钱哩。今年村里给我送来了菜苗子，我在巴扎上又买了一些。第一年种菜收成挺好的，我们家都吃不完，还给邻居送点，大伙分着吃，一年下来光我们家就省下来了近千元的菜钱，明年我想再扩大一下规模，种好了拿到巴扎上卖钱。”得益于“庭院经济”的大叔笑着说道。

结束采访出门后，村干部还意犹未尽地跟我们聊，对于庭院经济的未来发展，他也是十分看好的，他拍着胸脯对我们说道：“当庭院经济发展到一定规模以后，可以按照一村一品，连片开发，规模经营，着力引导发展专业户、合作社，逐步形成市场带龙头、龙头带基地、基地连农户的产业格局，不断推进庭院开发的规模化、集约化、产业化，当庭院经济与农业产业化的链条连接起来以后，原本是‘一家一户’的小生产就将成为农业大生产环节中的一个起点。”

## 新房子，暖人心

当我们重拾行囊，踏上行程，这边的蓝天白云仿佛与别处无异，然而不见高楼耸立的钢筋水泥，充斥眼帘的是一望无际的农田和道路两旁的行道树，高温下一条沥青的乡间公路仿佛水雾氤氲。为动态掌握贫困户情况，团队驱车 30 余千米赶到了喀什地区麦盖提县克孜勒阿瓦提乡的拉依当村，并与当地村委会取得联系，对农户进行回访调查。当天气温高达 38 度，由于路程很长，加上语言不通，使我们的调查困难重重。但在带队老师的积极协调下，我们贫困回访调查的计划仍如期开展。此次调查主要围绕扶贫工作进展与成效，聚焦自扶贫工作开展以来，联系贫困户家庭情况是否有新的变化、生产经营情况、脱贫致富产业发展情况、家庭收入改善情况等开展系列调查。尤其是对贫困户家庭年净收入和家庭年支出，做到应算尽算，不浮夸、不打折，贫困户参加合作医疗、养老保险的情况也被我们一一翔实记录。调查过程中，团队成员对农户联系人进行深度访谈，为下一步更精准地帮扶提供丰富的资料和有力的支撑。

调研完成后，我们准备前往贫困的少数民族同学小巴（化名）家。在购置完一些鸡蛋牛奶后，刚进入村里，一幅幅充满民族特色的墙画映入眼帘。“这是危房改造后的新房子，不但房子结实了，屋里屋外也刷新漆，画墙画了哩!”小巴嘴角上扬地向我们介绍说。停车后，一幢充满民族特色的新房子立在我们面前，小巴高兴地拉着我们走进去，向长辈们介绍我们。在见到我们来了之后，小巴一家人忙前忙后地张罗，生怕对我们照顾不周，小儿子端出新鲜水果，姐姐拿出特色的巴旦木坚果，他们的父亲则在锅里为我们炖上了羊肉。我们一行人着实被少数民族朋友的热情所感动。果腹之余，小巴父亲缓缓说道："这自打住上了新房子，心里也暖和了不少。当初要危房改造，我和大多数人一样也是不愿意的。村干部一直苦口婆心地劝我们赶快进行危房改造，这房子住着很危险。立春那天下雨了，村干部坐不住了，第一时间赶到我家察看，劝我们尽快搬离危房。搬到哪里去？我也有思想顾虑，始终坚持不愿实施危房改造。后来，村干部无数次到我们家中，面对面做思想工作和政策解释，最后我也想通了。现在想想，要不是村干部让我进行危房改造，恐怕老房子早就塌咯。国家政策好啊，共产党好啊！"看着建成的新房子，小巴父亲开心地笑了。在这些再朴实不过的语言中，我们看到的是满满的暖意和感激。

在走访过程中，同学们深深地感受到作为大学生的神圣使命和责任，也更加清晰地认识到，要深入学习贯彻习总书记的系列讲话精神，"青年兴则国兴，青年强则国强"，我们要扎实学好课内的基础知识，努力提升实践的综合能力，将所学应用于实践中，在助力精准扶贫、助推农村经济社会和谐发展的伟大事业中贡献属于我们青年一代的磅礴力量。

## 27 元的大餐

车窗外，一望无际的沙漠公路，一直延伸到了天际线。道路两边远处的是高低不一的沙丘，近处的是现代的"人工绿色长廊"，形态不羁的红柳，挺拔坚毅的胡杨。路途漫漫，我们实践团在小鹏老师的带领下前往和田县展开调研。

由于调研结束时已近中午，于是团队决定在村里解决中午饭。"这说出去都没人相信，我们七个人中午一顿才花了 27 元。"小鹏老师笑着说道。20 串羊肉串，7 个馕，这顿在新疆其他地方要百余元的大餐，在村里却只花费了 27 元，这让我们十分惊讶。我们决定"采访"一下这个小摊的摊主。第一次接受采访的维吾尔小伙挠着头，带着一些羞怯说道："我们村是从去年开始这样子搞得（指集中小商贩形成小型集市，维吾尔语称为巴扎），本来大家伙没放在心上，没想到现在却也是风风火火了，每个月的基本花销也不用愁了，这都是村干部们的功劳啊！"在这个偏僻的村落里，活跃着一排集市，略显热闹的街景，这个联络了几个相邻村庄的小巴扎，不仅自给自足，提供了更多就业岗位，惠及了村里村外的许多人。这让我们感受到了这个村子有针对性的扶贫项目已取得显著成果。村干部对我们说："发挥特长优势，因地制宜，这样使我们村的经济在短时间里有了很大的改观。当初刚建时，也做了很多人的思想工作，村民们都不理解我们，于是我们只能一遍一遍地解释、宣传这个政策。好在后来慢慢有了起色，也有越来越多的人加入其中。"

在此次的回访中，同学们也根据实际情况了解扶贫工作中存在的困难和问题。村支书在与我们谈及扶贫工作时说："做好扶贫这篇大文章，既要不断扩大战果，帮助更多困难群众脱贫，更要不断巩固扶贫成果，不断增强贫困地区经济发展的内生动力，使贫困地区的群众真正断穷根、富长久。"

**微访谈，言扶贫**

胡杨生长三千年，生而不死一千年，死而不倒一千年，倒而不朽一千年。去代村的路上，两旁的胡杨枝叶随风摆动。塔大人，胡杨魂，自强不息，扎根边疆。

这些天以来，我们团队就一些代尔瓦孜库木村的经济、工作和生活等基本情况对该村党支部书记进行了简单地访谈。

书记坐在一桌一椅陈设简单的办公室里，他负责着这个近 1 000 人的村庄的扶贫工作。得知我们的来意以后，他就该村的具体情况及 2017 年工作队开展的各项主要工作做了介绍，就村里的维稳工作、农业生产、工作队的生活做了具体说明。"村里积极落实好自治区党委提出的"6543"反恐维稳"组合拳"，抓好"访惠聚"驻村工作，落实好"富强、民主、文明"的"三位一体"和"推动社会建设与经济建设、政治建设、文化建设协调发展"的"四位一体"工作机制。村里针对提升村民的思想、提高科技生产提出了相应的对策。"扶贫先扶志"，不但要进行科技扶贫，还要进行思想扶贫。

书记强调道："以前村里之所以出现这么多问题，与一些村干部的不会管、不敢管、不愿管有着很大的联系。基层党支部应该要且必须要发挥相应的战斗堡垒作用，党员要发挥先锋模范作用，做好群众工作。党支部要注重党员建设，规范作风。只有党员的作用突出了，与村民的知识传授，科技文化建设，精神文明建设才能衔接上。同时指出，要建设一个"家一样温暖的工作环境"，要进一步做实做细群众工作，加强社会全面防控和管控，不断强化维稳工作力度，以良好的工作作风压实责任，切实转变党员干部作风，密切党员干部同群众的关系，营造一个安全、稳定、和谐发展的新局面。”

就这样，今年的三下乡调研工作在大家共同努力下告一段落。我们忘不了村民讲述庭院经济带来的收益时的淳朴微笑，忘不了小巴父亲在危房改造经历中对扶贫政策的肯定。大家带着一分感动与思考启程，想起我们分别的场景仍历历在目，想起我们与学生共同经历的点点滴滴，想起我们志愿者们一路走来留下的那些足迹，也想起这些天来我们所做的每一件事——人生无憾。这段经历让我们收获真挚的感情、动人的故事，以及磨砺与体验，这片天空下不灭的回忆将成为我们永恒的财富，被珍藏于心中，将时时忆起回味。三下乡就是要我们这些热血青年好好将自我才能与实践结合，将知识之花播种在祖国大地上，让我们实实在在感受乡情，明白自我的职责和使命究竟是什么。

返程的那一天，白云依旧，微风轻扬，我们踏上了回去的路，但我们也知道，扶贫的路还在脚下绵延伸长……

**社会实践小队与村民进行问卷调查　摄影人：张泽坤**

（撰稿人：王曼琳　张泽坤）

# 见证　扶贫路

## ——西北农林科技大学农学院 2017 年联合实践行动纪实录

7 月，漫天流火，一样的，是如火的激情。

以我之名，见证，这片炽热的天地，这群热情的乡亲，这支火热的领导队伍，这条浴火的扶贫路，以及路上铭刻的滚烫的故事。

——题记

西北农林科技大学实践小队调研养鸡场　摄影人：高雪纯

为深入贯彻落实党中央 2020 年全面建成小康社会的战略部署，响应西北农林科技大学“青春中国梦，献礼十九大”主题的号召，农学院派出多支精准扶贫队伍，深入扶贫第一线，开展精准扶贫帮扶调研工作。带着当代大学生的神圣使命和责任，践行“同心同德同舟济，济人济事济天下”的精神，队员们在骄阳的见证下如火如荼地展开了活动，每个人都充满激情和斗志。

## 见证 · 南寨村的扶贫路

我们从大多数村民口中了解到，村内贫困户通过村委会及群众代表民主评议，精准挑选出帮扶对象，其中大多数贫困户是因病致贫。南寨村 6 组的贫困户李居强一家的家境和遭遇尤为触动人心。李居强一家 6 口人，除夫妇两人外，家中还有两位多病的老人以及两名大学尚未毕业的孩子。他和妻子二人早年一直在广西做凉皮生意，辛苦劳作才能勉强维持一家的生计。然而造化弄人，李居强去年被查出患有胰腺癌。噩耗袭来，一家的生活从此被层层乌云所笼罩。一年来，李居强在北京、西安、宝鸡等地辗转治疗，医药费多达 30 万元。更不幸的是，得知李居强生病后，家中二老一急之下也是卧病不起，瘫痪在床。没有了任何经济来源的六口之家，全靠日渐消瘦的妻子一人照料。队员们听着李居强的故事，都不禁红了眼眶，纷纷鼓励李居强和家人要有信心，不要失去战胜病魔的勇气。村委会也将李居强一家列入贫困户，给予了各项资金补贴，也有干部定时到家中慰问。李居强说道：“自从患病以来，我和家人都非常感谢政府以及村委会的帮助，相信在大家的帮助下，我一定可以战胜病魔，全家都会过上幸福的日子。”

“再穷不能穷教育，再苦不能苦孩子”，村里人不只是这样想的，也是这样做的。服务队通过调研了解到，无论是贫困户还是非贫困户，无论家中面临怎样的经济压力，该花在孩子教育上的钱，一分都没有少。父母外出打工，只为能让孩子去更好的学校求学。村中共建有一所小学和一所中学，除了免除学杂费以外，还为孩子们提供营养早餐。利用闲暇时间，志愿者们经常和村里的孩子一起玩耍聊天，并给孩子们辅导功课。安静文雅的牛思敏小姑娘今年小学毕业，刚到村委会便跑去“农家书屋”，一番寻觅后抱出一本《老舍精选集》，一看便是小半天。古怪精灵的齐祥小朋友今年上初二，被父母送往市里上学。当被队员问到家中父母时，他这样答道：“爸爸妈妈每天很辛苦，我要好好学习减轻他们的负担。”孩子们健康成长、求学成才是父母最大心愿，孩子们如此懂事，家长们干起活来也倍儿有力量。孩子们的稚嫩的笑脸让我们感受到，教育扶贫的进程正切实快速地推进着。

作为村书记，就要为村子脱贫找好路子。村里有土地，有扶贫专项资金。然而，国家扶贫资金怎么用？这是一个困扰很多贫困县的难题。“直接将扶贫资金下发到贫困户，这并不能从根本上解决问题”，村书记说，“南寨村始创性的摸索出了一条有效的合作社经济模式，用扶贫资金建立‘南寨村经济发展合作社’，通过流转贫困户土地，集中统一规划、统一经营合作社，这样既可以解决扶贫资金如何使用的问题，又将低效率的小户生产转化为高质量、高效率的合作经营，最终从根本上帮助贫困户脱贫致富。”

村里流转土地 100 亩，提前预留好茬口，向当地公司寻求支持和帮助；组织贫困群众利用三天时间集中开挖栽植，驻村工作组和村干部跟班作业，起早贪黑，共栽植矮砧苗木 2 万株。书记说：“如果只是给钱，贫困户是扶不起来的，我们要让贫困户‘动起来’！让贫困户自己种植苹果树，打理苹果园。”村里建成了标准化矮砧苹果园 100 亩，建立苹果合作社，由贫困户共同管理、共同经营、共同获利。同时，村里还选派贫困户家庭青壮年人员到公司参加技能培训，组织有能力的贫困群众长期在果园务工，贫困户在果园生产整个环节可获得土地流转、工资、劳动奖励、收益分红等收入。果园进入丰产期后，预计每亩每年实现产值 1 万元，纯收入 6 000 元，户年均增收 5 000 元以上。

说到这个公司，它可是现代农业中的佼佼者，在全国建有 40 多个果蔬种植基地，南寨就是其中之一。晚饭休息空隙，它的一个员工对队员们说：“我是南寨人，在苹果基地里一年多了，村里的贫困户和大多数 50 多岁身体比较好的村民大都在苹果基地工作。南寨是旱塬地区，每家的几亩地都种着麦子，靠天吃饭。自从它来到这里，提供了大量的就业岗位，让我们有了固定收入，全村人都很感谢它！”它为南寨脱贫致富贡献了很大的力量，也带动了当地旅游业的发展。

书记说：“苹果合作社的成立，让村民们感受到了我们在设身处地地为他们谋出路。‘扶贫先扶志’，只有靠双手才能脱贫，靠勤劳才能致富！”

作为村书记，还要精准对接 5 户贫困户，带领他们脱贫致富。其中一个扶贫对象是罗先生（化名）。罗先生今年 48 岁，家中有两位七旬老人、妻子以及三个在上学的儿子。其二儿子常年患病，加之年迈父母身体不好，2015 年夫妻两人返乡务工，一直以来家徒四壁。由于曾经在大型专业化养鸡场务过工，罗先生学到了一些养鸡技术，有创办养鸡场的想法，无奈缺乏资金。

扶贫政策的出台与宣传是一场“知时节的好雨”，滋润了贫困群众的心灵。驻村工作小组了解到罗先生有创业的想法后，一致认为这是个脱贫致富、带动片区增收的好项目。第一书记一有时间就去罗先生家商量开办鸡场的事，没有启动资金，甄书记和驻村小组就去县农业局争取，最终争取到 5 万元的专项扶贫资金，搭载 10 户贫困户以扶持资金入股方式，成立“千阳县永林养殖专业合作社”。并多次往返县电力局、自来水供给站，解决鸡舍用电用水问题，同时还为罗先生的鸡舍争取到 1 万元的安装材料费。

罗先生最初准备在鸡舍散养蛋鸡。工作组知道后，甄书记又跑去罗先生家给他做思想工作，商量正规养鸡办法，但罗先生除了勤劳，两眼一抹黑。工作组和村委会找来专家上门指导规划，并为养鸡场申请到 5 万元扶贫贷款，到杨凌购置了标准化养殖育雏笼和蛋鸡笼，还有 5 000 只鸡仔。一个初具规模的小型养鸡场在多方帮助下算是正式运行了。

2016 年 10 月初，罗先生的养鸡场产了第一枚鸡蛋，半月后，日产蛋量达到 3 000 枚以上，看着这么多的鸡蛋既高兴，也发愁。最愁的就是甄书记了，之前愁每天能产多少蛋，现在愁这些鸡蛋怎么卖。鸡蛋不能变成钱，贫困户的口袋就鼓不起来，如何能够脱贫致富。日思夜想，甄书记带着工作组成员到县上各大超市走访联系，最终县邮政超市同意代销，每 3 天上门收货，现场结算。初期的月收入可达 2. 5 万元，年底还能给 10 户贫困户各自均分得 500 元。第一年收入虽然微薄，但却是以前想都没有想过的事，是崭新生活的开始，是脱贫致富的希望。

扶贫工作需要整理编写的资料太多太多，五加二，白加黑，是甄书记工作的常态，加班到凌晨两三点是他工作的新常态，所以大家都会叫他“表哥”。但他乐此不疲，不叫苦，不喊累，一心一意为脱贫攻坚战努力奋斗。在调研时，我们经常看到他每天早上为了节约时间，甚至带着吃了一半的早点就来上班了，在他看来，脱贫工作迫在眉睫，不能有丝毫懈怠。当然，在他和全村村民的共同努力下，贫困户由去年的 128 户到成功脱贫 87 户。对此，他说：“让每一个贫困户早日脱贫且不返贫是我最大的奋斗目标，看到村民脸上洋溢出的幸福笑容更让我充满动力，现在这个伟大目标马上就要实现了，我将一如既往继续努力前行。”

扶贫工作中，他认真严谨，一丝不苟，做到了查实情、帮民需、解民困、分民忧、助民富，在进行贫困户评定时，他说："我要确保该进的一户不少，该退的坚决退出。"村里每个贫困户都有专门与自家对接的帮扶人，但不是每个贫困户都有人愿意去帮扶，其中有一个"老上访户"便没人管没人要，遇到这样的情况，他说："没人管的我管，没人要的我要。"这种不怕麻烦勇于担当的精神是我们时代前行的精神标杆。在和甄书记的交流中有这样一句话令队员们印象十分深刻，他说："脱贫工作时间紧任务重，我们要有'筚路蓝缕，以启山林'的精神抓好扶贫事业。这样一来，打赢脱贫攻坚战不是梦，实现脱贫致富的目标不是梦！"

## 见证·乾落村的扶贫路

2015 年盛夏，在渭北旱塬的渭南市合阳县坊镇乾落村，287 户居民迎来了一位特殊干部——第一书记涵先生（化名）。两载春秋，韩先生渐渐成为他们的好书记、好兄弟、好干部，成了当地百姓的贴心人。

涵书记刚来到他所分配到的乾落村时，村里的村民对这个"第一书记"还有着这样那样的怀疑，村委会的村干部也对这位上面派下来的"钦差大臣"有着一丝提防和隔阂。"这个第一书记就是来咱们这里镀金呢"，"谁不知道扶贫是个苦差事，我看他待不了几天就要走了。这个第一书记啊，估计也就形同虚设咯。"

初来乍到，开展农村工作会遇到种种意想不到的困难，但这些对涵书记来说，都不是事。"我和爱人都是从农村出来的，又在农业院校学习工作。我从小就很喜欢农村生活，一直有为农村做点事情的想法。"天大的困难，都被他对农村的深厚情感而化解。

开展工作，首先要取得当地百姓的信任，想取得信任，就要使自己成为他们中的一分子。两年来，涵书记把乾落村当成自己的家，与村民们同吃、同住、同劳动，每月驻村 20 天以上。刚驻村时，涵书记 3 岁半的儿子不习惯晚上睡觉摸不着爸爸，经常哭闹，还好刚刚驻村时涵书记住镇上，有网络，每晚 9：30 的视频电话是儿子入睡的必修课，但随着工作的忙碌，视频电话慢慢少了，从隔天一次到一周两次。

乾落村不大，刚上任的涵书记一上午就可以走好几圈，遇见坐在家门口的村民就上去搭话，询问村民家里的情况。不出几个月涵书记就对村内各户人家的情况有了一个具体的了解。村里跑来跑去的小孩他都能叫上名字，也能说出是谁家的孩子。“涵书记对我们村的情况啊，那是比我们这些村里人还清楚，谁家几口人，谁家娃上几年级，他就和讲自己家的事一样清楚。”村民刘大爷曾向来村内实践的大学生们讲道。

贫困户冯先生是村里种植葡萄比较早的农户，刚开始物以稀为贵，美国“红地球”给他带来了不错的收益，但随着全县种植面积的扩大，葡萄带给他的收入越来越低。合阳县享有“中国红提之乡”的美誉，学农业技术经济与项目管理的涵书记考虑到红提周期短、见效快、附加值高、耐运输的特点，十分看好红提产业，希望能通过发展产业的方法尽快带动乾落村脱贫致富。

要鼓起腰包，必须先转变观念，扶贫先扶志。涵书记便从干部入手，争取机会带他们去参加致富带头人培训班，学习现代农业、农产品营销等方面的知识，借鉴其他村子的成功经验；组织党员群众参加农高会，参观现代农业博览园，开阔眼界、转变思想；组织学校专家到村里办专题讲座，系统讲解设施红提相关知识。

2016 年 11 月，乾落村村民得知村里要正式建葡萄产业园。把冷棚红提作为主导产业，是涵书记带领着村委会和西北农林科技大学苹果专家赵正阳、葡萄专家张宗勤、核桃专家翟梅枝等果业方面的权威充分论证后，给乾落村选定的一条脱贫致富的路子，县扶贫办、农业局等单位提供了多方面的支持。葡萄产业园建好后，自然会带来这样那样的好处，最大的好处是土地价格会上涨。在利益面前，群众充分表达诉求是可以理解的，但村两委如何决策呢？聪明的涵书记想到了一个好法子——“四议两公开”，“四议两公开”也就是指在村党组织领导下对村级事务进行民主决策的一套基本工作程序，是基层在实践中探索创造的一个行之有效的工作方法。“四议”是指村党支部会提议、村“两委”会商议、党员大会审议、村民代表会议或村民会议决议；“两公开”是指决议公开、实施结果公开。一听说要搞这个，村委会的干部们心里打了一个问号，经过涵书记的一番解释和劝解，村干部们决定试试。经过试行和公开，干部和群众都觉得这个方法既公平又合理。三组的新组长选举就是群众主动提出使用“四议两公开”进行的。

同时，基础建设也丝毫没有停滞。2016 年夏季，合阳地区出现了罕见的连续暴雨，村里新修的路也成了一条条“河”，涵书记亲自带着村民们冒着暴雨挽着裤管掀开下水道清理堵塞物。之后的日子里，涵书记在走访村里各家各户时多了一项日常工作，那就是捡拾各种塑料垃圾，“就是这些垃圾堵了咱们的下水道啊！晴天时候看着顶多就是不美观一些，下了大雨那可就要命喽。”在他的以身作则下，乾落村的环境卫生更好了，这也算是一个意外之喜。除此之外，他还申请了资金对村内的下水系统进行了改造，从此家家户户门前多了一个下水道，生活污水再也不会随地横流了。

涵书记在乾落村的任期很快就要到了，村民们看着村里的各个项目尚未完成，急忙去找涵书记，“涵书记，你任期就要到了，你走了我们可咋办啊？这红提棚子我可是听你的才搭起来的，今年还没见挂果呢。”涵书记听了村民的话，笑着说道，“我就没打算走，不看着你们富起来，我咋能安心走呢？乡亲们放心，继续配合咱们工作就是了啊！”

2017 年 8 月，涵书记所一直挂念着的乾落村光伏电站终于快要竣工了。“这项目从去年开始，计划今年四月份就完工的，因为村里改下水，施工车辆进不来，耽搁了工期，早一天通电村民就早一天受益，为这个，我这次必须得当回恶人了。”涵书记笑着说，高温酷暑中，涵书记也不肯让施工人员停工太多。“已经耽搁了这么久了，再耽搁下去，黄花菜都凉了。6 月份完工的话政策补贴可是现在的 2 倍啊，我就怕咱们完工了连现在的补贴都没有了。”涵书记念叨的这个钱，村里电站通电后除了供给本村使用外，每度电所获得的收益都会给村民分成，分成之外国家政策还会有额外的补贴。

那边工人忙着，这边涵书记也不闲，他正准备着村里来年产业园扩大的规划呢。“这是一组的地，这是二组的地，你们看这里，是已经搭起来的冷棚，后面我们计划在这里，这里，还有这里，都搭建起冷棚……”涵书记带着前来实践的大学生一起进行规划图的制作，在他的勾画下，同学们眼前浮现出了一幅幅生动的蓝图。

作为一名从高校出来的第一书记，两年中，吃过不曾吃的苦，受了没有受过的罪。2016 年搬进新落成的村部时，因为墙面潮湿全身湿疹；驻村后，时常半夜起来掀开被子打老鼠，早晨下床鞋里的蝎子还在酣睡；窖水喝得不停地拉肚子，饮食不规律得胃病，压力大、熬夜多，导致神经衰弱、脑血管痉挛等。妻子住院，躺在了病床上等待手术，必须家属签字，这才等到他急匆匆从村里赶回来签字。

与这些困难相比，乡亲们的善良和朴实更让涵书记感动，当群众一次次为“第一书记”竖起拇指由衷点赞时，涵书记体会到了实现自己价值的喜悦，更深刻地感受到一名共产党人责任在肩的光荣和骄傲。

“农村工作纷繁复杂，但群众心里有杆秤，你把他们放在心里，他们就把你捧到手上。村民的善良和朴实时刻感动和督促我，让我不敢懈怠，我只有竭尽全力，才能问心无愧”——这是涵书记的工作体会。

**实践队员在苹果合作社合影　摄影人：高雪纯**

（撰稿人：高雪纯　彭丹帅）

# 让广大农科学子在新疆大地上做贡献

## ——新疆农业大学农学院 2017 年联合实践行动纪实录

**实践小队合影　摄影人：牙森·沙力**

为实现习总书记提出的新疆社会稳定和长治久安总目标，以优异成绩喜迎党的十九大召开，新疆农业大学农学院的暑期社会实践以引领大学生践行社会主义核心价值观为要旨，服务“一带一路”战略，维护民族团结，促进和帮助广大农科学子在社会实践中受教育、长才干、做贡献、贡献青春力量。

“高度重视，认真组织，全面部署”，在2017年的社会实践活动中，新疆农业大学农学院全院上下高度重视，成立了以党总支书记为小组长的领导小组，认真组织、全员参与、全面部署。学院结合专业特点，采取集中实践和分散实践相结合的模式，在班级中推行典型模范人物，以指导同学们的社会实践，激发大学生积极参与社会实践的热情。2017年，在学院的支持下，共派出院级团队1支，签署并挂牌了1个新疆农业大学农学院大学生社会实践基地。

### “立足专业　服务农业”

7月12日清晨，我们昆虫知识宣讲与普查科普调研团便在院长石书兵教授指导下，院党总支副书记阿肯努尔 · 达那、专业教师牙森 · 沙力老师的带领下前往了新疆哈密开启了为期10余天的科普调研实践行动。队员们在老师们的指导下，深入老乡家的农田，捕捉昆虫，采集标本，并详细记录下所种植物所受病害的性状，以期解决乡亲乡民最实际的困难。同时，我们还将抓回的虫子做成标本，整理排列在标本室里。短短3天的时间，队员们就捕捉制作了上百种昆虫，整齐排列在标本室内，这不仅让我们温故而知新了学过的知识，还为解决当地实际问题打下了基础。

走在田野乡间，每当我们在捕捉昆虫，制作标本的时候，村子里的娃娃们就会围着我们团团转，他们好奇地看着我们如何去捕捉昆虫，如何去制作标本，并跃跃欲试。因此，我们便当即决定，要在驻扎期间内，给当地的娃娃们办一堂别开生面的昆虫知识小课堂。课上，在我们指导下，所有娃娃们都饶有兴致地制作了人生第一个昆虫标本，制作期间，小朋友们拉着我们队员的手不停地发问，满眼都是对知识渴望的目光，同学们也真切地体会到了社会责任感的含义，更是体会到了立足专业，服务“三农”的喜悦之情。

### “帮学支教　服务乡民”

20天，4个人，1校，1村。这几个数字是我们新疆农业大学农学院“红领巾小课堂”帮学支教团在2017年的几个标识。我们1行4人，在20天内，驻扎在学校内，驻扎在村内，用我们在大学学习的专业知识，用我们在素质教育中夯实的基础知识，去为村中的学龄儿童，为村民、村庄做出贡献。

我们在红领巾小课堂开始的时候，告诉小朋友们红领巾的来历，教他们唱少先队之歌，认识队徽。我们的成员，种科161班阿卜杜瓦日斯红在课堂上负责教授小朋友们汉语，以切身经历经验告诉小同学们学习汉语不是单单为了考试，不是单纯为了交流，而是因为汉语是我们国家的官方语言，学习好汉语，在未来才可以更好地为家乡建设服务、为新疆的建设服务、为祖国的建设服务。

我们将学校的校园风景以图片的形式展示给村小学里的小朋友们，鼓励他们好好学习，考上理想的大学。虽然正值暑假，但是小同学们每天都一早便来寻我们，他们日益上升的学习激情，感动和鼓舞着我们不断前进，这也是本次活动让我们收获最多的地方。

与此同时，我们还在村委会和住村工作组的邀请下，在村里举行汉语培训班，帮助村里的乡亲乡民们学习基础的汉语。

20天内，我们不仅收获了成长，更与乡亲乡民、小朋友们成了家人。临走之时，孩子们不舍的眼神与话语，让我们坚定了再次回来的决心。

田间指导　摄影人：牙森·沙力

## “志愿服务　服务乡村”

为做到全员参与，让更多的农科学子在实践中受教育、长才干、做贡献，学院安排每一名返乡的学生都参与到本村的扶贫工作当中，去奉献自己力所能及的力量。许多同学，在本村负责帮助他们村委会的图书馆整理书籍，每天看着村民们来借书，还书，坐着大厅里阅读书籍，同学们都感受到了朴实的村民对知识的渴望。“我们大学生们可以坐在窗明几净的教室里，接受党和国家提供的高等教育，还有什么理由不好好学习呢!”这是大部分同学们回校后反馈最多的一句话。不少同学也参加了政府组织的爱心公益活动，看望慰问孤寡老人和残疾、家庭困难的老乡，帮助他们打扫卫生，送去生活用品。正是通过让同学们切身融入活动当中，同学们真真切切感受到了党的惠民政策，也让同学们体会到党和政府的扶贫工作已经从大水漫灌式向精准滴灌的转变。

（撰稿人：李亚杰）

# 关注“三农”　服务“三农”　浓浓情深

## ——石河子大学农学院 2017 年联合实践行动纪实录

团队合影　摄影人：张栖融

### 关注“三农”

土壤盐渍化是一个影响农业生产及生态环境的全球性问题，盐胁迫环境会对作物的生长发育产生一系列不利影响，最终影响作物产量的提高。我国盐渍土面积大、分布广泛，同时还有大面积的潜在盐渍化土壤。开发、利用、改良盐碱地不仅能够扩大我国耕地面积，增加农作物的粮食产量，提高农民的收益，带动农民积极性；而且能够改善盐碱区的生态环境，提高当地人民生活环境，从而促进当地经济发展。

在指导老师王海江的带领下，我们于 7 月 10 日来到南疆的红旗农场。据了解，该团二连地势低洼、平缓，而紧邻蓄水的高库容恰拉水库则具有“三高”的特点，即地势高、库水含盐量高、土地盐渍化危害程度高，由此造成连队地下水偏高，土壤次生盐渍化加重，形成土壤耕作层盐碱层积，土壤通透性、渗透性极差，严重影响了农业生产，产量逐年减少，常规性的盐渍化治理效果差。连里针对这些问题，对一些土地施行了暗管排盐的处理措施。

## 服务“三农”

我们团队针对二连土壤存在的这一问题，对之前开展过的一些埋有暗管的土地进行了土壤样品采集。因为这些暗管所埋的深度不同，所以我们要做的就是了解不同深度的暗管在排盐效果上有何差异。我们满含着热情去盐碱地中采集土样。除此以外，我们认为不光要对土壤进行检测处理，还应该对水库里的水进行一定的化验分析，从多方面寻找造成土地盐渍化严重的原因。于是，在我们的请求下，红旗团场的苏科长带我们来到高库容恰拉水库采集水样。同时，我们又询问了当地 53 位农户家的亩产量，根据他们田地的位置以及产量，为他们提供针对性的建议。

最终我们得出了结论：暗管排盐技术降低了土壤含盐量，提高了土壤通透性，增加了土壤肥力，有利于促进作物生长，能够帮助提高产量、改善品质。利用暗管排水能够降低地下水位，减少农田氮素流失量，提高作物氮素利用率及作物水分利用率，增加根系活动层的温度，从而达到改良土壤、增加作物产量、改善品质的目的。不足之处也不可避免，那就是暗管排盐工程从测定数据来看也造成了农田一定量氮素流失，降低了作物氮素利用效率，在推广应用的过程中应综合考量，因地制宜。

## 浓浓情深

“亚科迈特。”

我们伸出双手接过维吾尔族老乡递过来的一碗酸奶子，同时不忘记来一句刚刚向师哥讨教来的“谢谢”。维吾尔族姐姐冲我们友善地笑了笑，提着水壶，继续向我们的碗里添加。我们一行人挨个品尝，每个人对其都是赞不绝口。一碗纯洁的白色，入口冰凉酸爽，对一路走来的我们，尤其是在这炎热的夏季，简直是人间美味！

说起进入维吾尔族老乡的家中，也别有一番趣味。我们在回红旗农场的途中半路下车，一路晃荡着走过了国道和荒漠。沿途中带队的苏科长和王海江老师与我们谈论这里的风俗人情。我们看到有一处正在修建的房屋，据说家中富裕的维吾尔族老乡房子一般都置办得不错，果园也更为精美。这不，没走多久，我们的阿布都师哥就对一所房屋啧啧称奇，苏科长与家中主人沟通后，我们一行便进了房屋，开始参观。

对我们大多数人而言，都是第一次进入维吾尔族同胞的家中。进入大门停着一辆汽车，四周都是雕刻着花纹的柱子，据说是手工制作的。横梁屋顶也雕刻着精美别致的图案，充满浓郁的异域风情。屋顶则是一个大大的遮阳棚，进入其中确实凉快许多。在大厅四周的墙壁上，也有雕刻的花纹，整间屋子装饰收拾得如艺术品般精美。四周地面比大厅高，都铺设了地毯，我们进去时，老乡正坐在那里剁菜陷，她的几个孩子、一位姐姐和长辈正坐在旁边的桌子上玩耍。

我们的阿布都师哥用维语和主人家交谈，而我们则满怀好奇地四处打量，新奇的事物目不暇接。交谈中，我们也了解到了一些情况，这所房子里是一家人同住，爷爷坐在地毯上招呼我们，奶奶则陪着她的孙子孙女们，男主人在外面跑货运，家里的另一经济来源是自家的棉花地，每亩能产出 300 千克左右的棉花，我们的老师也在一旁点头道："确实是不错的产量了。"

老乡家里的小孩子看起来有三四岁，会说点汉语，比如"你好"，不过可能是怕生人，一直缩在家人背后，怯生生的却又鬼灵精怪地调皮，逗得我们哈哈大笑。我想把手中的柳环送给他玩，有时候也逗逗他，可他还是一直缩在家人背后，瞪着大眼睛好奇地看着我们。

一行人最终在老乡的笑声中离开，在回农场的途中，老师幽默地开起了阿布都师哥的玩笑："阿布都，好好学习！将来盖个这样的房子取个漂亮老婆！"我们一行人哈哈大笑，奔波的劳累，打土钻和取水样的艰辛，似乎一时间荡然无存。

## 触动我心灵的天籁

我们一行人又来到了第三师红旗农场四连的一所民族小学，这里的学生只会少量的汉语，一些低年级的学生只会说一句你好，我们的交流全靠一位高年级的小朋友来当翻译。虽然如此，但他们却能流利地唱出《团结就是力量》《我们是共产主义接班人》之类的歌曲。同一首歌可以听出不同的韵味，在军训时，我们听到这些歌曲会有满腔热血澎湃的激情，而在这里听到这首歌，则听出了民族团结一家亲的韵味。

看到这些小朋友天真无邪的笑脸，我们团队的人都倍感欣慰，也深受感动，纷纷表示有机会一定要再回来这里，来这里支教。私下交谈中，我们很多人都提到，以前总认为毕业了要去大城市工作，但在这里的几天却让我们产生毕业后到南疆基层工作的想法。我们希望能为当地的少数民族同胞贡献出自己的一分力量，并在心中暗暗告诉自己，“这些孩子们的笑容由我们来守护。”

小朋友们在合唱　摄影人：郭志成

## 反躬自省

通过本次实践，我们也开始认识到自身的诸多不足。“书到用时方恨少”，我们缺少的不仅是书本的专业知识，更是对专业知识在实际场景中灵活、综合运用的能力。这或许就是理论与实际的差距。暑期大学生基层实践活动给生活在都市象牙塔中的我们提供了广泛接触基层、了解基层的机会。深入基层，同基层领导干部谈民生民情，陪基层人民唠家长里短，我们扎根到群众中，汲取新的知识，碰撞出新的思想火花。在基层中，我们将学到的专业知识与实践应用相结合，获得解决实际问题的能力，我们以土地为师，以乡亲为师，更学到很多书本上学不到的东西。我们认识到，只有到实践中去、到基层中去，把个人的专业学习同社会、基层的需求联系起来，才是青年成长成才的正确之路。

（撰稿人：郭志成）

# 西南片区

火车渐行渐远，翻过山，跨过海，我们并不是探寻美景的旅行者，也不是渴求美食的背包客，我们只是一个真诚的聆听者、一个谦逊的弘扬者。

于是，我们知道，在一方小天地，也有很多有故事的人。在殿堂和田垄之间，他们选择了后者，脚踏泥泞俯首躬行，披荆斩棘拓荒辟径。

生命，当自强不息；而故事，也在继续。

# 爱乡建乡　带她奔小康

## ——贵州大学农学院2017年联合实践行动纪实录

**贵州大学农学院实践总队　摄影人：李婕**

在国家精准扶贫的基层一线，活跃着那么一群人的身影。他们从不惧风雨，从不畏艰难，毅然挑起乡村振兴的重担。他们面朝黄土背朝天，事必躬亲做实践，奋斗在脱贫攻坚战的前线。

2017年的故事发生在盛夏八月，贵州大学农学院67名实践队员分别奔赴贵州省安顺市紫云苗族布依族自治县，毕节市威宁县，六盘水市水城县，黔东南苗族布依族自治州丹寨县四地，开展实践活动。那段日子里，队员们每天起早贪黑，一天里要在乡间的小道上走上五六个小时。遇到下雨天，摔上两三个跟头也是常事。夜晚，我们就伴着满天星光聚在一起，说一说一天下来的实践成果，讲一讲走家串户间的同行糗事，也谈一谈我们看到的、听到的、感受到的扶贫故事……

## 历经三劫终见果，塘约之路需躬行

2017 年 8 月 3 日，贵州大学农学院赴威宁实践服务队一行 15 人走进了威宁县迤那镇中海村，在那里，我们见到了中海村的村支书——黄俊国（化名）。

黄俊国如今是中海村的一名工作 7 年的“老”村干部，原本高中毕业就外出打工的他，在漂泊他乡的两年里，心却始终像是牵着线的风筝，那一端在家乡，在亲人手里。于是黄俊国做出了一个重要决定，他要回到中海村。向老板和工友告别，匆匆收拾了自己的行李，一天一夜的火车终于回到了贵州，又倒了两班班车，步行了几十千米才终于回到了家。人说“金窝银窝”，不如自己家的“狗窝”，黄俊国在外打工也算见识过了大城市的繁华，高楼大厦鳞次栉比，灯红酒绿车水马龙……可是他心里明白，他的根在中海，他的命在中海，他的心也在中海。

他一回到中海村，就跟乡亲们分享了自己在外面打工的收获，听着黄俊国口中描述的“外面的世界”，乡亲们都心生向往，他们很看好黄俊国，愿意跟着他干，一起打造一个“新中海”。很快，黄俊国被村民们选为了村支书，年轻的他带着满满的拼搏精神，载着乡亲对他的无限信任，开启了带领乡亲们脱贫致富的新征程。

然而成功的道路从来都不是一帆风顺的，接连三次对外引进的“高收益”产业——绿壳蛋鸭、党参、兔子，结果都以失败告终。从走马上任到这一年，他已经在任三年了。不论结果如何，可想而知的是黄俊国这三年来的付出，每一个项目的引进，背后都是他的夜以继日、呕心沥血。直到现在，当他回忆起那段艰难的日子时，我们看到，堂堂铁血七尺男儿仍不禁泛红的眼圈。朋友都劝他：“算了吧”，“你啥都做过了，啥都不行”，“也许中海村就不是一片富饶的土地”，“赶紧娶个媳妇得了，整天弄那些虚头巴脑的”。黄俊国听在耳里，苦在心里。都说新官上任三把火，这三把火都烧完了，摆在他面前的却还是这么个烂摊子。“唉，要说没有想过放弃是不可能的，可是每当我想到我刚回村的时候，村民们对我的嘱托与信任，我就开不了这个口，也没办法撒手不管。”黄俊国揉着眼窝对我们说。

苦心人天不负，某天黄俊国灵光一闪，对外引进不行，那有没有适应当地种植却没有被发掘的项目呢？他首先实地考察本地的种植业，发现村里每家每户都会种植一两棵果树在院子里，每年的结实数不错，口感也比较好，那么当地会不会适宜水果的种植呢？有了这个想法，黄俊国说干就干，立马请来了省里的专家进行土样测定和环境检测。结果不出其所料，中海村海拔比较高，昼夜温差大，种植的水果含糖量比较丰富，专家得出的结论是迤那镇中海村非常适合种植果树。有了专家的考察结果，黄俊国又有了奋斗的目标，他进一步对当地进行实地考察，并结合专家的建议在原有传统种植玉米、马铃薯和烤烟的基础上，进行了现代经济作物种植调整，在当地开始栽种苹果、葡萄、核桃、樱桃。

如今，从黄俊国2010年返乡上任至今已七个年头了，威宁地区也打出了水果产业的名气，去过当地的人谁不言一句威宁水果好啊！如今，水果种植业也有了新的发展方向与目标。地点就在中海村村委会的门口，投资一百多万元建立了葡萄样点基地，由村委会带头给村民做示范，通过葡萄基地号召村民们一起种植。此外，进一步联合村民成立种植合作社、养殖合作社，“抱团”发展，共同致富。七年来的奋斗与努力，失败与总结，不断地开拓与践行，黄俊国带动着中海村开创了一条“塘约之路”：

（1）发展年轻党员、加强党员管理，走引领模范带头的道路。促转村民思想，发展新科技带动经济驱动。

（2）调整村子结构，从原来的5组转变为8个自管委36个十户一体，按区域划分，加强管理，落实责任。

（3）建立村社一体，合作社聚集农户进行抱团发展，带动全村村民一起发家致富。

（4）建立16个合作社，包括养殖牛、种植板栗、樱桃、苹果、李子、花椒、蔬菜、烟草等，按种类进行合作，例如葡萄产业，自合作社成立以来，种植220亩葡萄，涉及86户农户，其中有48户贫困户，他们现在都是葡萄基地的股民。

（5）增设工作岗位。目前村里设立了100余个工作岗位，让没有能力投入资金的精准扶贫户得以就业，实现困难户的家庭经济状况改善。

当我们问到如何带动群众参与到新产业建设中时，黄俊国说：“作为一个农村基层干部，就要摸清楚村风村情，融入他们的生活当中。刚开始村民们的思想还是很传统的，他们总认为种玉米才是农民致富的保障，所以我们要起到带头作用，我们先自己做，村民看到我们的成果他们就会积极参加进来。我们要走近他们心中，了解他们的所需所想，这样村民才会把我们当作他们的朋友，放心大胆地跟着你一起脱贫致富。”

面对一而再再而三的挫折，黄俊国从未选择放弃，威宁县迤那镇中海村在黄俊国的带动下，发展本村的特色产业，建立合作社，组织村民学习农业技术，通过一步步的努力，如同初升的太阳，慢慢开始蓬勃发展，村民的生活质量也有了显著提高。

除此以外，黄俊国还有一个更远大的目标，建设一个葡萄酒厂，将当地的部分葡萄制作成葡萄酒。葡萄酒的长期存储性可有效地解决葡萄存放期短的问题，更能吸引当地青壮年留在家乡就业。与此同时将果园发展成为示范园，在果树繁花盛开时举办赏花会，在果实成熟时举办丰收宴，吸引更多游客参观游玩，体验亲自采摘水果的乐趣，将农业与旅游业结合，双向发展，互惠共赢。

黄俊国兴奋地向我们描绘着美好的“中海宏图”，我们也对这位充满干劲、眼界独到的村支书充满信心，期待他能够带领中海村再创佳绩。

## 大山中的外乡人　我们的“第一书记”

2017 年 8 月 7 日，紫云实践小队来到了紫云县板当镇小寨关村，见到了当地“同步小康工作组”的第一书记——李为民（化名）。

初见这位“第一书记”就觉得这是一位乐呵的人，满脸的微笑，让人如沐春风，和蔼慈善得丝毫感觉不到是一位书记。当我们看到他的工作牌时，才不得不承认，这位让人感觉温暖平和的大哥就是我们要拜访的第一书记——李为民。

我们在交谈中了解到，李为民是“80 后”，比我们这些实践队员的年龄大不了几岁，毕业于重庆大学电气工程专业，之前是南方电网的一名主任，有稳定又较为丰厚的收入。2016 年 8 月，他被组织选派到小寨关村担任“第一书记”。彼时，他背井离乡来到这里，映入眼帘的就是这个连一条完整的可以通往村外的公路都没有的小寨关村。小寨关村有 178 户 502 人，远比他想象的贫困得多。面对这样的深度贫困，李为民第一点想到的便是“要致富，先修路”。修一条通往村子外的道路迫在眉睫，说干就干，很快在 2017 年，村里就通了一条属于小寨关村的道路，这是一条在李为民的努力争取下，四处募集捐款和扶贫项目资金共计 400 万元，才得以打通的 11.5 千米的致富路。然而修通路，只是脱贫长征路上的第一步。

作为一个外乡人，来到贵州的大山深处开展工作，远离家乡父母不是问题，狭窄到不足 10 米$^2$ 的工作生活空间不是问题，在极其潮湿的生活环境中无论严寒酷暑都需要电热毯才能入睡的艰苦生活条件也不是问题，如何与当地老百姓沟通交流并解决他们的实际困难，这才是大问题。就是我们实践队员们作为本省大学生来到紫云开展实践工作，也需要一些时间去磨合，何况当年从外乡前来的李书记，这里甚至没有让他磨合的机会，更没有让他磨合的时间，脱贫攻坚、致富奔小康分秒必争，实现全面小康社会的目标迫在眉睫。

刚到任的那段时间，李为民花费了大量的时间挨家挨户上门做调查，他发现村里小农意识严重，“等、靠、要”依赖国家和社会的救助思想较为严重，对发展产业缺少门路、缺少资金、缺乏技术等问题普遍存在，乡亲们对于村干部的信任感也严重缺失。“扶贫先扶志”，他意识到，只有不断激发贫困户自主脱贫、自我发展的动力，帮助农户发展产业，让贫困农户有持续稳定的增收来源，才能真正实现脱贫致富。于是李为民想到了创立合作社，大家一起入股，实行多劳多得的分红方式让乡亲们坐上致富的道路。

成立合作社并非一件简单的小事，李为民按照“因户施策，因人施策”的思路，费尽心思、磨破嘴皮、上下跑腿为贫困户的脱贫之路四处奔波。每当碰壁时，他就在心里对自己说“不忘初心，方得始终”，一户贫困户走访五六次，这都是常事，耐心地解释，忙起来一上午都喝不了一口水。村民们的冷漠疏离在那段时间里都算是对李为民最好的待遇了，不少村民在他上门游说时还对他冷嘲热讽，更过分的谩骂都有。说到这里时，李为民却笑了，仿佛在说什么玩笑似的一笑带过，这一笑在我们看来却复杂极了，犹如打翻了调味罐一般，五味杂陈。难以想象，曾经的他面临了怎样的心酸苦楚。好在最后靠着这样的坚持，他赢了，不仅让一半的农户加入合作社，更赢得了乡亲们的信任。在我们问道是否想过放弃时？李为民书记说：“困难嘛，是会有的，但是看到深夜，一个叔叔还惦记着我没有吃饭，隔很远还给我送来一顿晚饭的时候，觉得一切都是值得的。”这一刻，在这位第一书记的脸上的笑容中写满了朴实和满足、幸福与快乐。这一刻，我们真切地感受到了这位“第一书记”宽大的胸怀与为人民做事、为国家全面实现小康社会目标而奋斗的伟大抱负与决心。

如今，在以李为民为首的帮扶干部的牵头帮助下，小寨关村发展了大棚蔬菜，养猪场，养牛场，鱼塘四种特色产业。并以专业合作社为龙头带动，通过小额贷款担保、农科技术入户、合作社保销路等“一条龙”服务，帮助农户大力发展特色种养殖业，开辟了有机蔬菜、特色林果、生态养殖等效益农业，带动了当地劳动力就近就业，实现户均增收至 3 500 元。

从一条完整的公路都没有，到现在的实现农户增收，李为民书记为此付出了太多太多。在他工作的地方我们一眼就能看到那极其显眼的堆积成山却摆放得整整齐齐的档案，在脱贫工作中，他为每一户贫困户都建立了独立的档案资料，详细记录了每家每户的情况。旁边的一位工作人员告诉我们，这些资料都是李为民书记熬更守夜一点点整理出来的。有一天已是深更半夜，书记还在休息的地方工作，住在对面的村民看到书记依旧在挑灯夜战，很是心疼，大半夜的还为书记做了碗蛋炒饭给送去。从冷漠谩骂到半夜送蛋炒饭，小寨关村的村民们早已经深深地被他们的“第一书记”所打动，他们终于明白，这个外乡人上百个日夜的为他们而奔波的艰辛。人与人之间的相处就在于，一颗心走向另一颗心，李为民这个“第一书记”走进了小寨关村的村民心中，成了名副其实的“第一书记”。这一刻，我们真心为他感到骄傲与自豪，他的辛苦努力没有白费，贵州的脱贫攻坚、建设全面小康社会需要的就是这样的人才、需要的就是这样的精神。

当然，除了重视产业外，李书记还尤为重视教育，他坚信“扶贫先扶智，治贫先治愚”。除大力建设小寨关村的小学外，他还在村干部办公的地方收拾出了一个小型图书馆，村里人包括儿童都可以免费阅读里面的所有书籍。在我们与李书记的交谈中，就有不少孩子拿起图书跑到会议区坐下安静地看书。李书记告诉我们，村里的孩子都很爱学习，这个阅览室虽然很小，但孩子们都喜欢来这里汲取知识。看着这些用心读书的小孩，我们就看到了祖国伟大复兴的希望。

如今，距离 2020 年我国实现全面小康社会的大目标只有短短不到 3 年的时间，对于那些仍然贫困的地区，我们必须找到和运用真正适合他们的方法才能帮助他们快速脱离贫困，走向小康。遁那镇中海村村支书黄俊国、小寨关村第一书记李为民等人都是带动乡村产业变革的典型代表，他们用自己的行动、自己的决心、自己的扶贫成果在向世人诉说他们感人的扶贫故事。

无数个黄俊国、李为民在奋斗，所有在脱贫攻坚前线的工作人员在奋斗；中海村、小寨关村在奋斗，贵州乃至全国的许许多多个贫困地都在奋斗。长年奋斗在脱贫攻坚一线的党员干部，他们风里来雨里去，默默无闻，任劳任怨。他们是推动新农村建设的奠基石，兢兢业业，诚诚恳恳；他们是新时代扎根基层托起乡村振兴希望的开拓者，勇敢面对失败，披荆斩棘。他们的故事足以我们传唱，他们坚持不懈、敢于奋斗、勇于拼搏、乐于奉献的精神是我们学习的榜样。

不忘初心，砥砺前行，全面建成小康社会的道路还需我们全力以赴。作为农科学子，扶贫攻坚我们责无旁贷，我们有责任、有义务用我们所学到的知识去帮助需要帮助的人民群众，更有义务去建设我们美丽的家乡，建设我们伟大的祖国。实现全面建成小康社会的目标，实现中华民族伟大复兴的美好愿望，全国农学人在路上，我们沟通合作、携手共进，创新联合、协同发展，这是共同面对和解决国家重大问题的时势之需，更是应有之举。扶贫之路，我们永不言弃！

**实践队员采访李为民书记　摄影人：李婕**

（撰稿人：陈芊绵　邓敏）

# 饮一方水　念一方情　踏踏实实在基层

## ——四川农业大学农学院 2017 年联合实践行动纪实录

“扶贫‘三农’”团队邀请到四川农业大学农学院党委书记胡迅、生态农业研究所刘卫国副教授，奔赴四川省教育厅精准扶贫定点村镇的凉山州雷波县马湖乡，为当地马铃薯和玉米种植、玉米秸秆循环利用和南江黄羊的养殖献计献策　摄影人：张铃莉

读万卷书，行万里路。这个夏天，半开的车窗，明媚灼人的阳光，就这样，我们踏上了征途——农学院 38 支学生社会实践团队跨过万头山、越过千条河，各自奔赴昆明、石棉、雷波、简阳等几十个市县，以精准扶贫、支农支教、社会调研、文化访谈为主题，结合农院学子专业特色及当地实际情况，如火如荼地开

展了2017年暑期三下乡社会实践系列活动。

今年，四川农业大学农学院继续作为全国农科学子联合实践活动西南片区的召集和牵头单位，特别组建两支团队，联合西南科技大学、西昌学院、宜宾学院、成都农业科学技术学院4所高校的农科学子，积极投身社会实践，四川农业大学农学院党委书记胡迅副教授、副院长任万军教授、生态农业研究所办公室主任刘卫国副教授也奔赴各实践地点，服务“三农”，振兴中华。

冰遇见阳光，于是有了奔腾的河；种子遇见风，于是有了盎然的生命；贫困村遇见有责任、有担当的驻村扶贫队，于是有了美好的明天，有了关于梦想最美的记忆。2017年是精准扶贫、精准脱贫的深化之年，四川多地凭借产业扶贫等措施摘掉了“贫困”的帽子。新农村快速发展的卓越成效离不开政府的重视关切，离不开农民的踏实吃苦。但还有一群人或顶着骄阳在田里考察，汗浸衣背；或徒步挨家挨户建档立卡，事无巨细；或积极为农民脱贫想法子，出主意。他们或是大学生村干部，或是驻村干部……一群在最基层的岗位做着不平凡之事的人，为新农村建设无悔奉献了自己的青春，用年轻激情的力量推进农村发展，使攻坚扶贫工程往前迈进一步，再一步。今年的实践活动，农学院实践团队来到贫困村，正是要亲身体验脱贫村翻天覆地的变化，听取、记录脱贫户的脱贫难事，同时，也将扶贫路上的动人故事娓娓道来。

还记得临行时我们提着包裹，背着行囊，奔向远方。火车渐行渐远，我们翻过山，跨过海，我们并不是探寻美景的旅行者，也不是渴求美食的背包客，我们只是一个真诚的聆听者、一个谦虚的弘扬者。我们扯着实践旗帜，在火车上高唱着淳朴的山歌，挥洒着我们的青春。当旭日再度升起，当责任再度披肩，当热情再度浇灌于胸膛，我们将继续以农之名，为兴中华之农事而出发！

## 事无巨细，千头万绪——扶贫工作是项艰巨的任务

架在大山尖上的七彩夺目的彩虹，刚出车站时消散夏日炎热的凉意逼人的细雨，悬在头顶山的白得没有瑕疵的云，抬头就有的蔚蓝的天，公路旁一眼望去没有边际的绿野……满满的好感与欣喜，雷波，这是初见时的第一印象。

雷波县大杉坪村是高山生态移民村，是四川省教育厅精准扶贫定点村镇，也是马湖乡3个贫困村中最先脱贫的。曲径通幽，当队员沿着陡峭的山路，一路向

上，来到大杉坪村时，映入眼帘的是已经焕然一新的彝家新寨。

在四川农业大学农学院党委书记胡迅副教授、生态农业研究所办公室主任刘卫国副教授、院团委书记汤瑞瑞老师的带队下，我们一行人走进大杉坪村村委会的大门，大杉坪村的驻村干部一把握住带队老师的手，高兴地直说："你们来了，你们终于来了！"

扶贫工作得到了四川省人大常委会副主任黄彦蓉的大力关心和省教育厅、四川农业大学、三峡集团公司等帮扶单位的大力支持。

据贫困户村的介绍，他们建档立户时每一户都有相应的帮扶责任人，里面详细记录着帮扶人的信息、致贫原因，帮扶计划和家庭经济来源等信息。每次跟村民宣传精准扶贫政策时，村民都为这种"一对一帮扶"的做法点赞。

在村干部的带领下，实践团深入田间地头开展调研工作。"今年的莼菜减产严重，向日葵的长势也不好。这棵向日葵长得太矮了，可能是肥力不够，那棵长得高，但花盘太小了，茎上还有虫，得注意防治病虫害……"，农业作为大杉坪村的主导产业，如今仍面临着诸多的问题。为解决当地的农业生产问题，刘卫国副教授提出，他所在的"四川农业大学副校长杨文钰课题组"将围绕"玉豆－草－羊"种养循环的主题，进一步加强与当地开展玉米秸秆循环利用促进南江黄羊养殖的科技服务工作。

在脱贫的道路上，旅游业一直是村上着手抓的项目，水泥山路、农村活动综合体、彝族工坊等都体现着村上为旅游业付出的心血。据悉，四川省教育厅、雷波县组织部、三峡集团等也为大杉坪村的旅游发展投入了大量的人力、物力。

"在这几年的脱贫过程中，你觉得政府的哪些扶贫政策是真正让你的生活得到改善的呢？"团队成员问道。"政府给我们发羊儿牛儿这些，房子也是政府出钱修的，还有各种补贴，简直是太好喽！"哪怕生活依旧清贫，这位淳朴的彝族妇女也用最质朴的语言表达着内心的感激。

"一直以来，精准扶贫工作都在全国各地狠抓落实，目前大杉坪村的扶贫工作虽得到村民高度赞可，由于这里贫困人口多，贫困程度复杂，我们的扶贫政策也正根据实际情况推进，此外村委相关负责人和驻村干部还会定期走访慰问贫困家庭。"大杉坪村村委书记向志愿者介绍扶贫工作开展情况时说道。

四川农业大学农学院党委书记胡迅对当地的扶贫未来有充分的信心，他提出传统产业的转型升级和区域规划与旅游产业相结合的思路，“我们在未来三年，将继续为马湖乡的扶贫攻坚提供人才和智力支持，为服务地方做出更多的贡献。”

脱贫攻坚工作是一项崇高的事业，也是一个造福民心的工程，是各级各部门义不容辞的责任。村干部是走在脱贫攻坚第一线的基层干部，贫困户是精准脱贫最直接的受益者。调研活动结束后，志愿者对当地扶贫工作感触很深，“‘事无巨细，千头万绪’这八个字恰好概括了扶贫工作的艰巨。但当地村委干部、驻村支农干部的诚恳让队员相信，在接下来的扶贫工作中，他们会采取更有效更直接的方法惠民利民，带领大杉坪村齐步迈进小康社会！”

## 人才引线高校穿针，“绣花”功夫助扶贫

破败的土坯房倒了一半还有人居住，泥泞的土路杂草和碎石随处都能硌着脚，小院子里堆满杂物一眼望去尽是衰颓之感，地上全是家畜的粪便不知如何落脚……这是走访时在一个女孩家里看到的画面，“贫穷”二字就活生生地展现在我们眼前，弥漫无边。

今年暑假，由四川农业大学、西南科技大学、西昌学院、成都农业职业技术学院四所高校组成的农科学子联合实践团队“扶贫路上”，在四川农业大学农学院党委书记胡迅副教授、副院长任万军教授、高级实验师刘帆的带领下，来到简阳市三合镇石马井村进行了为期一周的暑期社会实践。

早在4月底，成都市委组织部便选派30名优秀选调生赴简阳贫困村驻村任职，助力脱贫攻坚工作。毕业于四川农业大学生物化学与分子生物学专业的饶斐（化名）成为三合镇石马井村的“第一书记”，作为农大学子，对于农业农村，她有着独一份的深厚感情。她说：“我在大学时的志向就是希望能为农民做一点事，这次来到农村一线，我的工作就是脱贫攻坚，对此，我一定全力以赴，不负初心。”

就这样，怀着一颗热忱的心，饶斐出发了。到村后，饶斐第一时间遍访贫困户，了解致贫原因，思考脱贫对策，依托自身专业背景深度调研产业。她深知农业生产、农村发展、农民致富，离不开现代科技、离不开专业人才、离不开市场方法，于是她积极对接农林院校，为石马井村引才引智。

“有了川农大的丰富资源，带动贫困村发展这盘棋就活了”，奔波了两个多月

四处寻方问策的饶斐此刻终于露出了笃定的笑容。7月10日，四川农业大学农学院与简阳市三合镇石马井村正式签订校地合作框架协议，精准实施教育扶贫、科技扶贫、文化扶贫，力促脱贫攻坚从“输血”到“造血”的转变。

四川农业大学农学院党委书记胡迅表示：“农学院作为‘211工程重点建设高校’四川农业大学的传统大院，为我国西南地区农村发展做出了很多努力，此前学院都是与地、市、县级以上人民政府建立校地合作关系，此次与贫困村签订校地合作协议尚属首例，也是特例，旨在深入贯彻落实省第十一次党代会提出的以‘绣花’功夫精准扶贫精准脱贫。”

校地合作协议签署后，一批批的专家团队来到了石马井村。刁强（化名）是村十组的村民小组长，也是村里的致富带头人，他有一个1 000米$^2$的养猪场，年出栏生猪700头以上，年收入可达140万元。但由于养猪场位于水库旁，属于禁养区，必须关停，偌大的房舍去功能化后做什么？正当刁组长一筹莫展的时候，四川农业大学高级实验师刘帆给他出了主意：“这个房舍很适合转型为菌种场发展菌类养殖，我们学院有这样的资源，可以采取‘实验室+集体经济组织+农户+公司’的发展模式，由我们提供技术、解决销路，村集体和农户只负责生产过程。”

此外，专家们提出：以提高传统作物亩产收益促进农户增收，如在现有玉米、甘薯下套种半夏，在核桃树干上种铁皮石斛，在核桃林下养鸡增加土壤钾含量等。专家们表示将全力提供技术支持，并在关键生产节点到当地进行指导。

四川农业大学农学院为石马井村带来的不仅有专家团队，还有企业团队，以工业化思维发展农业，促进传统农业向现代农业转型，实现农业的标准化生产、订单式经营、规模化发展。四川农业大学杰出校友、成都万春智汇孵化器管理有限公司总经理刘一盛说：“村庄发展的灵魂是产业，把石马井村的产业做起来，它就有了永续发展的动力。接下来，成都万春智汇孵化器管理有限公司结合创业者和石马井村实际孵化关联性高的项目，一批创业者将来到石马井村，促进创业者研究成果就地转化和当地贫困户增收致富。”

石马井一行十余天，团队成员们满怀热情、步履不停，积极深入村庄调研，在调研中深刻学习到国家农业供给侧改革在乡镇间的具体贯彻实施，切身体会到石马井发展特色，探究当地各产业供给侧改革路径，感叹农业现代化发展成果，行程充实，收获颇丰。实践的脚步下丈量我们扶世济民的梦想，年年代代，以此传承农学院的行中华之农事的精神。读万卷书不如行万里路。远行，在路上，或许我们需要做的就是打开自己的眼睛和耳朵，在丈量每一步路的过程中用心感受，反思自我，继续前行——也许这才是这次石马井行的意义。

## 引种八月瓜，攀上致富藤——农大教授的大山扶贫梦

“结的果子都长势不错，今年应该可以大丰收咯”！7 月 24 日，阳光灿烂，在石棉县栗子坪一大片标准化种植的山林地里，一位村民正忙着给一大片蔓藤植物浇水。在这片山林里，只见地上竖着一圈 3 米左右的白色围栏，蔓藤植物就从这些围栏中心节节拔高，攀附着上方的支架。

雅安市石棉县，一个山脊绵延相连，浓浓清香萦绕，被大渡河温柔环抱的小县城，有着一种喧嚣之外的宁静和谐。村民们仍然延续着日出而作，日落而息的农耕生活。他们辈辈相传，代代耕作只为守护着这一片绿野山林。

2015 年四川农业大学教授罗培高到石棉县当科技副县长，由于石棉县地处干热河谷，被大山环抱，属于高海拔地区，地势险峻、气候地理条件差，不适合农耕，当地党委、政府也一直没有找到能带动农民致富的发展产业。然而在一次对栗子坪国家级自然保护区野生植物资源的调查中，他偶然发现山上有大面积的野生“八月瓜”，这让他一下子找到了打开“八月瓜”产业的大门。

“这也是一种典型的‘懒人庄稼’，很适合中高山村民种植。”罗教授摸准了农民的心态，当机立断，决定就从“八月瓜”干起。于是罗教授开始在雅安荒山荒地多的石棉县推广八月瓜仿野种植开发项目，帮助当地农民致富。

“我想再过 20 多年我回忆起我指导‘八月瓜’产业创立的过程，也依然会觉得是一部辛酸血泪史。‘八月瓜’在当地政府和百姓眼中都是没有用处的野果，谁也不相信石棉县的贫困问题能靠这种水果来解决。”然而，怀着这一颗热忱之心，罗教授常常在农民与政府之间两头奔波。领导不相信方案的可行性，他便花了一个月的时间进行二类资源调查，在雅安这座“雨城”里，他常常遇到猝不及防的大雨，冒雨钻树林、踩着泥泞湿滑的山路前行，这些已是他的家常便饭；农民不信他们能靠山中野果致富，他便与农民一同劳作，不断以“贴地气”的语言讲解着这种“低投入、高产出”产业的好处。

终于，功夫不负有心人，罗教授在调研中发现：在石棉全县16个乡镇65个村，海拔900～2 000米的林地范围内，均有野生三叶木通分布，而石棉县地处中高山，其整个县的山地面积占国土面积的98%，耕地资源十分紧缺，不适合农耕，却非常适合果树的种植。

“这三叶木通习惯长在荒郊野岭，如果要不施肥不打农药，那就得让他不长病害。”罗教授突然灵光一闪，“我当时想，不如干脆让三叶木通种植‘不成气候’，放弃集约化的种植，直接利用生物多样性来防止病害的大规模流行”。这种仿野生种植的“荒山扶贫”十分贴近当地条件。2015年10月，石棉县整合涉农项目资金，“八月瓜”产业迅速发展。同年，40余公顷“八月瓜”在先锋乡共和村、永和乡白马村、美罗乡山泉村等地试点栽植，全部存活。2016年，又在全县进行仿野生栽植300余公顷……

“虽然那个时候八月瓜已发展得如火如荼，但我觉得还不够，我觉得整条产业还差一个‘龙头’才能为农民带来更多的帮扶。”罗教授所说的‘龙头’便是指企业。他坚信“出口畅、来源旺”，便想创立“八月瓜”企业，一面敲开市场大门，一面有利于更多收购农民的“八月瓜”。

为了早日建立起来企业，在2015年农历正月初八那天，罗教授就带上他的团队外出考察、寻找队友；为了购置一整套果茶生产流水线的机器，他货比三家，辗转了常州、兴华、扬州、厦门等多个地方；企业建成后，为和农户达成良好的合作，公司和农户、合作社签订了保底价收购的协议，让农户和合作社无销售的后顾之忧。

无数成果都在罗教授及其团队的艰辛奋斗下换来了，他争取到科研经费95.5万元；国家下批了“实验八月瓜原产地证明商标”，让石棉县成为官方认证的“八月瓜”起源地；他带领学生们完成了成分检测、染色体数目的确定、氨基酸含量等指标的测定等多项研究，形成完整的实验报告，使得“八月瓜”在营养和安全方面有了科学依据；还依托四川农业大学的科研资源，成立“三叶木通产业研究院”，加快三叶木通商品化进程；该企业和五粮液、泸州老窖集团也有相关方面的合作；果酒、果茶、果油等加工产品也逐渐推向世面……

实践队员就在大渡河边听着罗教授讲完了这一段艰辛的扶贫历程，此刻的罗教授正如这一段缓缓流淌的大渡河，安静而深邃。那些令人难忘的日子，罗教授带着满腔热情，经过长途的旅行，收获了弥足永恒的回忆，更是造福了这个偏安一隅的石棉小县。

一路实践，高歌一曲扶贫之歌。旅途的艰辛，路途的遥远，乡村的风土人情……都深深地触动着我们的心弦，更加激发了我们求知求学、练就技能的热情，也更加坚定了我们学农支农，奉献青春的决心。在这片黄色的土地上我们留下的不仅是滚烫的汗珠、密密麻麻的数据、一遍遍不厌其烦的讲解，我们留下的更是爱和希望。

如今，脱贫攻坚到了啃硬骨头，攻坚拔寨的关键时刻，万丈高楼平地起，基层任重道远，还有很多路要走。让我们不忘初心，一步一个脚印，真真正正务实事，希望我们“支农扶贫”的足迹可以遍布贫困村的每个角落，让希望在乡村中蔓延。

**四川农业大学农学院与简阳市三合镇石马井村签订校地合作协议　摄影人：王敬涵**

（撰稿人：林玲　温余翠）

# 感悟农牧心声　助推精准扶贫

## ——西藏农牧学院植物科学学院 2017 年联合实践行动纪实录

调查成员对农牧民进行入户调查　摄影人：孙前路

改革开放以来，中国农村居民的生产方式和生活水平发生了很大变化。依据人均收入 2 300 元的贫困线标准，2015 年我国还有 6 000 多万贫困人口。为确保 2020 年贫困人口脱贫，习近平总书记提出精准扶贫理念，随后中央办公厅在 2013 年 25 号文件《关于创新机制扎实推进农村扶贫开发工作的意见》中将精准扶贫工作机制纳入六项扶贫机制创新之一，接着国务院扶贫办也制定了《建立精准扶贫工作机制实施方案》，精准扶贫全面展开。农村扶贫开发工作理念已由“大水漫灌”式的区域瞄准转向了“滴灌”式的贫困村民瞄准。

目前，西藏已经对农村贫困人口进行了建档立卡精准识别工作，因人施策、精准发力、精准帮扶工作正在有序进行中。但在这项工作中，农牧区群众是否认同这些贫困村民，对贫困村民的识别工作是否满意？各级政府针对贫困村民实施了哪些精准举措，是否因人施策、精准发力，贫困村民的评价如何？等等，这都是西藏学术界和政府部门高度关注的。因而在西藏农牧学院西藏农村经济发展研究中心组织下，由孙老师和刘老师担任指导教师，组织调查团队，对西藏扶贫问题进行调查。

## 启程

为了提高学生实践能力，在农林经济管理专业教学中，学院将课程教学大纲的课程设计为理论学时和实践学时两部分，其中实践学时的展开主要分为调查培训、学生选题、社会调查、报告撰写、老师评定等环节，本项目团队形成最初是班级调查小组。由于农林经济管理和农村区域发展本科专业的课程为合班授课，学生实践分组主要采取自由组合的形式。

由于任课教师在上课过程中结合课程特点，将西藏农村经济发展研究中心相关老师的调查发现、研究成果及尚待解决的问题向同学们进行了简单介绍，激发了同学们进行社会调查的兴趣。基于课程实践，学生提出希望通过对农牧民的调查进一步了解农牧区，在提高实践能力的同时也为将来在农牧区工作做好准备，加上当时全国精准扶贫热点和指导老师的科研方向，团队将项目的研究对象确定为西藏农牧民，将研究内容确定为精准扶贫。

但是，精准扶贫内容非常广泛，涉及上级政府、扶贫部门、村委会、贫困村民等多方参与者，其研究内容更为宽泛，如何找到一个切入点是本项目开始的前提。幸运的是，小队成员格桑卓玛通过自己在农牧区见闻的阐述，确定了本项目的研究方向。卓玛格桑说，在家时会听到邻居和父母说起精准扶贫的事情，有些村民对现行扶贫项目、扶贫措施及村委会的具体执行方面不是很满意，是否可以从满意度的角度进行分析。指导老师和团队成员通过检索相关文献，发现扶贫满意度的调查分析较少，西藏自治区更是一片空白，这个视角的调查能够弥补一些理论上的不足，也能为西藏精准扶贫提供参考，项目具体的研究内容得到确认。紧接着就是学生撰写调查问卷，经指导老师修改10余次后，最终确定了问卷具体调查内容。

## 感悟民生

作为调查团队成员，需对西藏农牧民进行深入调查，每人均调查了较多问卷。通过调查，团队成员发现，农牧区居民对现在的生活还是比较满意，国家和兄弟省份的援助成果得到了农牧民的认可，近十几年来，农牧民的生活水平逐步提高，绝对贫困的家庭基本看不到了，同时，一些农牧民对扶贫政策的满意度也较高，尽管有一些不满意的地方，但并不突出。在致贫原因上，很多家庭是由于劳动力缺乏、资金缺乏等，但由于国家政策较好，相对贫困的家庭生活可以得到保障。在脱贫策略上，提高文化程度显然得到了绝大多数农牧民的认同，这也说明西藏的教育情况对贫困户脱贫影响很大。除了贫困方面，调查员对农牧区的家庭生活和生产模式有了更为深入的了解，为将来在农牧区工作打下了较好基础。

“农牧心声”调查团队本次调查获得的成绩不仅取得了“挑战杯”的好成绩，更是为西藏精准扶贫起到了助推作用。由于本次“挑战杯”一等奖不仅仅是西藏农牧学院的第一次，更是西藏自治区在该奖项的首次突破，自治区党委非常重视，要求西藏农牧学院以信息专报的形式上报自治区教育厅，并有由教育厅上报自治区党委。因而，调查团队的调查成果并不仅仅取得了“挑战杯”的突破，更是为西藏政府后续指定精准扶贫、深度精准扶贫提供了较好的政策参考。

取得的好成绩是对调查团队的认可，但并不是懈怠的理由。“农牧心声”调查团后续调查需要提前布局，为此，为了紧贴西藏精准扶贫实际，“农牧心声”调查团将下一目标锁定在“山岩片区”整体搬迁上。这是因为“山岩片区”已经确认“一方水土养育不了一方人”，自治区多次召开搬迁动员会，并计划在2020年搬迁结束，完成西藏深度贫困地区的扶贫工作，这不仅是西藏扶贫史上的壮举，更是新时代背景下西藏农牧民共同踏进小康社会的精彩片段，具有非常高的实践意义。因而调查团队在人员选择上，尽管我们吸纳了新生力量，但人员需要不断更新，这就要求我们提前筛选参赛人员，并通过现场观摩了解相关信息，才能在后续比赛中得心应手。为了尽早掌握第一手材料，使得“山岩片区”搬迁前后有丰富的对比性，2017 年 12 月，西藏农村经济发展研究中心的老师就着手计划该工作，并计划在 2018 年三月份开学后重组调查团队，对“山岩片区”进行分轮摸排，赛选案例，为后续调查做好准备。

西藏农牧学院校训及团队成员　摄影人：孙前路

（撰稿人：孙前路）

# 实践服务“三农”　助力脱贫攻坚

## ——西南大学农学与生物科技学院 2017 年联合实践行动纪实录

**西南大学农学与生物科技学院脱贫攻坚服务团队员调研活动照　摄影人：李洹东**

2017 年的暑期注定是不平凡的夏天，西南大学农学与生物科技学院的学子们像一团星火，散落乡土农村，点燃希望的火炬；像一场甘霖，播洒西南大地，孕育扶贫的种子。7 月 10 日至 9 月 2 日，为积极响应“全国农科学子联合实践行动”号召，西南大学农学与生物科技学院脱贫攻坚服务团组建 8 支实践队伍，这些队伍中包含 1 支党员专家队伍，7 支学生队伍；5 名研究生，110 名本科生，分赴重庆巫溪、武隆、彭水、黔江、云阳、奉节、秀山共 7 个国家级扶贫开发工作重点县，以及巴南、江津两个扶贫成效显著区开展社会实践活动。

服务团以深入农户调研、讲述扶贫故事为主要内容，开展了“顶梁柱”成人医疗救助、“圆梦 · 自强”贫困高中生资助、微视频宣传产业、帮学支教接力、依托联盟“农天下”手机互联三农服务平台开展支农增收工作等共计 39 项服务三农活动。在两个月的实践中，队员们从“温室”到“寒冬”，从稚嫩到成熟，从理想到现实，从“象牙塔”到社会百态，品味人生的残酷无奈与五味杂陈。

队员们开阔视野，增长才干，也明确了青年学生肩负的使命。作为当代大学生，作为农科学子的他们，更应该深入农村、走近农民，走在精准扶贫队伍的前列。为中国广大贫困农民的脱贫致富出谋划策，为国家打赢脱贫攻坚战倾力以赴。

## 心存善无畏　与君话桑麻

愿每一座青山都有一条绿水相依，愿每一个人儿都有一个故里相念；愿孩童不再因贫穷啼哭，愿老人不再受病痛折磨；愿每一个身在远方的游子，都能找到回家的路。无论道路多泥泞跌绊，心存善而无畏，总能嗅到故乡之春的清雅之气。

2017 年的 6 月伴随大学期末的紧张备考而去，7 月便如约而至。9 日，西南大学农学与生物科技学院的队员们带着满满的期许和一丝丝的忐忑，巫溪支队出发前往活动第一个目的地——巫溪塘坊梓树村。经过六个小时的车马劳顿，顶着炎炎烈日，队员们抵达了塘坊。初入眼帘的是起伏山包上的那团苍翠，含混着似云似雾的淡淡白皙，凹凸处隐隐约约坐落着几许人家。一方水土养一方人，美丽的地方定有可爱的人儿。

从唐家院子的床上醒来，吃过和着土豆丝的农家小面，队员们开始了下乡首要任务——调研。走访的第一户人家是刚准备下地的两位老人，见到队员们，虽感疑惑，但还是放下了手里的活，热情地端出板凳、拿出瓜子和糖果招待他们。老奶奶今年 64 了，由于肩膀旧疾的原因，时常需要吃药。老爷爷也患有腰病，身体虽然不算好，但现在仍然坚持给合作社帮工挖水渠，挣点钱补贴家用。在与奶奶聊得正欢时，一个虎头虎脑的小男孩一摇一摆地从内屋走了出来，黝黑的脸蛋上挂着两条“大青虫”，圆圆的眼睛望了望队员们，便径直扑向了老奶奶。“婆婆”，脆生生的，使得气氛一下就活跃起来了。原来小弟弟是老奶奶出门打工的小儿子的孩子，而老奶奶则住在大儿子的房子里，家里的经济来源除了孩子打工的工资，还有不少是爷爷奶奶闲暇之余打零工挣来的。年迈的身体纠缠着病痛，拉扯着年幼的孙子仍要继续负重前行。身体虽然吃力，病痛又难挥去，但在政府和乡里的扶持下，老奶奶依旧相信美好的未来将如约而至，正如她常挂在嘴边的那样："我对自己的脱贫，村上的脱贫很抱希望。"生活总是掺杂着苦难，但心存善念的人却总是能感受到春天。

这个小村庄绿水青山风景秀丽，虽然贫穷却有着乐呵呵的生活干劲。队员们一路走访，看到老人停在大公路边谈笑，小孩在小河沟边嬉闹，与他们攀谈聊天、共话桑麻之间，感受到了乡风的淳朴善良和生活的恬静安详。由衷祝愿巫溪的游子永不会有"世界那么大，何处是我家"的喟然长叹；留守的老幼能体验到"暮春者，春服既成，冠者五六人，童子六七人，浴乎沂，风乎舞雩，咏而归"的安逸。助力精准扶贫，建设最美乡村，我们在路上。

## 探望孤寡老人，传递人间冷暖

巫溪支队的队员们踏过蜿蜒盘曲的小路，来到农户的家中开展实地走访调研。当地的年轻人仍保持着日出而作、日落而归的劳作模式，因此家中一般就只剩老人与小孩。

让他们至今仍记忆犹新的，是长期与病魔战斗的刘利国（化名）老夫妇。奶奶的身体本就不好，在 2011—2013 年，更是先后被确诊为子宫癌和宫颈癌，对于本就不富裕的家庭来说，无疑是雪上加霜。儿子在十多年前与其分了家，之后再也没有尽到赡养二老的责任，一切的重担都落到了刘爷爷一个人的肩上。为了筹集为奶奶做手术的钱，刘爷爷四处忙走奔波，却因劳累过度患上了糖尿病，后又因开山采煤引起硅肺，即便如此，他仍然选择一个人撑起这个家。如今深驼的背仍如山般坚毅，生活的艰辛让他变得更加坚强。刘爷爷说，他没有一刻想过要放弃给妻子治疗，几十年的婚姻，将所有的棱角都打磨得温暖而细腻，即使历经重重磨难，爷爷奶奶依旧相濡以沫。刘爷爷的讲述令队员们动容，每个人的心中都无比佩服这位老人，一名女队员拿起了送给老人的按摩器耐心地教奶奶使用，另一名男队员也急忙走到刘爷爷身后，为他轻轻地捏起了肩。破旧的土坯房里，昏暗的灯光下，两个老人，五个队员，或对话，或聆听，鼻尖萦绕的是农家风味十足的饭菜的香气，一派祥和。

在短短数天的调研中，实践队员们见到许多像爷爷奶奶这样的人，他们坚强、乐观、真诚，生活对他们来说是艰辛的，但他们却可以微笑面对。要打赢脱贫攻坚战，需要这样的乐观、积极的态度，精准扶贫的任务依然艰巨，仍有数不清的人亟待帮助。作为当代大学生，队员们深刻意识到责任之重大，都决心以后的日子里更加努力的学习专业知识，为脱贫攻坚贡献自己的一分力量。

## 风情苗家寨，共承苗族魂

七月流火，苗寨幽幽。青春年少，一腔热忱。蝉鸣声噪，亨葵及菽。

七月，彭水支队队员们走进苗岭深处的苗族人家，为深爱的土地献上最好的祝福。不墨乌江画，无弦苗乡音。黔东南的彭水，鞍子乡的苗寨。当他们踏足此方山水，便将友爱带了来，把梦想种了下。越过峻岭重山，实践队员们带来“农天下”；走上田间地头，体会农耕的辛劳与不易；踏着声声鼓点，跳着苗家的踩花山；伴着芦笙彻响，唱起那一曲娇阿依……作为深爱这片土地的人，他们走进这里，看着阳光灿烂，满心喜悦。这片乡村的热土，将留下大家的欢声笑语，留下奋斗的痕迹。这是关于青春的乐章，也是一个以爱为名的故事。

暑期“三下乡”实践出发的这天，实践队员们又激动又紧张，早早便乘坐开往鞍子的大巴，沿途风景如画，乌江画廊美不胜收。经过 11 小时的长途跋涉后，最终顺利到达目的地——彭水鞍子。苗寨居民热情好客，颇有好人好水好山好风光之感。

隔天，天才蒙蒙亮，队员们便伴随着鸡鸣声起了床，吃了饭便带上礼物向罗家坨出发。沿途村民热情地为他们指路，不得不说苗民们依旧如此纯朴可爱。在到达鞍子镇罗家坨后，村委副主任通过简单的会议大致介绍了罗家坨的整体发展情况。全村将致力脱贫与大力发展乡村旅游业有机结合，同时解决了旅游经济开发和苗族文化保护之间的矛盾，将苗族文化拉离消亡边缘，开展以“绿化、美化、量化”为中心的合作社，发展苗族文化旅游业。

在与苗民交流的过程中，一位老爷爷给队员留下了深刻的印象。老爷爷身患残疾，背脊不再挺拔，流逝的岁月在他脸上刻下一条又一条深深的沟痕，他膝下无儿女，仅靠着政府每年给的一笔养老金维持着生活。但即使身处困境，生活清苦，爷爷仍然乐观生活，每次见到他，他那积满皱纹的脸上总会绽放出如花儿般的笑容，也正因如此，老爷爷与附近的村民都相处得十分融洽。生活的磨难不仅没能击垮他，反而让他更加坚强，还带给身边的人们积极向上的影响。即使行动不便，老爷爷仍然坚持下地干活，细心照料着自己栽种的瓜果蔬菜，有时邻里乡亲也会来帮他一把，如此温馨的画面真是令人感动，老爷爷的生活倒也过得十分惬意，老爷爷最后告诉队员们，他心里对于现下是万分满足的，虽然清贫，但有着政府和乡亲们的帮扶，生活总是充满温暖和希望。

鞍子苗寨是目前重庆彭水苗族土家族自治县境内保存得较为完整的一个苗寨村落。这里苗俗浓郁，当地苗民至今都还保持着行苗礼、习苗俗、过苗节、穿苗衣、唱苗歌、跳苗舞的传统习俗。为了充分体验古老的苗族风情，实践队员身着苗衣，和苗民们一起唱苗歌、跳苗舞，与村民们同吃、同住、同劳动，亲身体验苗家文化。

苗家文化，民族瑰宝，亲历亲感之后，队员们都由衷希望苗寨传统能够在日新月异的时代中得以传承保留。鞍子苗寨依旧如尘嚣之外的桃花源，保持独有的特色与厚重的文化底蕴，苗民们可以怀着一颗纯朴的心永世永代地生活在这里。

## 走近留守儿童，携手共建未来

欧文曾说："教育人就是要形成人的性格"，教育能带给山村孩子的不仅仅是知识的丰富，更多的是陪伴下的温情传递，是道德品性的培养修炼。农村里的孩子大多都是留守儿童，就读于附近村小，学校都不算太好；且重庆为山城，山，连绵不绝，交通更为不便，使得山区里的孩子们与外界的交流仅仅局限在那方方正正的电视中，可是距离从未扼杀他们的好奇心与想象力。

云阳支队走进大华村深处，看望留守儿童李莉、李继男（化名）姐弟。父亲逝世，母亲不堪忍受家庭的贫困而选择独自离开，留下一双年幼的儿女与年逾八十、体弱多病的老人相依为命。实践队员们得知他们的情况后，在村干部的带领下，来到他们家中关怀慰问。

山路崎岖，阵雨沥沥，出行匆忙，队员们没有带雨伞，大家便扛着慰问品，一路顶着风雨坚定前行。经过两个多小时的路程后，终于到达山顶姐弟俩的家。想起姐弟俩每次上学回家都要走两个多小时的山路，队员们鼻尖便涌上一股酸涩，久久不能消退。

进入屋内，第一眼看到的便是刚从田地里回来的爷爷。干枯的双手抱着新鲜的蔬菜，由于腿患风湿，不得不在双膝捆上厚厚的布条才能勉强走动，爷爷颤巍巍的步伐和瘦削佝偻的身影让队员们红了眼眶。姐姐李莉外出不在家，家里显得略微冷清，屋内设施简陋却不失干净整洁。随后，奶奶和弟弟李继男从地里回来，热情地招待大家。队员们送上慰问品牛奶、食用油，希望姐弟俩茁壮成长，祝愿老人们身体健康。随后他们随干部与老人进行亲切交谈，详细了解家中扶贫工作的落实情况。交流过程中，队员们得知，政府每年都会给他们一笔补助资金，但拿来供养两个孩子读书的费用却远远不够，为了让孙儿能够获得良好的教育，老人们仍坚持下地干活，即使生活艰辛，老人们也很少向别人借钱，他们用自己的双手挣着属于自己的血汗钱，坚定的眼神里透露出的是他们骨子里的坚强，他们是可爱又可敬的人。为方便老人就医，孙儿上学，实践队员们鼓励老人在镇上租住房屋，也关切地询问了李莉姐弟的各种情况，希望能为小孩的心灵带来一丝抚慰。

目光辗转，实践队员们走进梓树小学，带着爱心人士捐赠的书籍，跨过崇山峻岭，只愿为孩子们的梦想插上翅膀，让他们学会勇敢飞翔。孩子们从开始的拘谨到与队员们一同欢笑，让大家感受到了山里孩子天真朴质的性格；透过那犹如小鹿般灵动的眼睛，让大家仿佛看到了世间最纯净的心灵。与孩子们一起跳舞、折纸、玩游戏，渐渐打开他们的心扉，让温暖洒进他们的心房，孩子们纯真的眼神、如花的笑颜总是让队员们充满动力。发放爱心书籍时，一个小男孩露出了喜悦的表情，当他拿起书的那一刻，整个世界仿佛静止了，他的眼里充满了对知识的渴望。“哇，牛津大学耶！”当在《博物》上看到牛津大学的简介时，他表现得异常激动。“你想去那里上学吗？”一位队员亲切地问道，他笑了笑，腼腆地回答：“想。”短短一个字，眼神却十分坚定。

对于山区的孩子而言，走出大山，认识外面的世界，无疑是他们内心深处最平凡却真实的渴望。如今的山村中，留守儿童不在少数，他们渴望得到关切，得到爱，更渴望学习知识，认识不一样的世界。学习是他们目前摆脱贫困的唯一出路，也许将希望全部寄予读书是不明智的，但对于现在的他们来说却是最好的方法。队员们纷纷表示，希望国家可以在教育上给予农村大力支持，为国家的未来培养栋梁之材，为农村实现脱贫致富奠定基础。

## 路漫漫其修远兮，吾将上下而求索

七月的夏天，骄阳似火，汽车在林间穿梭，透过车窗，看见一座座高低错落的瓦房，一束束阳光穿透叶枝，在地上形成了晶莹的琥珀，点缀着山间的浓墨绿色，古朴的乡间小路上一片生机盎然。

舟车劳顿，武隆支队一行人来到武隆木根村。一直以来实践队员们都是学校“温室里的花朵”，他们接受的知识来自书本、来自老师，但是真正对农村的了解却少之又少。实践才是检验真理的唯一标准，只有通过不断地实践、不断地探索，他们方获成长，完善自我。这次暑期“三下乡”社会实践活动对于队员们来说正是一个契机，正所谓“路漫漫其修远兮，吾将上下而求索”。

木根村是重庆高山蔬菜基地之一，蔬菜水果种植产业较为发达，并且村民们因地制宜，开发了农业园区，引进了无土栽培技术。7月9日，在村主任的引导下，队员们来到了农业园区参观。走进基地，队员们为里面的场景所震惊，有不少来自其他地区的水果也被引进并种植在这里，更让他们意想不到的是无土栽培技术。一棵棵有生命力的植物离开了土壤，在营养液中仍旧能够繁茂生长，开花结果。据了解，产业园中主要种植水果和蔬菜，种类繁多。小分队队员在管理人员的指导下，对果树进行了灌溉作业，这让队员们在感受到不一样的农业生产状况的同时，也发现了一些实际存在的问题。如多数的种植为大棚种植，存在缺乏管理技术人员、机械化程度低、大棚设施落后、与自动化链接程度差等问题。队员们不禁陷入了深思，武隆蔬菜无土栽培虽然走在同类地区的前列，但还有太多的问题阻碍着农业科技技术的前进，未来之路还要继续探索，砥砺前进。

凑巧的是，在另一处实践地，队员们发现了解决科技农业中遇到的典型问题。在重庆江津，由农学与生物科技学院教师吕长文、张长伟、王久光、袁晓辉和徐鑫组成的智力扶贫专家小组奔赴江津区贾嗣镇和西湖镇，开展扶贫调研工作。并与村干部和种植业主代表座谈，了解龙山村农业产业现状和发展规划，并就现有的砂仁、翠红李、优质水稻等产业的现状、困难、机遇和挑战等方面进行了深入交流，重点对富硒大米、糯玉米等产业的发展进行交流。通过实地走访，针对存在的问题进行实地调研。

随后，学院赵子华书记带队，携王季春教授（薯类专家）、副院长唐章林（油菜专家）、副院长张建奎、水稻专家张长伟及玉米专家王久光等一行人分别来到重庆市巴南区接龙镇及江津区西湖镇的关胜村，开展实地调研并召开西南大学产业扶贫助推精准脱贫研讨会暨西南大学农生院助推精准脱贫特别党日活动。张长伟老师和王久光老师分别就前期调研得到的当地大米和玉米的发展状况，作了技术性的意见指导。王季春教授在调研中指出，扶贫工作应当改“输血型模式”为“造血型模式”，要积极调动农民的积极性。

科技支农是当今甚至未来的中国在脱贫攻坚战的第一要务，只有将科技融入农业，才能让农业科学技术转化为可观的生产力。作为农科类院校，应充分发挥高校人才、教育、资源优势，与贫困地区共同探索农业人才校地联合培养模式和科技扶贫、智力扶贫的新模式，为中国“三农”事业培养高科技人才；而作为农科学子，我们的责任是艰巨的、重大的。只有我们投身到中国伟大的精准扶贫之路上，将所学知识转化到农业实践中，集中智慧探索农业发展的未来道路，才能推动农村的科技农业，为中国脱贫攻坚增添浓墨重彩的一笔。

**西南大学农学与生物科技学院脱贫攻坚服务团指导老师及各支队队长合影　摄影人：马一方**

（撰稿人：封小丽　万媛媛　马一方　李婉怡）

# 出课堂入深山　聆听励志扶贫梦

## ——西南科技大学生命科学与工程学院 2017 年联合实践行动纪实录

**西南科技大学实践团队出征仪式　摄影人：刘璐**

有这样一个地方，没有高耸入云的大厦，没有金碧辉煌的殿堂，有的只是一条条曲折山路，一亩亩贫瘠田垄。有这样的一群人，他们有才识、有抱负、有梦想，也有机遇、有选择、有更好的前途，但是他们却选择留在了这个地方，并一直为这个地方的建设默默努力着。他们捧着一颗心来，不带半棵草去，在殿堂与田垄之间，他们选择了后者，脚踏泥泞、俯首躬行、披荆斩棘，他们洒下的汗水叫宣扬的青春，埋下的种子是共同的理想，他们坚守着悉心耕耘的大地，静待着收获的时节。他们把自己的一生奉献出来，带领着一群人一起去改造这个地区，一起去创造财富，共同奔向小康！

## 一、服务人民，萧乡长不辞辛苦

“我相信知识能改变命运，它不仅能改变一个人的命运，还能改变一群人的命运。”阿坝州松潘县黄龙乡乡长萧大叔（化名）对实践队员这样感叹道。他之所以这样说，是因为他自己有过亲身经历，他正在用自己的知识改变着他人的命运。

大学刚毕业，萧乡长跟其他大学生一样想要在一线城市闯出一片天，于是他去北京做了《北京晚报》的记者。期间，凭借着勤劳与细心，工作做得有声有色，几年后却因在知识上吃了亏，于是就在工作中更加努力地学习，等他拥有了摄影、剪辑、后期编辑等技能后，他却辞职来到了四川松潘。

第一次来到松潘，萧乡长为这里的山清水秀而陶醉，同时也为这里的贫穷落后而遗憾。他渴望用自己的力量来带动当地的群众、带动当地的经济，为此他想了很多办法。在此之前，松潘黄龙乡以发展种植业为主、畜牧业为辅，主要种植油菜、胡豆、洋芋等农作物。但他认为当地的旅游资源丰富、开发潜力大，且有丰富的松贝、虫草、羌活等中药材资源，所以他提议大力发展生态农业、特色农业、精品农业，并以旅游业带动其他产业的发展，加速农村剩余劳动力向第二、三产业转移。在明白农业的重要性后，萧乡长首先提出，要巩固农业基础地位，加强农业产业结构调整，随后结合乡里各村实际，栽种 250 亩反季节蔬菜莴笋，种植 500 亩大黄和秦艽等特色中药材。

蔬菜种植业和中药材种植业的兴起成了该地农业结构调整的转折点，为建设生态型农业奠定了坚实的基础。但他觉得这还不足以使全乡人民致富，于是在西南科技大学生命学院张猛院长的帮助和指导下，与乡里其他干部成功引种了夏秋草莓及来自东北的树莓、蓝莓。如今树莓、蓝莓的面积还在不断扩增，新品种的引进也有效带动了农民增收致富。

时光荏苒，从萧乡长与黄龙乡结缘到现在已有十年。黄龙乡的居民们都盖起了漂亮的房屋、喝上了安全的饮用水，街道全部硬化、网络信号全覆盖、公共设施日趋完善，还拥有公共健身场所。萧乡长说：“做群众工作会考验很多东西，需要用心去沟通、去了解老百姓的想法。这里是多民族地区，就更要去探求每位老百姓对未来生活的期望，这样才能切切实实带动当地的人走上一条通往美好未来的道路。”这十年来的付出、十年来的变化，从萧乡长的话语中，流露出的是他的艰辛、不易以及对黄龙乡的热爱。他努力发展乡村集体经济，让每一户村民从中获得益处，努力把黄龙乡建设成和谐、富裕的优美乡。

作为一名党员，萧乡长时刻以“为人民服务”的宗旨来提醒自己，使自己成了一个“开口能讲、提笔能写、阅人能辨、遇事能办”的人。从萧乡长坚定的眼神中，实践队员们仿佛看到了多彩的藏旗在高原的风中舞动，同时也激励着实践大学生们不畏艰难，努力奋斗，勇挑农科学子重担，用自己的力量建设家乡。

## 二、劈山寻路，汪书记沥尽心血

山谷的风弥漫着花的香味，那是施家堡乡去年年底新开的120亩芍药花，成形率高达90%。看到它的长势，汪书记（化名）露出欣慰的笑容，这就是对辛苦付出的最好回报。穿着碎花皂衣，头发自然地扎成马尾，汪书记皮肤偏黄却显得很精神。回想开发荒山，汪书记坦言，她的初衷很简单——为了提高村民的基础收入，改善村民的生活。

扶贫需要寻找致富的门路。原来，村子里大多数年轻人都外出打工了，留下的都是老年人，存在很多的剩余劳动力。汪书记偶然间听到村里人都称赞荒山的土质好，适合种植药材，经过考察后，他毅然决定要开辟荒山，并得到了家人的大力支持。后来交通局、农业局、林业局和科技局都前来考察，认为这片土地确实不错，于是层层上报，政府决定拨款帮助开发荒山。想法虽好，但实施起来谈何容易，摆在面前的第一道难关就是修路。荒山海拔2 300米，在修路的过程中挖掘机经常下陷，其他困难也重重不断。关于开路的时间，汪书记一直记得特别清楚，从2015年5月到11月。6个月后，路修好了，渐渐地，药山上开始种植羌活、当归、党参、重楼等名贵的中药材。

修路会占用村民的土地，好在村民们都很支持、很关心这项工作。道路建成后，村里的老百姓都觉得不可思议，大山中还能有公路建成，车辆可以随意通行，村民的认同也给了汪书记莫大的成就感。看着修好的道路，村民不断增加的收入，汪书记现在最大的期盼就是将羌活云母乡基地发展起来，让老百姓的经济收入能再上一个台阶。

沿着修好的路，从小镇到药山依然要走大概三个小时，大多数山路的坡度都很陡且并不平坦，沿途有很多丛生的中药材，比如商陆、薰衣草等。基地中还有

3 000 亩杜鹃林，遍地的蔷薇花和芍药花，它们的花期都不尽相同，花开时漫山遍野，非常漂亮，不仅具有药用价值，还有很强的观赏性。别样的阁楼式建筑让人眼前一亮，木质的楼板，木质的隔墙，木质的雕花还原自然的味道，看着如此美景，汪书记也由衷希望丰坪村的旅游业能发展起来。

让村民的经济收入得到提升是支持汪书记的最大原动力，对于丰坪村，不管是发展旅游、种植或养殖，汪书记都希望能使村民的收入增加。汪书记从 2004 年开始担任村书记，今年 52 岁，回想担任基层支部书记的这几年，做了很多思想工作，其中精准扶贫的确立很是头疼。汪书记家里有两个孙女，关于是否连任她曾纠结过，最后还是选择了留下。“现在道路修好了，还没有看到黄土坪（丰坪村）的变化，这个时候离任怎么给大家一个交代。”汪书记带着深切的眼神说道。将基地打造出来，带动丰坪村的发展，畅想着未来给村民分红的场面，汪书记脸上露出了会心的笑容。正是这样一个个扎根基层的干部，正是这样一个个甘于奉献的工作者，带动了一方经济，致富了万千村民。

## 三、脱贫致富，穷支书从未埋怨

“它本来就是一颗种子，它要发芽，无论何时何地，总会枝繁叶茂！”听完了松潘县黄龙乡章书记（化名）的扶贫故事之后，一位老师发出这样的感叹。

章书记从身家百万的生意人变成了最穷村支书，从老百姓眼中的“官老爷”变成了他们发家致富的领头人、孩子们求学路上的助梦人。当实践队员询问起他的扶贫故事时，章书记笑了笑：“说起故事，我这个人还真有一个故事。”

“我以前是一个生意人，并且是一个成功的生意人，有了点积蓄，想法也就多了，我家老爷子是我们村支部书记，我自己私下里给过他很多建议，希望能把村里人带起来。但是老人胆子小，不敢实施。”说到这里，他低下头陷入了沉思，似乎还在为当时自家老爷子胆儿小失去了太多机会而惋息。但忽然他的神情变得异常坚定，像是在对采访的队员们说，亦像是在对他的父亲承诺：“那我今年就要去竞选书记！”意料之中，他当上了村支部书记，但意料之外的是，老百姓的工作却如此难做！

“老百姓不管你说啥子他都不听，你想要带他富，你想要他去干点啥子，他都不听！”他紧握着拳激动地说道。但是他没有轻言放弃，选择了从孩子们的教育抓起，针对村里孩子读完初中、高中就外出打工的现象，他用自己的全部工资作为奖励基金，以此来鼓励并资助孩子们完成求学之路。

2011 年村里出了第一个大学生，老百姓对这个“新官”的看法慢慢转变，对他的印象也慢慢加深。于是他趁热打铁，跑遍每家每户，说服全村老百姓发展特色产业，然而“发展一个什么样的特色产业”又成了一个新问题。“老百姓害怕这种当年见不到收益的投资”，为了找到让老百姓满意的产业，他跑遍大半个中国，参观访问了很多产业基地，后来偶然在一档农业节目上见到商机——树莓种植。

2012 年，长期的外出考察让他身无分文，无奈之下，他应聘驾驶员开始赚钱，让老百姓免费入股。皇天不负有心人，2013 年树莓种植成功；2014 年开始正式大规模种植；2015 年，绝佳的地理位置、适宜的天时气候以及专业技术人员的支持让他们收获了第一份蜜果；2016 年扩大规模，老百姓也心甘情愿地参与其中。可见，老百姓的支持与理解才是章书记前进的动力！

最后，他眼中噙满热泪，望向远处即将消逝在山际的余晖说出了这么一句话：“踏踏实实为百姓做事，发自内心地去帮助、关心他们，他们才会百分百地信任你、支持你！”

## 四、扶贫扶智，“土专家”敢想敢做

最初的艳阳高照，在联合实践队到达镇江关乡时骤变成瓢泼大雨，疾步行走却仍然没有妨碍眼前的小园子对我们目光的吸引。园里有梨、李、苹果、草莓、土豆等果蔬，还有盛开得正艳的花，屋内的主人身形略显魁梧，岁月的痕迹在他的脸上毫无掩饰之处，这样的形象好像与他的园子不太相符。他就是这里的“土专家”。

原来这位“土专家”曾是国家公务员，在职期间就乐于为人民服务，深得人心，退休之后仍然想要带领村民们走向致富的道路。回到家乡，他选择了发展农业。一开始，他选择了畜牧业，而后发现牲畜对生态的破坏太过严重。为了大家的青山绿水，他重新选择种植园艺农产品，主要包括果树、蔬菜、中药材等，期间遇到种种困难，他都凭借着一腔热血和满怀信心挺了过去。

2012 年，他决定发展雪山梨这个项目。最初不为人所理解，他只好一次次地和大家沟通，把村民们聚在一起答疑解惑，最终有 4 乡共 150 户的村民参与其中，并成立了合作社。在果园里，我们还看到梨树下的羌活、土豆等作物，原来他是将土地充分利用了起来，以此带来更高的效益。如今，他们的产品做得已经有声有色了，在他的带领下，村民们也走上了脱贫之路。然而，他的脚步未曾停下，现在他还准备发展无刺花椒、扁桃等产业。

在做这个项目的几年里，他有着许多的悲欢与惆怅。他高兴，因为村民们积极响应他的号召，愿意相信他，以他为首；他委屈，因为在去年梨树遇到不挂果的情况时，村民们也曾质疑过，泄气过；他遗憾，因为如今已年过六旬，害怕自己不能为大家做更多的事。这样种种的情感，在他的心头萦绕，或许在许多个夜里，他也是久久难以入眠吧。因为自己身上的重担，因为自己的责任心，他放弃了安享晚年，就这样整日与土地为伴。

在调研访谈过程中，实践队员们来到了他的果园，他亲自为实践队员从容而又骄傲地讲解早酥梨的疏花疏果，也进行了实际操作演示。他不断探索并将自己的想法运用在实践，一路上自然是有许多困难，但不管是天灾还是人祸，他都敢于迎难而上，是脱贫攻坚路上一位踏踏实实、名副其实的“农民科学家”。他的名字很普通，却异常响亮。

## 五、助力松潘，农科人聚力齐行

第一缕晨光洒在了静谧的村庄里，远处的几声犬吠震落了树叶上晶莹的露珠。坐落在松潘东部边境小河乡，高半山上的李泉村恪守着一份独有的宁静。一栋栋房屋，星星点点地散落在李泉村的大山上，讲述着一个个不一样的故事。

李泉村是小河乡六个村中最贫穷的一个村子，落户分散、地处偏僻、土地贫瘠、自然灾害频发，全村只有一条与外界相通还很陡峭崎岖的小路，村民们下山至少要走四十分钟。“高山上多见树木少见人”，大自然给了这里的村民纯净美丽的蓝天，也带给了他们太多致富的困难。主要靠采药、养牲口为生的村民们根本不敢想象创业，技术、设备落后的他们，只能牢牢守护住这里仅有的 423.6 亩耕地，在清晨的雾气中耕种，披着晚霞扛着锄头漫步在回家的路上。

2013 年，“精准扶贫”思想播撒至每一个贫困的角落。在第一书记的带领下，所有的村民及干部都尽心尽力谋发展，贫困程度精准识别、基础设施踏实建设、扶贫政策大力宣传、产业帮扶行之有效。渐渐地，一个全新面貌的李泉村出现了，硬化路遍布、自来水免费、家家户户通网。更让他们意外的是，2014 年，西南科技大学生命学院师生的到来给他们的村庄注入了更为新鲜的血液——种植蓝莓。

率先种植蓝莓的是年过七旬的张爷爷，他在他们那一代人中算是比较渊博的，虽然他学历并不高，但是乐于学习、苦于钻研。张爷爷家养了三头牛，平时他就靠着养牛看书学习养殖，爱好写字的他挥动笔杆，行云流水般地写下他的名字。蓝莓引进初期，他不似其他村民般缩手缩脚，而是大胆接受新事物，尽心尽力地种植蓝莓。在骄阳似火的正午、在夕阳的余晖、在豆粒般的雨中，张爷爷挥着锄头除草，用他那长满老茧的手修枝、浇水。如今他的蓝莓树已是苍翠挺拔、长势可人。张爷爷十分恳切地说："没有想到我们村子能摆脱贫困，实现'三通'，真的很感谢党的政策、村支书的带头和张院长的帮助。还有你们这些大学生，与我们素不相识，却还愿意到我们这些穷乡僻壤来，关心我们帮助我们，我们是真的感谢你们啊！"

村民们在遍地开花的土地上养殖着蜜蜂，在物种富饶的林地种植了上千亩大黄、云木香和厚朴树，在和谐友爱的村子里发展集体经济，这里还有口感极佳的腊肉、新鲜的蔬菜及核桃、草莓、苹果等等地道土特产。守住绿水青山，就是守住金山银山，夕阳的余晖映射出老人微笑的面庞，微风拂过茁壮成长的树苗，在踏实肯干的书记带领下，李泉村这片沃土愈发展现出它特有的魅力。

从2012年开始，在国家政府的倡导与学校的支持下，西南科技大学生命科学与工程学院园艺、动科、农学、食品、制药等专业师生组成了"科技助力藏区精准脱贫"团队，充分依托学院多学科融合优势、整合川内农科师生资源，积极发挥农科学子服务社会的职责，连续4年在阿坝州开展社会实践，用专业知识与科学技术帮助当地老百姓脱贫致富。这几年，团队"将专业走进农村、用知识服务群众"，壮大了产业、富裕了乡亲。通过深入乡村、入户调研、实地考察、梳理分析，发现当地产研脱钩、信息不对称等问题后，在专业老师的指导下，充分考虑了当地气候环境条件、村民能力，为农民的致富增收提出了条条切实可行的参考意见和农业技术指导。此外，团队重视"扶贫先扶智"，培养了人才、激发了动力。依靠当地人民作为有生力量、发掘内生动力，为促进乡村可持续发展、从"输血"式扶贫转变为"造血"式扶贫，特意送课入户20余家、送课入乡5次，为当地培养"土专家""田秀才"，开阔他们的视野、传达农业技术和市场信息，助力他们成为带领群众脱贫致富的"领头羊"。

在团队刚成立的几年间，松潘县的特色农畜产业在团队提供的技术支持下得到了快速发展：夏秋草莓产业从无到有，正在成为高海拔地区农牧民致富增收的新亮点；蓝莓产业带活了旅游等其他产业，农牧民群众实现了在家门口就业增收；雪山梨从试种到进入挂果期，面积突破500亩，解决了近千人的就业难题；藏香猪实现了从“野生敞放”到适度规模的“家庭圈养”，正成为牧区群众脱贫致富争抢的“香饽饽”。

习总书记提出“青年要立志做大事，不要立志做大官”；习总书记强调年轻人要“处优而不养尊，受挫而不短志”；习总书记说青年要有创造精神，勇于开拓实践和探索真理……团队成员“以青春之理想立青春之志向，以青春之勇气担青春之责任，以青春之奋斗创青春之事业”，因为实践而相识相知、跋山涉水，脚踏泥泞、俯首躬行，仰望星空、脚踏实地，一起投身实现农科学子的宏大理想，实现中华民族伟大复兴的中国梦！

田间诊断、低头开方，实践团队师生讲授蓝莓种植技术　摄影人：刘璐

（撰稿人：李林珂　刘璐）

# 行走在大山之间

## ——云南大学农学院2017年联合实践行动纪实录

入户调查　摄影人：刘骏麒

2017年7月，在全国农学院协同发展联盟的组织下，云南大学农学院组建了三个小分队，分别奔赴云南省凤庆县、会泽县、勐海县等地乡镇开展农科学子助力扶贫联合实践活动。七月的云南，正逢雨水丰沛的时节，行走在大山之间的同学们，用脚步丈量这片泥泞的土地，用心聆听这里感人的故事，听罢叹罢思罢，唯借此记录一二。

### 苦难，孕育着未来

七月的河边村，阴雨绵绵。蜿蜒曲折的山路，混着不停歇的雨水，愈发泥泞。尽管是炎热的夏季，这里依旧寒气袭人。凤庆小分队经过两个多小时的路程后，终于走到了张华（化名）家。张华家的房屋是混合型民居，一边是传统的土坯房，即传统的土木结构，以土基为墙，屋顶由当地特有的石片拼凑而成；一边是混凝土结构的小楼。原来张华家向政府申请了旧房改造贷款，建盖了新房。这样的房屋组合在河边村很常见。旧房一般较大，但地面为泥土，多属危房；新房较小，但现代感较强。然而坐落在两栋房屋间的厨房，依然如旧，没有改变。厨房里是原始的烧柴灶，灶边散落着几条条凳。看到师生们的衣服湿了，张华连忙把大家带到火塘边，让大家边烤火边烘衣服。他还热情地端来了热茶，让同学们暖身。

伴随着屋外的雨声，张华讲述了家里的情况。原本他们家的情况并不像现在这么糟糕，一家人三代同堂，虽然清苦，但也其乐融融。然而，一场意外事故打破了长久以来的平静。2016 年年初的一天，张华的妻子王苹（化名）正在做饭时，家中的煤气罐发生了爆炸，王苹全身大面积烧伤，危在旦夕。不幸中的万幸是，在云大驻村工作队的帮助下，王苹被及时地送到了县医院，一番治疗后，王苹的性命算是保住了，然而新的难题却产生了。除去新农合报销的费用和政府帮助的费用外，张华家仍需承担大约九万元的医疗费用，让这个本不富裕的家庭雪上加霜。

王苹出院后，在家里卧床了一年左右。刚开始的时候，由于双手严重烧伤，王苹基本无法动弹，甚至连简单的翻身都做不到，生活无法自理，吃喝拉撒全都由张华负责。王苹说，最初卧床的那段日子，充满痛苦和难熬，她几乎不愿也不敢再回想。由于劳动能力的丧失，王苹不但不能为家里分忧，反而需要家人时时照顾。她渐渐产生一种极度的愧疚感，觉得自己是家里的累赘，让原本就入不敷出的家庭背上了沉重的债务。她的意志一度消沉，甚至常常叹息，觉得家人当初就不该救她，让好好的一个家被拖垮了。

最困难的时候，村干部来了，扶贫工作队队员来了。在他们的帮助下，家里盖起了新房，王苹的身体也逐渐好转。经过一年多的休养，现在的王苹已经可以下床，生活能够自理，总算减轻了家里的一点负担。张华可以出去干农活了。女儿虽然还小，但也可以做一些力所能及的事情。尽管家里仍有十多万元的欠款，女儿也到了上学的年龄，家里的负担依旧很重。但一家人温情相守，又得到来自各方的热情相助，生活总算有了盼头。

张华说，现在国家的扶贫政策好，他们家也逐渐变好。云大建设了河边村小学，还把路修到了家门口。这样，女儿就不用到镇里上学，家里的负担也相对小一些。驻村工作队员和挂钩扶贫干部也经常到他家里，帮助他们解决实际困难。他说，以前河边村路不好，出门很难。现在路修通了，国家的扶持政策多，还有那么多好心人在帮助他们，他们坚信未来的生活会越来越好。

告别了张华一家人后，调研小队又向着另外一家出发，雨还在下着，没有丝毫要停下来的意思。而故事，也在继续。

## 渴望，凝聚着希望

小雨淅淅沥沥地下着，推开简朴的木门，穿过狭窄的小院，进入拥挤的土坯房。院子里没有铺水泥，一下雨就全是黄色的泥浆，老母鸡带着小鸡在房檐下躲雨，一旁的猪圈里传出小猪仔舒服的哼唧声。在得知同学们的来意后，女主人和蔼地笑着招呼大家坐下。

这家的老奶奶拄着拐杖，弓着背，倔强地坚持让大家坐“高处”，自己则找了个小板凳矮矮地坐着。在屋子一角，一个瘦瘦的小男生，腼腆地坐在长条板凳上，显得有些不知所措。少年名叫李希（化名），据女主人说，他学习成绩优异，今年刚考上县城高中，过了暑假，就要去凤庆城里上学了。这名少年是一家四口的希望，家人希望他能够通过学习改变自己的命运，终有一日走出贫穷的家乡，看看外面的世界。

女主人眉头微蹙，有些欣慰却又忧心地谈到家里情况。她说道，家里干活的劳动力少，吃饭的人多，好在政府提供了补助，家里的日子才得以为继。但是一想到儿子接下来上高中的费用，真不知道上哪里去凑钱。同学们向李希的家人解释了国家资助家庭经济困难学生就读高中的政策后，全家人既是感激又是期盼，他们仿佛看到了希望的曙光。

在房屋的顶头，有一张矮矮的小方桌。斑驳的桌身，开裂的桌面，无不印证着它经历过的漫长岁月。小方桌上面还堆着一摞厚厚的书，在厚厚的课本里，每一页都有正整的字句，清晰地标注在课文旁边。这是李希平时学习的地方。屋子旁边的低矮隔间是厨房，厨房里有两个灶。一个是几块砖头搭成的简易小灶用来做饭，一个是水泥砌起的大灶用来煮猪食。红色的火舌轻舐笨重的水壶，伴随着噼里啪啦的烧柴声，连飘出的黑烟都有温馨的味道。

尽管房屋简陋，他们家依然其乐融融。男主人常年腰疼，不能干重活。女主人看起来身体很好，是家里最好的劳动力，年迈的老奶奶和瘦弱的李希都做着自己能做的事。这家人面对生活的态度令人敬佩，纵然生活艰辛，但是他们的目光依然坚定，如同黑暗中的火炬，鼓舞人心。

窗外，郁郁葱葱的大山座座相连，远远看去全是繁茂的树林，仿佛世外桃源一般的美景，背后承载的却是大山里艰难困苦的生活和大山人的不易，好在他们淳朴乐观，从未丧失前进的勇气，渴望凝聚着希望，青年承载着未来。

## 生命，当自强不息

雨夜，微寒。雨碌乡政府的二楼热闹非凡。乡政府扶贫干部、驻村工作队队长、驻村工作队员正在和会泽小分队开座谈会，将扶贫中的酸甜苦辣向同学们娓娓道来。

老马是个声音洪亮、长相粗犷的汉子。他是这批驻村工作队中驻村时间最长的队员。他说，驻村的日子里，他走遍了雨碌村的山山水水。雨碌村有 17 个村民小组，最近的村民小组就在乡上，多数村民小组都在山里，而有的村民小组很远，要翻过几座山才能到达。两年的时间，让他对雨碌乡从陌生到熟悉。他认识了很多农户，和他们亲如家人；他也看到了贫困户的家庭变化，听到了很多令人感动的故事。

吴大爷的故事便是其中之一。

吴大爷住得很远。要去看他的话，需要翻山越岭两个多小时才能到达。在半山腰上有一个破旧的小屋，那就是吴大爷和他两个孙子的家。这个年逾七旬的老人，在经历了儿子犯法送进监狱，儿媳离家出走的沉重打击后，用佝偻的身躯为两个未成年的孙子重新撑起一片天。他挺直脊背，做着农活和家务，在政府和工作队的帮助下，养羊喂猪以抚养自己年幼的孙子。吴大爷跟老马说，再困难他都要维系住这个家。只要自己还健在，就不会饿着两个孙子，更不会让这个家散了。

陈奶奶的故事是另一种励志的故事。

2016年，云南城投集团投资200多万元，启动了旨在帮助雨碌村建档立卡户脱贫的养猪计划。该计划实施的步骤是：城投集团为每家贫困户提供2～3头小猪，交由贫困户饲养。饲养期间，每头猪给予600元的饲料补助。待到年底，集团再派人到各家，按个数称重购回农户饲养的猪。因为按个数购买成猪，养猪户的积极性并不高。成猪质量普遍偏低。但是陈奶奶家养的猪却与众不同：干净而肥壮。老马在陈奶奶家回收成猪时，陈奶奶一句“你们的政策比我儿子好，我可不得好好照顾这些猪嘛”，令老马深受感动。

原来，陈奶奶有一儿一女，都在外务工。儿子30多岁了还没成家，女儿患有糖尿病。儿女的收入低，仅能满足个人温饱。陈奶奶得了癌症，老伴患有严重的风湿病，家里借了十多万元的外债，还要养育外孙女……尽管糟心的事儿很多，但是陈奶奶的脸上始终挂着笑容。当队员们注意到陈奶奶家墙上贴的各式奖状时，陈奶奶显得激动而骄傲：“奖状都是我这外孙女的。她知道自己的妈妈没钱，就从来不买零食；知道妈妈辛苦，就想着好好读书。读书做作业这些事从来不要人操心。”当队员们提到陈奶奶家的猪养得又大又胖，连猪圈都比别人家的猪圈干净时，陈奶奶也是满脸笑容，细心地跟大家介绍她的“养猪秘诀”。

## 他乡，亦为我故乡

瘦削的脸庞上嵌着一双炯炯有神的眼睛，小个子，不爱说话，这就是李副乡长给人的第一印象。李副乡长本不是雨碌人，但他扎根雨碌十余年，将自己的青春、热血和汗水都奉献给了这片热土，这里，可以称得上是他的第二故乡。

2006年，大学刚毕业的李副乡长考上了雨碌的特岗教师。任教期间，他认真教学，得到了许多学生和家长的认可。2011年，他考取了乡镇公务员。工作上，他总是说得很少，做得很多。他从普通公务员，一直到乡办公室主任，再到副乡长，分管扶贫工作。他说，在雨碌工作的十几年，他对得起自己的良心，对得起雨碌的百姓。

说到雨碌，他一改沉默寡言的形象，对着小分队的队员娓娓道来。扶贫工作难做，基层扶贫工作更难做。由于当地文化教育水平较低，村民的意识较为落后，政府的精准扶贫政策在落实过程中遇到了巨大的阻力。他带着乡里、村里的干部和驻村扶贫工作队，一遍又一遍地进行宣传，给村民们做思想工作。他说，他要做的事，就是让那些真正需要政策的人得到应有的帮助。扶贫工作队有工作年限，过一段时间就会回去。而他则是十几年如一日地做着同样复杂而艰巨的工作。俗话讲，清官难断家务事，而贫困户的甄别工作就是要理清乡里、村里的“家务事”，比如有些人认为，自己与贫困户条件差不多，却没有评上贫困户，觉得不公平不公正。这时，李副乡长就会带领工作人员，不断给他解读政策，告知他并没有达到贫困户的条件，不能给他评定，化解他心中的不满，解开他的心结。

李乡长在基层工作了这么多年，令人钦佩。在这么多年的扶贫工作中，他深切地感受到扶贫不能只做物质上的扶贫，更要做精神扶贫和观念扶贫。许多人的贫穷并不是单纯的经济困难，而在于观念落后，目光短浅，总是过着竭泽而渔的生活，无法做到可持续发展，因而变得越来越贫穷。面对这种扶贫现状，李乡长自觉责任重大。身为一个基层干部，他尽己所能投身扶贫事业，倾己之力帮助乡亲脱贫。而李乡长只是众多扶贫干部中的一员，他和这些所有奋斗在扶贫一线的人儿一样，可亲可敬，值得我们肃然起敬。

## 扶贫，一直在路上

河边村和雨碌村，只是云南农村的两个缩影。河边村交通不便，地广人稀，而自然资源丰富；雨碌村交通便利，人多地少，但资源匮乏。两个地方具有不同的贫困特征，因此，也需要不同的解困思路。

河边村远离县城，短短 20 千米，因为弯多路窄，从县城开车需要两个多小时才能到达。村子一直处于经济欠发达状态，主要表现为：缺少发展资金、缺乏劳动力、缺少技术、区位条件较差、贫困户脱贫意识较差、经济总量小，人均收入水平低，第二、三产业不发达。随着扶贫工作的开展，河边村的基础设施得到改善，贫困人口逐渐减少，村民生活水平有所提高。羊肠小道变成了较为宽敞的摩托车道，村民家门前的道路也得到了硬化；电视、广播以及通信网络让河边村与外界的联系更加紧密；危房改造工程正在改变着村民的居住环境。

再看位于会泽县东南部的雨碌乡，全乡辖 13 个村民委员会，182 个村民小组。公路从雨碌村委会门前穿过，每天有一趟大巴车从石咀经雨碌到达会泽、昆明，交通十分便利。但是，青壮年劳动力的缺乏，依然是制约雨碌乡全面脱贫的重要因素。会泽人素有外出务工的传统，雨碌人也不例外。青壮年多半外出务工，大多数家中只剩下老人和孩子。子女们很少往家里寄钱，孩子主要靠老人抚养。此外，因病致贫仍是大多数贫困家庭难以脱贫的原因，部分贫困户只能选择吃草药或者硬扛的方式抵抗疾病。近年来，随着国家扶贫力度的加大，产业扶贫、旅游扶贫、金融扶贫等扶贫模式逐渐推行，雨碌乡的贫困人口逐年减少，人们的生活水平也有了明显改善。

但是，无论是河边村，还是雨碌乡，扶贫仍在路上。网络在两个地方都没有得到普及，电商、微商等现代营销方式也没有在这些地方开花。扶贫工作依然面临着不少问题和困难，亟须扶贫干部施力解决，也更需有志的年轻农科学子用自己的智慧启蒙这些贫瘠的土地，用自己的技术改善这里贫困的生活。未来，是属于我们青年一代的，在助力扶贫的路上，我们将用心为梦想插上翅膀，一展宏图，大有所为，千山万重，未来可期！

**驻村工作队座谈　摄影人：方磊**

（撰稿人：施睿　陈蓉　方磊）

# 走进西南之滇　助力精准扶贫

## ——云南农业大学农学与生物技术学院 2017 年联合实践行动纪实录

与村干部合影　摄影人：葛娜

七月流火，八月萑苇，2017 年的夏季，云南农业大学农学院的师生在实践之路上高歌凯进，谱写新章。

为了深入学习宣传贯彻习近平总书记系列重要讲话精神，认真贯彻落实全国全省思想政治工作会议精神，弘扬社会主义核心价值观，引导广大青年学子在精准扶贫这个社会大实践中受教育、长才干、做贡献，由云南农业大学农学院 40 余名师生骨干组成的三下乡社会实践团，由院党委安副书记、团委李老师、吴老师带队，共赴澜沧县竹塘乡、镇雄、南华、姚安开展“走进乡土乡村，助力精准扶贫”主题暑期社会实践。

## 精准扶贫第一站：澜沧之水，世外桃源

“澜沧之水，世外桃源”，朱有勇院士开展扶贫工作的厅堂上所挂的这幅字格外显目。的确，云南好山好水，但如何变为富山富水，这是大家共同期盼解决的问题。

7 月 22 日清晨，我们从云南农业大学本校出发，驱车沿昆磨高速前往六百多千米外的普洱市，之后分点开展了多个活动，历时 5 天。

离开了湿漉漉、娇滴滴的春城昆明，我们本以为将重新看到云南的蓝天白云，为此，带着对实践的向往以及对远离雨水的急切，不禁激动着、期盼着。不曾想，由昆明一路南下，竟一直阴雨连绵，只听到雨水拍打着车窗，淅沥不断。然而，风雨再大，路程再远，依旧抵挡不住我们前进的步伐，更消磨不了我们实践的热情。

踏雨而歌，乘车前行，我们的足迹遍及滇中、滇南的县区共五个点，主要开展了七次活动。

云南农业大学热带作物学院是我们此行的第一站。天公作美，到达普洱市思茅区时已云开雨霁。时至下午 5 时，澜沧方向天气欠佳且路况不好，安老师当即决定，趁着短暂的天晴时间，前往位于普洱的热作学院进行参观学习。普洱茶韵，椰林满目，咖啡飘香，在热作学院纪检委胡书记的带领下，我们了解了热作学院的历史与现状，也认识了不少热带植物，增长了有关知识。谈及热作学院的未来时，这位领导热情洋溢地讲道，热作学院将扩大招生规模并整体搬迁至新校区，同时学院将与中科院、普洱市政府合作建设科学小镇，用以开展引进“10 位院士、100 位教授、100 位博士”项目。这些计划将更好带动当地高等教育发展，为打赢扶贫攻坚战奠定人才基础！

第二天，我们来到了澜沧县竹塘乡云山村蒿枝坝自然寨，这也是朱有勇院士定点扶贫的地方、我们此行的主要目的地。下车后，冒着滂沱大雨，我们走进了朱院士的工作站。包括安老师在内，大家都拿出笔记本，认真聆听着朱院士讲述他的扶贫故事。

虽年逾六旬，精力有限，但一谈到当地的扶贫工作，朱院士立刻显得容光焕

发、神采奕奕，语调也从开始的和蔼平缓变得字句铿锵。交谈围绕着我们提出的“为什么选择蒿枝坝定点扶贫？具体开展了哪些工作？工作效果及未来展望是怎样的?”三个问题展开，渐忘了雨声的滴答，朱院士热情的讲述让一幅温暖动人的扶贫画卷徐徐展现在我们眼前。林下植三七、玉米改种高值果蔬、研发优质饲料、发展养殖业让小村可高效快速致富，开办与之对应的农科技术培训班可步步推动整个澜沧县实现小康，投资建设职业学校可大大提高当地民众的人口素质！安老师说得好，朱院士不是一般人，朱院士能改变一个人，改变一方，农家小院就像一座寺庙，朱院士就是里面的大师，我们都是来取经的，而取得的真经需要我们一生去学习。沧澜的一项项扶贫工作在中国工程院、当地政府的支持及朱院士的主导下开展得热火朝天，不难预料，澜沧江畔，一个真正的世外桃源即将展现在世人面前！

随后，我们开始了农户走访。我们先后来到了普洱市思茅区南岛河农大玉米培育基地、普洱市墨江县玉米种子培育基地、玉溪市通海县农大与农科所联合基地，依次走访了低保户、村民小组组长、村支书以及我们学校派驻的挂职副乡长。一路行程满满，虽有点匆忙，但所见所闻都让我们受益匪浅。

学子下乡，感触良多。通过为期五天的社会实践，我们得到了两个重要认识。

其一，教育对于一个地区的发展至关重要。百年大计，教育为先。对于一个国家是这样，对于一个县，小到一村、一户都是一样。澜沧县是全国唯一一个拉祜族自治县，朱院士所在的云山村全村都是拉祜族居民，而拉祜族又是一个直过民族，各方面发展都十分落后。调查时，我们特意问到当地的义务教育、普高及大学入学率，越往上越低，且远低于云南其他地区，淡教育、长闭塞是当地贫困的重要原因。当然，我们不能苛求一个由原始社会直接跨入社会主义社会的少数民族，他们民风淳朴、保有传统、特色鲜明已让世人羡慕。随着当地教育的发展、越来越多的人走出大山，在中国工程院、政府的帮助下，拉祜族人民的未来必将是光明而灿烂的！

其二，科技是扶贫工作的一把利剑。邓小平曾说过：“科学技术是第一生产力。”这句话有着深刻内涵。朱有勇院士来到澜沧的第一件事就是实地考察，考察当地的水、土壤及气候条件，从而发明了“林下三七”的种植技术。朱院士提到，按一亩林地创收5万元算，在全县推广5万亩就可创收25个亿，远远超过目前整个县的所有收入，仅此一个项目就可使该县变富。此外，云南农大农学院郭书记、其他教授及博士生也在澜沧开展科技扶贫工作，这些都将使得澜沧的资源得到更大开发，并将科技致富与生态文明建设结合起来，极大地促进当地的发展进步。在玉溪通海的田间地头，我们还与通海县各农科站联合召开了科技交流会，炎炎烈日下，安老师关于科技研发、育种推广独到而深刻的讲解迎来了大家热烈的掌声。

作为农大学子，我们在实践中真切体会到了农业科技之重要，坚定了爱农学农之决心！也发现了自己初入社会能力有限，浅入乡土尚显不足，在未来我们定当继续踏实学习，匍匐实践，愿以所学支农报国，助力打赢脱贫攻坚战。

**精准扶贫第二站：镇雄母享，情暖人间**

2017年7月23日一早我们就驱车出发，到母享镇阳光村的特困家庭进行慰问和帮扶。崎岖蜿蜒的山路让同学们的胃上下翻腾，很多时候大家都在担心汽车会不会突然翻倒。行至中途，车辆实在难以通行，我们只好下车徒步前往。炎炎烈日当空，火辣辣的太阳晒得我们的脸通红，不一会儿已是满头大汗。

几经周折，我们来到了贫困户彩爷爷（化名）家，展现在面前的景象让我们大吃一惊，除了家徒四壁以外真的找不出别的词语来形容所见到的一切。彩爷爷家里总共有12口人，大儿媳妇有智力缺陷，两位老人独自带领着4个儿子的9个孩子在家生活。而彩爷爷因摔伤未能得到及时的医治，已瘫痪在床，家里大大小小的事物都由奶奶自己打理。家庭贫苦，劳动力短缺，居住条件十分恶劣，吃水都成问题，卫生条件得不到保障，而且还出现了适龄儿童辍学的现象。看着彩爷爷家里破陋的房屋、佝偻着背的老人和年幼无知的孩童，我们的心被扎得生疼，残酷的现状让我们湿润了眼眶。

幸福是什么？你过得幸福吗？很多人都可能有过类似这样的思考，幸福在我们的脑海里只是一个抽象概念。有钱有车有房是一种幸福，有饭吃有书读有学上是一种幸福，被人关心有人爱同样也是一种幸福。但是对于云南省镇雄县母享镇串九村的小超（化名）来说，他的幸福是如此简单实际："健康"。能够重新恢复健康，和家人团聚，在一起过上安定和美的生活就是他最大的幸福！

小超在读高二时不幸患上脑肿瘤，至今已有十几年的时间，由于无钱医治，肿瘤扩散到眼眶里面，他双目失明。曾先后在昆明昆华医院、厦门眼科中心、北京同仁医院做了三次开颅手术，欠了兄弟姐妹十几万元。小超本以为只要身体能好起来，欠的账就可以慢慢还上了，但是天有不测风云，近期他出现了一直流鼻血、鼻孔堵塞的症状，经常无故晕倒。在他实在忍受不了病痛去北京同仁医院复查时，等待着他的却又是一个噩耗，医院给出的结果是脑肿瘤复发，而且已经延伸到了眼眶鼻腔里。经过三个科室专家的联合会诊，决定进行第四次手术。

2017 年 7 月 24 日早上，镇雄小分队决定前往小超的家了解情况。据串九村村主任介绍，陈家为了给小超看病已经花了很多钱，欠了很多债，多亏了他们兄弟姐妹几个的全力接济才使这个家没有散掉。当我们快走到小超家时，他的大哥远远地出来迎接我们，并为我们介绍小超的家人。小超的母亲提起自己的这个儿子时，早已泪流满面，泣不成声。在整个采访过程中，他的母亲又详细地介绍了儿子以及家里面的一些情况，高昂的医疗费用让他们这个原本就已经不堪重负的家更加难以为继。小超的妻子是在他生病期间认识并走到一起的，婚后生育有一个孩子。她现在只希望自己的丈夫能够平安健康地回来，一家三口过踏实平凡的日子。

大爱无疆，至真至善！我们希望小超一家能够共同渡过难关，祝愿他们终究会在逆境处拾得一地馨香！

接下来的一家不得不令我们感动和佩服。这一家总共有 6 个孩子，其中有 4 个孩子在上大学，最小的孩子也在上高中。我们曾问过这家的父亲，在他们家最困难的时候有没有想过让孩子辍学回家，外出打工以补贴家用。大叔非常肯定地告诉我们："没有，从来都没有过！"我们在他的脸上看到积极乐观，更看到了骄傲自豪，无论家里多么贫苦难熬，都不能短了孩子的教育，因为他懂得，读书是改变孩子们命运的唯一途径。

下午我们驱车赶回了母享镇，在当地政府部门的支持下顺利开展了"禁毒防艾"的宣传教育活动。同时也将我们学校主编的常见农作物栽培技术手册无偿发给当地的居民。截止到当天下午，我们为期两天的"三下乡"活动已经圆满结束了，但是我们大学生的助力扶贫攻坚工作仍将继续，为国家的精准扶贫贡献我们当代大学生自己的一分力量。

## 精准扶贫第三站：沙桥、姚安县前场镇篇

8月3日，参加“三下乡”活动的农学院师生共17人，在耕读楼前集合乘车，向目的地云南省南华县沙桥镇新华行政村和云南省姚安县前场镇木薯村出发。

实践队首先到达沙桥镇，并在当天下午开展了“三下乡”社会实践座谈会，队员们倾听了担任南华县副书记兼扶贫工作总队长的李富生及沙桥镇欧阳书记的讲话。随后在沙桥镇街道上进行摆点咨询，了解当地村民的扶贫情况，以及在实际生产生活中遇到的困难，村民们积极前来咨询，队员们热情解答，若当场不能很好地解决，还会仔细记录下来，晚上当大家聚集在一起讨论时，再提出来共同商讨办法。第二天上午，我们一行人来到沙桥镇村委会，倾听了由敖老师主持的关于当地扶贫情况的介绍会，并对村干部进行深度访谈，了解他们的扶贫故事。下午对贫困户普正华和郭正才两家进行走访并参观当地的苹果种植基地。

8月5日，实践队离开沙桥去往姚安县，一路颠簸到达姚安后，由当地种子站站长带领我们参观了“绿色高创高产”项目的示范种植基地。接近正午时分，顶着骄阳烈日，我们来到前场镇，在这里我们听取了前场镇村委会干部委员及驻村扶贫队员对当地基本情况和扶贫情况的介绍，并从周书记那里对村子有了大致的了解，随后开始走家串户。乡间的小路蜿蜒曲折，乡间的人儿淳朴善良，一路调研一路走访，又在当地村民的邀请下参观了酿酒厂、养殖场、姚安县种子站的一处玉米种植示范基地。队员们一步一个脚印地走过前场镇村的路，也亲身感受了这里的风土民情、农产发展。

设点咨询进行宣传是与村民密切交流的一个重要环节。我们走出了纸上谈兵的局限，尝试将自己所学到的知识用简单明了、通俗易懂的话讲给村民听。许多村民都是初中高中文凭，对于许多专业名词十分陌生。而队员们在一次次交流中，始终保持最初的高积极性，耐心与村民交流，解答他们的困惑。记忆犹新的一幕是闻同学在向村民宣传时，遇到一位村民询问病虫害问题。村民讲道，“家里在种植玉米的过程中，果穗处会出现一种黑色的虫子，导致玉米减产”，反复交流沟通中，队员们怀疑是玉米螟，但却因为缺乏实战经验而无法给出确定的判断和解决办法，一时让我们倍感沮丧。但是，这同时也让每个队员深刻认识到，实践活动有别于课堂教学，是对实际问题的体验与解答，而我们常困于象牙塔之

中，要学的东西还有太多太多。

庆幸的是，实践中同学们的身后总有老师坚定的身影，每当我们因为知识的局限和经验的匮乏而难以应答村民的问题时，老师便会指导帮助我们，为村民排忧解难。赵副院长的一句话至今仿佛仍在耳畔回荡："同学的身后是老师，同学们不懂不能解决的问题可以问老师，而老师的身后却没有人，老师要将所有问题处理好，工作才能进行下去。"我们的老师们用行动践行着"为人师表"的真谛。

活到老，学到老。人的一生有限，但生命的价值无限，不断学习，不断进行自我知识库的代谢，让自己跟上时代的步伐，绘制自己的蓝图，最终实现自己的价值，人生正当如此。实践的时光总是短暂，转瞬即逝；实践的收获却是满满，永记心间。我们调研于乡里，考察于田间，了解作物生长，倾听底层声音。我们中的很多人或许是第一次近距离地接触贫困，更是第一次认清自己在知识面前的渺小，但我们知道自己所做的却是一件伟大之事。我们走进西南之滇，助力精准扶贫，用我们的青春与热血谱写一曲脱贫攻坚之歌，如此坚定，如此果敢，如此铿锵有力，如此自信无畏，韶华永不负，胜利在前方！

**为农民提供农资服务　摄影人：葛娜**

（撰稿人：蒋金宏　徐志勇　常飘）

# 华南片区

贫穷的原貌远远超乎我们的想象。

大自然的眷顾孕育了璀璨的文明。终有一天，“互联网+”离贫困百姓的生活并不遥远，那些孩子对教育的渴望能够实现。

唯其艰难，才更显得勇毅；唯其笃行，才更弥足珍贵。

幸而，扶贫这条路上，我们从不是孤军奋战，也不会缺乏耐心。

# 心怀天下　任重道远

## ——广西大学农学院 2017 年联合实践行动纪实录

**广西大学农学院博士团赴那坡暑期社会实践活动出征仪式　摄影人：黄宗优**

看今朝，农院队伍，学成而不忘初心，心怀天下，深入贫困地区，讲农知，宣农技，不畏艰难险阻，积极助力国家精准扶贫工作！

盼明日，农院学子，学成而永不止步，任重道远，深入基层前线，察民情，探民意，不惧前路漫漫，誓要将实现贫困地区人民脱贫致富进行到底！

2017 年 7 月，为深入学习贯彻落实习近平总书记系列重要讲话，为全面建成小康社会贡献青春力量，以优异的成绩迎接党的十九大的胜利召开，广西大学农学院积极响应国家号召，组织了四支师生扶贫队伍奔赴广西那坡县、合浦县、马山县、三江县等地区开展暑期社会实践活动。

七月的乡村在召唤我们。遥想当年，毛主席指点江山，山河情怀了然于心，现如今是青年人的新时代，在时代精神的号召下，他们心怀梦想，将在广袤无垠的乡村土地上，挥斥方遒。

农院学子，是一群有家国情怀的青年，他们在校努力学习农业知识技能，全面提升个人素质，誓将毕生所学回报社会。他们牢记农业为天下之本，到农村、农民中，到基层、乡村去，以微薄之力为扶贫事业贡献一腔青春热血。

在为期半个月的时间里，农院学子以其坚韧不拔的毅力驻扎在贫困地区，实地考察当地农业发展现状，为当地农业传授宝贵知识经验，给各扶贫地区注入了青春的活力。暑期社会活动期间，四支扶贫队伍走访了近 300 户村民，收回 600 多份有效调研问卷，开展了 2 场农业科普座谈会、1 场专题讲座和 1 场专业培训会，所有队伍都在实践活动中致力于推动农民脱贫致富。

通过参加暑期社会实践，农院学子对农业发展和学科专业都有了新的理解和认识，三农问题和精准扶贫也早已扎根于他们心中。他们清楚地认识到，一切对事物的认知和理解不能简单浮于表面，精准扶贫也是如此，只有实践才是检验真理的唯一标准。他们把这段经历铭记于心，一路前行无畏风雨，努力成长为“一懂两爱”的农业科技人才。他们明白，未来，任重道远。

## 服务“三农”　坚守乡土

7 月 10 日，博士团一行 16 人在院长的带领下来到了广西壮族自治区百色市那坡县，在驻村第一书记的陪同下开展了“扶贫调研兴产业，科技助农谱新篇”的主题调研活动。

在本次活动中，大家对那坡县城厢镇的 6 个村、10 个屯，80 余户进行了入户调研，采集到了当地最真实、可靠的数据和信息。博士团成员积极进行了支农技术指导和技术专访，并为达腊村彝族文化博物馆、念头村小学各捐赠投影仪设备一套，为当地特殊困难家庭捐赠募捐款项 1 500 元。此外还深入农户家了解彝族传统文化，观看彝族文化纪录影片，开展了“寻找彝族文化达人”活动，并对彝族文化达人进行了专访。同时，博士团联合学校文化下乡艺术团开展了“携手科技扶贫，共创美丽乡村”主题文艺晚会，为当地村民们奉上一场内容丰富、激情洋溢的视听盛宴，反响热烈，赢得阵阵掌声。

首先，在“扶贫调研兴产业，科技助农谱新篇”主题调研活动中，博士团队员们以全国农学院协作发展联盟主题“走进乡土乡村，讲述扶贫故事”为导向，在去年开展的工作基础上，结合走访、交流入户、发放问卷、实地考察等形式，开展农业产业化扶贫跟踪，寻找扶贫工作中的亮点，挖掘扶贫历程中的感人故事，探寻限制农户脱贫的实际原因和农业技术上所需的支持。同时，他们也积极为贫困户脱贫献言献策，鼓励他们积极就业创业，消除“等、靠、要”的依赖思想，为城厢镇今后农业产业扶贫方针的制定提供了更为合理的方向。调研最终形成调研报告，为那坡县的扶贫开发工作贡献一分力量。

之后队员们又在达腊村、念头村种养大户举办了农业知识技能讲座，播放种植、养殖相关视频影像资料，开展现场咨询会以及技能培训会，捐赠投影仪和农业相关产业的书籍资料等。通过这些活动，队员们向村民们介绍了现代农业生产管理新理念“互联网 + 农业”的思维模式，讲解了现代农业背景下的土地流转经营管理模式以及“农业时代的新星”青年农场主的成长过程，从思想层面，为村民们的陈旧观念打开一扇窗户，带来一缕清风。同时，也指导当地农民利用互联网开拓农产品销售渠道，提高经济效益。他们也通过组织农业知识培训班、远程信息服务和现场技术指导等方式，向村民们传播推广现代农业实用技术，帮助农民解决农产品销售难等实际问题。

通过前期村户的走访和入户调研情况，根据贫困户档案以及“一对一”精准扶贫策略，队员们还开展了网络众筹项目，为当地一户特别贫困的家庭筹集助款。资助的家庭是广西那坡县德隆乡念头村的卢叔叔一家，卢叔叔的父母年迈多病，两个儿子患有小儿麻痹症，智力发育迟缓，行动全靠轮椅。正当壮年的他被查出患有尿毒症，每月要去医院 2 次以上，高昂的医疗费给这个本就拮据的家庭带来沉重的负担。全家唯一的经济来源只有健康的妻子，一家人生活极为穷苦。农院学子在了解到相关情况后，迅速开展了网络众筹项目，发动在校学生为资助家庭筹集到了 1 500 元善款，用于医疗费用及生活补贴。

此外，在开展暑期社会实践活动中，农院学子还积极参加了与校团委、文学院、物理学院联合承办的以“携手科技扶贫，共创美丽乡村”为主题的文艺晚会。晚会以弘扬时代精神、倡导文明新风为导向，以反映社会主义核心价值观为主要内容，精心编排了基层人民群众喜闻乐见、贴近生活实际的文艺节目，展现了我校学子的精神风貌和多才多艺，深受当地人民喜爱。

那坡是国家级贫困县，地少山多，条件恶劣，要帮助农民实现农业梦，需要博士团成员拥有扎实的知识基础，具备一定的生产经验，不仅在自己的科研领域有深入的探索，还需要对于相关学科领域的知识有所涉猎。相较于往届活动，队员们这次更注重实地调研指导，进一步将理论知识运用到实际当中，给予农民最直接的帮助。实践过程中，他们开展了 2 场座谈会、1 场专题讲座、1 场专业培训，为 200 多人提供了技术指导，近百人与博士团成员进行了专业知识的相互交流。相关专家及博士团成员们还跟随农户，深入田间地头和生产基地调研，了解当地种植情况，并针对当地的主栽作物和生产需求实际，由专家提出更具体的栽培改进方法、病虫害防治措施等管理建议。队员们还进行了入户调研，通过数据分析农户致贫的根本原因，并制定相应的长期扶贫方案，以期取得可持续的、有效的帮扶效果。

博士团暑期“三下乡”活动，使队员们对农业、农村和农民问题有了更深刻的认识，也坚定了队员们扎根农业和农村的决心。他们决心要成为一名“一懂两爱”的农业科技人员，为实现中国梦、农业梦不懈奋斗！不忘初心，牢记使命，助力精准扶贫，实现乡村振兴，他们感受到农科学子肩上沉甸甸的责任，不畏艰险，勇往直前！

## 学以致用　争当先锋

7 月 9 日这天早晨下了一场大雨，但这场大雨却没有浇灭农学院研究生党员实践团队员们开展社会实践活动的热情。大家早早来到学院集合，伴着盛夏之风，在学院党委甘副书记的带领下，来到广西北海市合浦县，开启了为期五天的“学以致用，精准扶贫，争当先锋”暑期社会实践之旅。实践团一行人到达合浦县安农农业发展有限公司，未来的五天他们将驻扎于此开展实践。参观种植基地、合浦汉代文化博物馆……内容丰富，行程满满。

在各基地进行实地参观时，队员们受到了各种植基地负责人的热情欢迎，在负责人的带领和介绍下，他们先后参观了五个种植基地，比如广西泓凯农业开发有限公司山口火龙果种植基地、合浦华丰葡萄园、水稻机械化生产及加工一条龙基地和亚洲果业等。

在参观学习的过程中，队员们积极地与各个基地负责人交流，对所见所闻感触颇深。其中最令他们印象深刻的就是水稻机械化生产及加工一条龙基地的带头人，这位年过半百的前建筑工人告诉他们："以前我是搞建筑的，2009 年我回到家乡，看到了自己曾经生长的地方现在留下了大片荒废的土地，感觉很可惜，我就萌生了租地种植的想法，之后我说服大家一起把土地联合起来，小块并大块，让它们更好地发挥作用，让不外出务工的村民在家也能有收入，还能把本地富硒的水稻推广给更多的人一起享用，这是我办这个基地的初衷。"他的话让队员们由衷地感到佩服，他不固守传统农业的思想，将现代农业的机械化力量运用于家乡的田野之间，为村民带去了宝贵的财富，这样一位不墨守成规的现代农业先锋者，着实令队员们佩服。

接下来的日子里，实践团一行人又前往合浦县星岛湖镇星岛湖乡洋江村开展农业科技及精准扶贫调研。他们向贫困户主们了解其在生活生产中面临的问题，随即又向村支书了解该村农业基础设施及贫困户的基本情况和目前存在的发展瓶颈。据调研了解，洋江村共有 1 220 户人家，目前有建档立卡贫困户 44 户，低保户 50 户，五保户 30 多户，在国家的资助下大部分贫困户生活都逐渐得到了改善。在走访过程中他们发现，多数贫困户是因病致贫或是因人口致贫，也有伤残疾病致贫的，而"八有一超"的标准问题比较大的是饮用水的问题。

实践团还对当地的环境、人口、主要收入来源、主要农作物种植类型及相应的病虫害发生情况、化肥农药的使用情况、土壤类型等问题进行了深入了解，并利用专业知识向当地农民提供一些行之有效的建议，传授一些简单的知识和技术。村支书说："近年来，为提高农户的种植技术，村委会成立了农业合作社，每年定期组织农户进行培训，只有农民掌握了一定的技术才能在生产上获取更多可能。"

7 月 12 日，实践团队员们来到了合浦县汉代文化博物馆进行学习参观。在古代，合浦是“海上丝绸之路”上不可或缺的重要链环之一，一直以来它都有着“海上丝绸之路”始发港之称，“海上丝绸之路”是古代文明的瑰宝，也是激励八桂儿女在“一带一路”建设中谱写新世纪海上丝绸之路新篇章的重要动力。在解说员的带领下，实践团队员们了解了合浦作为“海上丝绸之路”始发港的悠久历史，领略合浦的深远文化精髓，爱国之情和民族自豪感油然而生。

通过暑期“三下乡”实践活动，队员们深深地感到作为当代大学生，不能只局限于实验室，局限于自己所研究的方向，而要走出校园，多看看“象牙塔”外面的世界。这次活动也让他们更加明确了学以致用、争当精准扶贫先锋的决心，立志在未来要把专业优势运用到“精准扶贫”事业中去，坚持以知促行、知行合一，强化支部内各党员同志的服务意识及学习意识，促使支部内各党员认真践行“四讲四有”合格党员标准，争当八桂先锋、争做合格党员，为农业现代化发展尽一份绵薄之力。

## 马山之行　谱就青春

7 月 10 日上午，赴南宁市马山县开展实践活动的队员们抵达了目的地，开始了暑期社会实践工作。此次社会实践的首站是马山县沃柑果场，合作社技术人员带领队员们进行了参观学习，并介绍果场的经营模式和经营理念。此外，工作人员还以合作社地图的方式为大家介绍了种植规模及种植形式，以流程图的方式展示了脱贫目标和规划。

7 月 11 日上午，队员们在造华村政府服务中心与村干部开展座谈会，在会中详细了解了贫困村人口特征、自然资源条件及村民基本情况。随后，座谈、入户调查、填写调查问卷等调研工作在当地支持下顺利展开。队员们齐心协力深入一线，实施调研和实地指导，助力农村农民脱贫。针对在家务农的农民文化程度不高、不了解农药使用方法、缺乏种植养殖技术的问题，作物栽培专家王老师、育种专家刘老师带领队员入户进行现场农业技术指导，帮助农民解决种植中的技术难题。一本本《农药知识小手册》，让农民更精准地了解农药的喷洒方法。

在马山县的实践活动虽然只是短暂的四天，却让队员们对暑期社会实践和农村农业发展问题有了更深刻的认识，促使他们学以致思、学以致践、学以致用，运用所学为美好乡村的建设贡献力量，真正做到学农、爱农、兴农，努力成为“一懂两爱”专业人才，将个人的成长成才和实现中华民族伟大复兴的中国梦、农业梦紧密结合。恰同学少年，风华正茂，踏上马山之行，助力精准扶贫，谱就无悔青春！

## 与农前行　一心系民

为积极响应2017年“一带一路”乡村关爱主题调研活动，结合国家精准扶贫方略和绿色丝路、健康丝路理念，广西大学农学院开展了“‘农’情七月，与知‘童’行，科普乡村夏令营”主题教育活动，鼓励大学生关注西部乡村地区的教育、环保、能源、医疗等问题，助力西部发展繁荣。

今年已是广西大学农学院实践团开展教育扶贫的第三年，参与本次活动的志愿者共25名，通过带领孩子们认识植物、制作植物粘贴艺术画、学做植物观察笔记等，启蒙他们的科学文化意识，培养他们的科学兴趣，提高他们的动手能力和创造性思维，拓宽他们的视野，加深孩子们对自己家乡及祖国的热爱之情。每一位志愿者积极传播“生态文明建设、打造美丽乡村”的理念，将自己在大学中所学的文化知识用到实处，济民之所需、供民之所求。

7月10日，大部队从广西大学出发，奔赴实践地点。天有不测风云，在即将抵达三江县城时队伍得到消息，因9日晚上连续大雨造成山体滑坡，多处塌方，前往实践地点的道路被迫中断。7月10—11日，连续的大雨使得道路清理工作无法进行，农学院团委以及指导老师担心队员们的安全，要求益农三下乡队伍立即撤离返校。但队长与两名队员已先行下乡安排任务，于是，就在当地继续开展实践调研。

因已有两年的基础，先行队员安排完任务后，迅速走访农户，了解当地农作物生长状况，并参照往年调查情况进行对比。他们充分发挥自身的专业优势，运用所学的农业知识，反哺当地农民、农业、农村，并悉心咨询村民家庭基本情况、村中民情、农业和经济发展状况以及目前面临的困难和问题等。

先行队员跋山涉水，走访了高滩屯的部分农户，进行当地作物的考察。他们了解到，当地农作物以茶（福田六号）、水稻为主，其次是瓜类、叶菜类作物，部分农户能够自给自足，大部分外出务工的农民都以贵港市为谋生之处。高滩海拔高，整日烟雾缭绕，可谓是产茶宝地。当地茶叶质量高，数量多，但市场资源比较匮乏，多数农民自己收集好茶叶再扛下山去销售。对此，队员们提出建议，如果能有专门的市场源头对接，提供必要的运输工具，或许可以有效地帮助当地作物产出销售，提高当地农民的收入。此外，在2016年农安天下APP推广的基础上，实践团从农户角度出发，帮助农户初步解决一些简单的植株问题，并通过农安天下APP，进一步帮助其提高农业技术，同时降低农产品生产成本。

大部分父母外出务工，则导致当地的留守儿童现象依旧普遍。有一部分孩子在家与爷爷奶奶生活，可是爷爷奶奶年纪大，思想文化程度较低，与孩子们的交流都存在一定的困难，更别提对孩子进行切实有效的安全、生活、学习等方面的教育。孩子们有着世上最纯粹的笑容，而在高滩屯孩子们天真烂漫的背后，队员们却看到了一丝难掩的孤单心酸。他们的成长缺乏父母的关爱和陪伴，这或许是永远无法弥补的遗憾。调研中，队员们也发现，许多外出打工的农民父母积累一定的收入后，依然会选择回乡盖房，可见他们背井离乡打工确是迫于生计。如果可以提高当地农民生活收入和质量，创设充足的就业岗位，或许就会少一些留守儿童。

7月12日，天空放晴，先行队员就此拜别高滩，下山与大部队成员会合返校。就在前一天，山上已经处于断电断网甚至断粮的状态。回想起当初，先行队员收到本次下乡支教实践活动因特殊情况难以为继的消息后，仍冒着雨去拜访探望农户。而当地的农户淳朴热情好客，在山上已经近乎断粮的情况下，仍拿出家里最后的存粮来招待队员们。队员黄兹松表示："天气原因，山体滑坡，山下的上不了山，山上的下不了山，无法购买粮食，家里已经断粮，可是村民们还是愿意把最好的拿出招待我们这样的'陌生人'，真是为这份情谊所感动。"安全回校后，队长彭杰椿说："这次意外导致实践活动的终止是出乎意料的，为这次活动做了很多准备工作的队员们都感到遗憾。我和两名队员代表实践团所有成员提前抵达高滩屯，在实践中感触颇深。我们感受到了当地村民的热情，也感受到了孩子们对知识的渴求。此次塌方事故也警示我们，要时刻敲响安全警钟，在进行实践活动的同时，要确保自身安全。"

青松风凉墨诸岭，雨覆险崖赤没汀，天山崩，地轰鸣，两牵情。滚滚赤水三江滨，落落青山高滩岭，小窗凉，孤独背，志坚定，精准扶贫、农业梦在我心。

**扶贫济困送温暖　农院学子送爱心　摄影人：黄宗优**

（撰稿人：王伟超　张秀娟　莫爱素　唐志平　彭杰椿）

# 五座“国定贫困县”　五支“农林志愿队”

## ——海南大学热带农林学院2017年联合实践行动纪实录

环境科学专业学生调研保亭境内流域水质情况　摄影人：田凌溪

海南岛，祖国南端的一颗明珠，七月，它在骄阳的“特殊眷顾”下更加熠熠生辉。

眼前的南海之滨，呈现出欣欣向荣的发展态势。而在这座国际旅游岛上，仍有五座“国定贫困县”（五指山市、保亭黎族苗族自治县、临高县、琼中黎族苗族自治县、白沙黎族自治县）迫切地想摘掉“贫困帽”。它们散落在海南岛的中西部山区，不被游人所熟知。

2015 年 9 月 9 日，在给“国培计划（2014）”北师大贵州研修班参训教师的回信中，习近平总书记指出：“到 2020 年全面建成小康社会，最艰巨的任务在贫困地区，我们必须补上这个短板。”十九大报告中也指出，要坚决打赢脱贫攻坚战，确保到 2020 年我国现行标准下农村贫困人口实现脱贫，贫困县全部摘帽，解决区域性整体贫困，做到脱真贫、真脱贫。

海南大学热带农林学院党委书记张银东表示，社会各界特别是当代大学生，不仅要把目光投向“书本和校园”，更要把关注的目光投向贫困群众，成为“一懂两爱”（懂农业、爱农村、爱农民）的应用型人才，助力国家实现乡村振兴战略。

今年，参与海南大学热带农林学院“走进乡土乡村，助力精准扶贫”系列活动的师生们，精心谋划，悉心安排，分为五支实践小分队，顶着将近 40 度的酷暑奔赴海南省五座“国定贫困县”，开展为期一周的社会实践活动。在开展暑期实践活动前，学院组织大家进行了“出征动员会”。在海南大学农科楼前，一个站在烈日下的同学竟晕了过去。“站了不到半个小时，学生便晕倒了，我很担心，他是否能够顺利完成暑期实践活动，到了偏远的农村地区，他坚持得下去吗?”张银东说，让学生们离开学校的“羽翼”，走出去锻炼，因为终有一天，他们要融入社会成为独立青年，更大的困难还在前方。

而更多的同学对即将踏上的实践之行充满期待。大家背起行囊，决心用脚步丈量、用真心体悟大山背后的辛酸与感动、困窘与坚持、孤独与陪伴、憧憬与希望，发掘带着泥土芳香的海南“精准扶贫”故事。

“放眼全国，‘互联网 + 扶贫’不是一个全新概念，但我们想通过努力，让它在海南省五指山市的贫困村庄生根发芽。”出发前，海南大学热带农林学院环境科学专业大二学生张云秋在心里暗下决心。

“有人说过，琼中和白沙真是‘一穷二白’，农民苦不堪言。我想知道精准扶贫背景下，白沙黎族自治县贫困村庄的发展现状，也想尽我所能，帮助贫困百姓。”海南大学热带农林学院学生夏玥琳如此规划。

脚下沾满泥土，心中才能装满好故事。在当地，实践团成员与扶贫干部、贫困户深入交流，进行详细问卷调查，了解当地的贫困现状及脱贫攻坚工作进展情况，从学习探索角度出发，身兼“倾听者、参与者、志愿者”的多重身份，忙碌在贫困山区的田间地头。同时，实践团还给当地农民带来“互联网+”新型致富方法等诸多“新鲜血液”。

在一周的调研工作中，实践团成员了解到，海南脱贫攻坚工作开展后，一系列暖心政策在当地实施，无论是留守儿童还是孤寡老人，帮扶干部始终与他们心相连、手相牵。

## 临高行——初访“受阻”

“我的家乡就在海南省临高县，回到养育我的土地，寻找扶贫故事，这让我觉得熟悉又陌生。”海南大学热带农林学院学生陈小弟坦言，在他的印象中，临高县并不算贫困。

“我生活在一个小渔村，在那里，祖祖辈辈都过着靠海吃海的悠闲生活。”陈小弟说，“没想到就在离家不远的新盈镇乌岳村，我发现了一座‘沉寂的村庄’。”

这座村庄位于临高山区地带，可耕土地稀少，村里居住的多数是留守儿童和孤寡老人。“我将一份问卷调查表发到一位50多岁的单身汉手中，他问我这是什么？填完以后发钱吗?”这话问得颇具讽刺意味，陈小弟说，自己当时无言以对。

在贫困户看来，问卷调查表是虚无缥缈的东西，既不能让他今天的午餐有所改善，更不能修复头顶漏雨的房顶。“他们抵触的情绪，让我心生挫败感。我不知道我来这里能做什么？但我很想帮他树立脱贫信心！”陈小弟陷入了迷茫。

“你应该理解贫困百姓，他们文化程度低，跟一亩三分地打了大半辈子交道，就盼着国家的扶贫政策能多一些、能落到实处。”临高县当地扶贫干部耐心地告诉陈小弟，村民时常不理解扶贫干部的工作，但一遍遍悉心解释，总能看到成效。曾经借钱买酒喝的贫困户，也能转变思想，贷款来发展自家产业。

扶贫干部的引导让陈小弟心中感慨又感动。的确，扶贫先扶志，脱贫攻坚不是一朝一夕的事情。正如十九大报告所说，行百里者半九十，中华民族伟大复兴，绝不是轻轻松松、敲锣打鼓就能实现的，全党必须付出更为艰巨、更为艰苦的努力。

## 保亭行——对话“第一书记”

从2016年11月18日到今年11月底，海南省脱贫致富电视夜校已播出六十五期。如今，每个周一的晚上，电视夜校仍然会针对精准脱贫问题，请相关领导、行业专家、致富能手及优秀帮扶干部现身说法，讲政策、举案例、教技术、出点子。“全省5 000多名乡镇干部、帮扶干部、驻村第一书记、村两委干部，组织11万多户贫困人口同听课、同学习、同讨论。”实践团成员王子牛说。

同学们换乘公交车、动车、大巴车、三轮车，几经周折，抵达了精准扶贫乡村行的首站——保亭黎族苗族自治县三道镇三弓村，听说村里每周一的电视夜校十分热闹，大家也想参与到村里的夜校课堂中，用力所能及的方式为夜校注入新活力，利用夜校平台开展电商知识讲座，与村干部、村民们深入交流，相互学习。

7月17日，实践团成员带着做好的PPT课件到达三弓村时，村干部已经提前布置好了场地。“大家知道电商是什么吗?”“听过哪些靠电商致富的事例?”“大家想不想拥有自己的淘宝号?”实践团主讲人在台上讲得认真，村民们听得也仔细。

在夜校互动环节，实践团成员王子牛手把手教村里一位阿叔注册微信微店，销售自家种植的红毛丹和龙眼，“我把自己的微信号留给了阿叔，告诉阿叔有任何不懂的问题都可以直接与我联系。”王子牛说，夜校过后，自己收到了阿叔发来的致谢短信，成就感油然而生。

在夜校活动中，村民们期盼的目光给大家留下了深刻印象，除此之外，忙前忙后的第一书记刘宁（化名）也让我们认识了一群特殊的扶贫干部，他说：“胸前佩戴着的党徽，时刻提醒着我，作为一名党员，要担起肩上责任，帮助百姓如期脱贫。”不仅仅是刘宁，在海南脱贫攻坚的奋进路上，爱岗敬业的第一书记，他们多数来自机关事业单位，曾是西装革履的干部，如今却卷起裤脚，一头扎进大山深处。

刘宁到三弓村开展驻村扶贫工作短短几个月，对村里的大小事情已经了如指掌，说起村里的红毛丹种植、波罗蜜种植、无脚豪猪养殖，他滔滔不绝。“多少贫困，源于民智未开。”刘宁说，启迪民智对于脱贫攻坚的作用不容小觑，而夜校正是开启民智、增强脱贫致富积极性的法宝，海南大学热带农林学院的学生到三弓村“讲课”，无疑更丰富了夜校的文化内容。

实践团成员看到，如今，在扶贫干部的带领下，三弓村村民的日子越过越好。大家深切感受到，脱贫攻坚，要做到扶真贫、真扶贫、真脱贫，必须要围绕产业扶贫，创新方式。扶贫观念和方式也要随之发生转变，从简单的送种苗送物资的“输血”式帮扶，转变为送技术、送信息的“造血”式帮扶，找准问题，精准扶贫。

### 琼中行——贫困村戴上“科技帽”

夕阳西落，给琼中黎族苗族自治县湾岭镇大边村镀上了一层金灿灿的色彩，环顾四周，凉亭边小花园里，有郁郁葱葱的美人蕉、菖蒲、茨须草……

“我从小在城市长大，虽没接触过贫困村庄，但这里跟我脑海中贫困村庄的模样相距甚远！这真是海南美丽乡村的典范，琼中扶贫示范村果然名不虚传!”海南大学热带农林学院学生魏羽辰说。

实践团成员走访发现，大边村村民享受“光伏发电”扶持项目发展暖风，家家户户都多了一顶“科技帽”。俯瞰大边村，当地政府利用村民家的后院空间，加盖顶棚，安装光伏系统，闪闪发光的多晶硅组件，成为乡村一道亮丽风景线。

“今年大边村被乡镇列为‘光伏发电’扶持项目试点村庄，全村52套新式民居安装了光伏发电系统。每户可放置12块太阳能发电板，每块电板260瓦；每户安装3.12千瓦，全部总装机容量126.24千瓦。”大边村帮扶干部王文（化名）介绍。

实践团成员调查发现，“光伏发电”扶持项目不需村民自掏腰包，自筹资金采取了光伏组件银行抵押担保方式，以光伏发电收入还贷，政府进行全额贴息，按照每年每户发电量3 300瓦计算，村民预计年收入可达3 000元。

“贷款一年就能还清，但光伏发电设备使用期限长达25年左右，有了政府帮扶，小投资带来大回报。”大边村村民王立（化名）说。

### 五指山行——大山深处的“青春宣讲会”

今年，在五指山市水满乡毛脑村，村民的山兰稻收割之后，就会被运到村里的电子商务服务站。毛脑村村民王积成（化名）说，去年，毛脑村建立了电子商务服务站，并设立了贫困户直销平台，山兰稻、绿茶等特色农产品从此不愁销。

实践团成员调研走访得知，今年 3 月，五指山市发布了水满乡全域旅游品牌，向全域旅游建设迈开新步伐。作为美丽乡村旅游示范点的毛脑村，统一规划，统一设计，美丽乡村新蓝图正在徐徐铺开。

扶贫必扶智，摆脱贫困需要智慧。有成功案例的指引，五指山的贫困山村可以少走“弯路”，而实践团成员的到来，更是发挥了“搭桥”作用。2017 年 7 月 17 日，海南大学热带农林学院五指山实践团成员前往五指山市毛阳镇牙合村开展主题宣讲活动，助力“文化扶贫、智慧扶贫”。

在宣讲之前，实践团成员查阅了很多相关资料，希望尽自己所能，给贫困村民带来一些新思想、新突破。讲课期间，实践团主讲人以“互联网 + 教育”为中心，围绕教育的重要性（尤其是家庭教育）、“互联网 + 教育”与传统教育模式的对比、“互联网 + 教育”的发展现状、实例展示四个方面进行了较为详尽的讲解。宣讲会还设置了互动提问环节，不少村民提到了互联网收费和无线网络覆盖的问题，大家对“互联网改变农业”“互联网改变教育环境”产生了浓厚的学习兴趣。

实践团成员在毛阳镇空联村走访时还发现，村里的农产品并不少，但销售渠道单一，缺乏品牌化包装。为助力当地精准脱贫，大家为空联村提出几点建议：关注电商发展，让农产品乘上“电商发展”快车；不再单纯依靠政府扶持，谋求更多的发展销售渠道；村民抱团发展，为健康绿色农产品打造“品牌故事”；发展乡村旅游业，大力发展农家乐等第三产业。

## 白沙行——看贫困县“触电”

山水白沙，风光旖旎。在踏上白沙这座“世外桃源”前，实践团成员便听说，常年来白沙地区由于交通闭塞，丰富的农特产品受制于山大沟深、信息不畅、销路单一等因素，卖不上好价格，甚至卖不出去，农民增产却不增收。“农民收入哪里来？”针对这一问题，实践团成员走进白沙电商精准扶贫运营中心寻找答案。

“近年来，白沙大力推动电子商务发展，把发展农产品上行作为未来发展的战略重点，结合地方特色，立足规范化经营，打造区域品牌，让农民通过宽带进行网上交易，把农产品通过线上销往全国各地，实现企业发展与地方经济发展、农民增收互利共赢。”当地工作人员李如明（化名）介绍。

“白沙优质的生态孕育了众多好的农产品，但规模小而散、标准化程度不高、品牌知名度低的短板不补齐，吃亏的都是农户。”李如明说，为了挖掘农业资源和文化基因，白沙早在2012年就注册了“白沙生态农业”的县域农业公共商标，并在去年为县域农业公共商标制定了使用标准，在推进农村电商发展过程中，解决了农产品“穿衣戴帽”的品牌问题。

“打上了‘白沙农产品’的标识，销量直线上升，这一季的蜜都卖完了。”牙叉镇扶贫干部王金云（化名）介绍，如今各乡镇通过设立村淘服务点，野生蜂蜜等农特产品找到了突破口，不仅卖得好，还卖得值。

“生态，就是最大的优势。”当地扶贫办工作人员李小林（化名）说，不论是特色农产品，还是野生农货，如今都是白沙的明星产品，借着“生态”牌，白沙农产品顺利打开了市场。而对于线上销售的白沙农产品，质量都有着严格要求。

从2016年开始，海南大学热带农林学院的师生就开始研究“‘互联网+’背景下海南贫困地区农业、旅游经济及教育长期帮扶机制”的社会实践课题，如今，大家在白沙看到“电商+农业”崛起之路，也更加坚信，“互联网+”离贫困百姓的生活并不遥远，未来，终将成为贫困村沟通外界的组成部分。

## 不忘初心　继续前行

2017年10月18日，习近平总书记在十九大报告中指出，实施乡村振兴战略。农业农村农民问题是关系国计民生的根本性问题，必须始终把解决好“三农”问题作为全党工作重中之重。加强农村基层基础工作，培养造就一支懂农业、爱农村、爱农民的“三农”工作队伍。

对此，全国各大农业院校也应该顺势而行，进一步探索新型人才培养模式，按照总书记要求来培养和造就出“一懂两爱”人才队伍。此次“乡土乡村、精准扶贫”海南大学热带农林学院学生暑期实践活动，也为培养适应国家战略发展需求的人才打下了坚实基础。

实践团成员纷纷感慨，一座村庄，贫困户的致贫原因皆不同，海南省五座国定贫困县，亦在脱贫路上有各自的阻碍。难能可贵的是，海南大学热带农林学院“走进乡土乡村，助力精准扶贫”实践团成员真切看到，成百上千的扶贫干部咬紧牙关，迎难而上，不断推行“扶贫先扶智”“扶贫先扶志”的扶贫思路，而当地扶贫政策的精准落实，使得贫困百姓看得见黎明的曙光，也一步步谋划着属于自己的幸福生活。

作为新时代的大学生，我们能从贫瘠的土地上获得什么？又能给“贫困百姓”带来什么？答案显而易见：守住幸福，不忘来时路。

实践团成员何子宁表示，开展暑期社会实践活动，能够更好地审视自己，锤炼青春。当实践主题确定为“走进乡土乡村，助力精准扶贫”，大家立即将“帮扶”与自身所学专业紧密联系起来，作为动物医学专业的一名在校大学生，或许专业知识不足以解决当地贫困百姓在养殖过程中遇到的所有难题，但一张张用心制作的列满“动物常见疾病治疗方法”的爱心宣传单，却是他们能为贫困山区百姓送去的最好礼物。

再以团队综合实践成果为例。为了促进贫困地区“互联网＋”新形态的落地生根，参与实践团的师生们下足了功夫。大家积极探索：如何促进海南省五个国家级贫困县地区经济发展？如何依托互联网信息技术实现互联网与当地农业、旅游、教育的融合？如何以优化生产要素、更新业务体系、重构商业模式等途径帮助当地完成经济转型与升级？

纸上得来终觉浅，绝知此事要躬行。活动的现实意义在于，通过深入调研，大家得出结论，结合“互联网＋”思维，实施相应的帮扶措施，建立脱贫攻坚新机制，收集农民的反馈意见，可以为今后热带农林学院的志愿实践活动提供强有力的经验总结。

打赢“脱贫攻坚战”，具体怎么做？要动员全党全国全社会力量；坚持精准扶贫，精准脱贫；注重扶贫同扶志、扶智相结合……作为海南大学热带林学院的学生，也理应依托热带农林特色学科优势，响应团中央“三下乡”活动，聚焦“三农问题”，努力成为“一懂两爱”型人才，服务海南热带农林产业，助力贫困群众脱贫致富。

“农林博识”保亭实践团队在农村夜校培训村民使用农村淘宝软件　摄影人：田凌溪

（撰稿人：田凌溪　郑中兵）

# 圆梦书屋　续爱黔行

## ——华南农业大学农学院 2017 年联合实践行动纪实录

出征仪式　摄影人：李田恬

2017 年 7 月 14 日，华南农业大学梦之队经过 3 个多月的筹划准备，集合在校队员 23 位，跋山涉水，来到了群山环抱的偏远小学——贵州省安顺市关岭县坡贡镇坡头小学和六盘水市中寨小学，与当地志愿者会合，开展以“圆梦书屋，续爱黔行”为主题的暑期社会实践活动。

在贵州下乡的两周内，梦之队计划开展支教、调研和筹建圆梦书屋三项活动，行力所能及之事，丰富村里人们的文化生活。正式下乡之前，梦之队做了充分的准备。队长小涛和实践地取得联系，共同谋划安排队员们的下乡活动。另一方面在校内积极进行队员招募，吸引更多志同道合的同学加入梦之队。他们共赴贵州，深入乡土，尽己之力帮助需要帮助的人们。

梦之队的成员说道："这次下乡虽然很累，我甚至坐着都能睡着，但我内心是满怀喜悦的，在这有限的时间内，给孩子们带去知识的光明和阅读的享受，值得啊！他们的未来，与我有关。"书屋是他们给予孩子们最珍贵的礼物，让孩子们能从书海之中徜徉，找到人生航向。

### 插上梦想的翅膀

支教是梦之队暑期三下乡的主题活动之一，他们希望能在短短几天的支教活动中唤起孩子们对知识的渴望和对外面世界的向往，为他们插上梦想的翅膀。

队长小涛在与队员们的交流中讲到，她在上课的时候问孩子们："怎么翻过一座座山？"他们异口同声："我们有 11 路公交车，两条腿，老师真笨哦！"面对孩子天真无邪的笑容，小涛告诉他们："是知识，知识就是力量。多读书，就像给自己选择了交通工具，书读多了，就像学会了开摩托车，翻山速度就快啦！"一个孩子兴奋地站起来，摇晃着小脑袋，若有所思："老师，我知道啦。你是说读书是在走捷径，我懂，我懂啦！"教室里一片欢声笑语，而队长却沉默了。若干年后的他们，能否走出贵州封闭的大山，还是个未知数。但知识能够为他们插上飞出大山的翅膀，希望他们能飞得更高，看得更远。

梦之队的支教内容丰富多彩，有很多这里的孩子没有接触过的内容。队员在黑板上板书英文字母，还没来得及问，孩子们就用拼音的音读出来；当拿出手工课五彩斑斓的彩带时，孩子们叽叽喳喳地热闹个不停；老师和孩子们一起奔跑在篮球场、羽毛球场，和他们一起跳皮筋捉迷藏……

队员们在憧憬和担忧中不断改进课程，不断探索最佳的教与学的模式，力求给孩子们不一样的暑假体验。为师者不烦，而学者有所得也。孩子们对这种与过去有所不同的课堂表现了浓烈的兴趣和求知欲，展现了极强的天赋，教学成果往往令我们每个人惊叹不已。就是这群孩子，他们没有学过英语，却能唱着字母歌、英文歌，默写音标，敢冲到黑板上展示自己的所学所得；没有学过美术，却能做出一幅幅可爱的梅花树展现自我；没有学过手工，却会折叠出美丽的花瓣送给老师，编出漂亮的蝴蝶结送给自己的爷爷奶奶；没有学过歌唱，却能把歌曲唱得婉转动听令人沉醉其中，忘却烦恼。他们是一群可爱的小精灵。

“老师，我以后也要像你们一样，去做志愿者！让爱传递下去!”

“衣架老师（队员昵称），说好的呦，我要去广州找你，你要带我开开眼界!”

“老师，我们会走出大山去找您!”

……

类似的话还有很多，写在临别的纸条上，写在孩子们不舍的目光中。

懂感恩、有理想的孩子们让所有队员都笑了却又哽咽了，不忍面对与孩子们的离别，梦之队全体队员在天未亮的时候便悄悄地从村子里离去。

## 守护孩子的笑容

匡衡凿壁偷光，车胤囊萤夜读，队员们一直以为如此艰苦的学习环境应该离我们的生活很遥远。但随着调研的深入，我们发现在这里，孩子们连偷光和夜读都是奢侈。贫穷过早地将生活的重担压在他们稚嫩的肩膀上，清澈的眼眸里承载了太多本不该属于他们这个年龄的忧伤。

曾经以为，调研路上只是街头巷尾的狗吠、沾满牛粪的石阶、石块垒叠的屋墙和荆棘满布的小路，却不曾想里面还有散发气味的门厅、凌乱不堪的卧室、破漏的屋顶和残损的地板。到孩子们的家里时，队员眼眶已不知道湿润了几次，只能偷偷擦干。

幸福的生活总是相似的，而生活的不幸却注定有多张面孔。贫穷的原貌远远超乎这群大学生的想象，对比他们幸福美满的生活，这里连选择都没有的孩子们虽贫穷却更坚强。生活让他们学不会抱怨，却学会了坚忍和乐观；学不会撒娇，却学会了独立和担当。

顺顺（化名）是梦之队在调研过程中认识的一个小男孩，他的家庭境况算是队员们所了解到的最糟糕的了。顺顺在中寨小学读二年级，父亲外出打工，母亲无法忍受苦日子离家出走，只剩下他和五岁的弟弟与耄耋之年的爷爷奶奶相依为命。漏光漏雨的屋顶、凌乱不堪的灶台、脏黑倾斜的木墙壁、邋遢不适的衣服，这就是顺顺的生活环境。仅仅从孩子在学校的表现是看不出孩子家庭困境的，因为他们每天都是面带笑容，看似无忧无虑。生活的辛酸让他们越发坚强，而这坚强却让队员们倍感心酸。

顺顺日常生活全靠亲人接济，年仅8岁却要承受生活的重担。从小捡柴燃火用不起电，上学可以有每日一餐免费饱饭就已心满意足。这些情况深深刺痛了所有队员的心，我们不知道这里还有多少个顺顺，但我们知道他们不应因为贫穷而失去太多的选择，尤其是读书和上学的机会。梦之队把调研得知的困难孩子家庭情况汇总整理，希望尽力所能及的力量帮助他们。

“好在驱赶黑暗的路上，我们从不是孤军奋战，点燃光明的途中，也从不缺乏爱心。穷黔孕梦，我们一直在路上。”队长小涛说道。一批批书籍，一笔笔善款，来自不同的地区，却都蕴含着同样的关怀和温暖。有梦的地方，就有梦之队，更有无数双温暖的眼睛注视着黔贵山区的教育状况。

别怕，孩子，我们所有人一直在你们身后，我们愿守护你们的笑容！

## 建成小小图书室

物质上的贫穷可以依靠经济发展加以改善，而精神上的贫穷注定是一辈子的病根。一旦缺乏对读书正确的认知，可能这辈子孩子们都不会再想要通过读书去改变命运，取而代之的是辍学、打工、挣钱补贴家用，接着是一代又一代的恶性循环。

让孩子在书海里遨游，享受阅读的快乐，这是梦之队建立的初衷，也是他们一直努力践行的目标。知识改变命运，这是下乡十四天中队员们一直跟孩子们强调的。除了支教外，队员们想建一所图书室，让这十四天播撒下的种子，有生根发芽的土壤，希望知识能够为孩子们插上梦想的翅膀，帮他们飞出大山。

但作为学生，要建图书室谈何容易。在这个过程中，队员们摸索着、努力着。首先是筹书问题，在前期准备过程中，全体队员努力做好宣传工作，找寻了一切能够求助的资源：校内摆摊筹书、校外联系公益组织、线上利用筹书平台发布信息、与爱心人士沟通。最终，队员们尽己所能，成功地从各种途径筹集到近五千本图书和众多杂志期刊。

接着是图书室的建设。如何在将数量众多的图书进行整理的同时，又考虑小学图书室的实际使用情况呢？这又是一个难题。最终，在借鉴梦二团队的经验之后，梦三进行了改进和完善，将所有图书按照大类进行顺序编排和整理。时间紧，任务重。所有队员一有时间就轮番上阵：图书分类、排序、贴写标签、盖章、上架、装饰图书室，采取流水线作业形式，每人负责一道工序。简单的事情重复做，重复的事情认真做。白天黑夜连轴转，深夜十二点，时钟滴答，图书室的灯还在亮着，是队友们在一起并肩作战。队员们互相调侃道："这估计是我这辈子跟书接触最亲密的时候了。"尽管疲倦、劳累，但他们说："每次想起孩子们阅读图书时享受的表情，就又有了继续坚持的动力。"

"我们累一点，苦一点，孩子们就能早点看到书了。这点困难又算得了什么呢？"图书室的负责人老钟同学如是说。在坡头小学图书室揭牌仪式的前一天晚上，他通宵赶工，完成了最后的图书盖章工作，隔天又继续建设中寨小学图书室。一切的辛苦和汗水都是值得的。7 月 24—25 日，坡头小学和中寨小学图书室揭牌仪式如期举行。开馆的那一刻，孩子们兴奋地拿起图书，津津有味地阅读。还有什么比此时他们在阅读中陶醉的神情更迷人的呢？

支教时间稍纵即逝，14 天太短，来不及留下更多，便已成了过往，但图书室能代替我们守护这群可爱的孩子，浇灌渴望阅读的心灵。

**队员们给留守儿童发放书本　摄影人：李田恬**

## 听青春在歌唱

贵州之旅，艰难与挑战并存，辛酸与感动同在。回首 14 天，有平坦顺路、也有荆棘坎途。哭过、笑过、累过，但无怨无悔。听，青春在歌唱。唯其艰难，才更显得勇毅；唯其笃行，才更弥足珍贵。穷黔孕梦，我们一直在路上。

（撰稿人：李涛　林雪萌　李威霖）